Libro De Las Sátiras

by Ventura Ruiz Aguilera

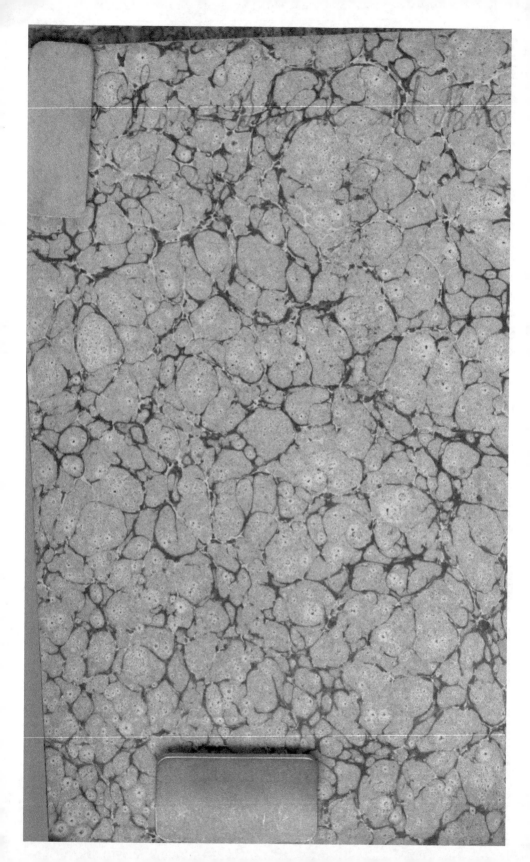

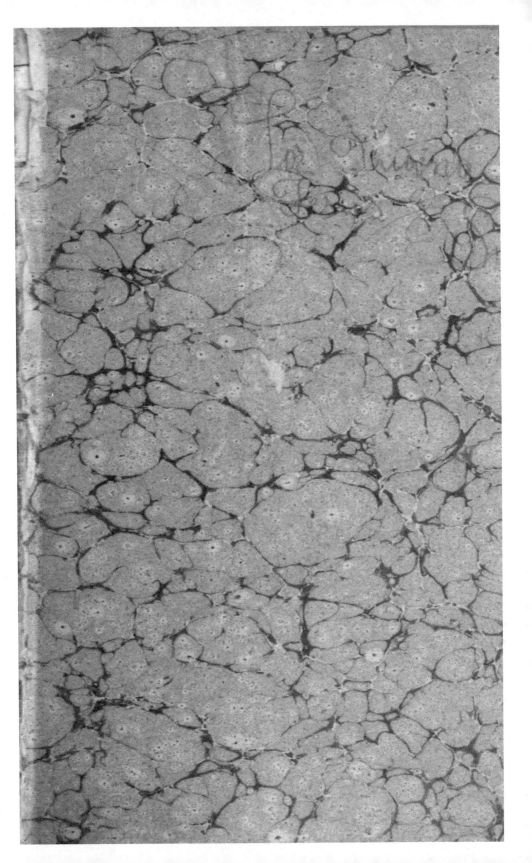

LIBRO DE LAS SÁTIRAS.

OBRAS COMPLETAS DE D. VENTURA RUIZ AGUILERA.

LIBRO DE LAS SÁTIRAS.

COMPRENDE:

SÁTIRAS.— LA ARCADIA MODERNA.
GRANDEZAS DE LOS PEQUEÑOS.— EPIGRAMAS.— LETRILLAS.
VARIAS.— FÁBULAS Y MORALEJAS.

Segunda edicion.

MADRID,
IMPRENTA, ESTEREOTIPIA Y GALVANOPLASTIA DE ARIBAU Y C.ª
(SUCESORES DE RIVADENEYRA),
calle del Duque de Osuna, núm. 3.
1874.

LIBRO I.

—

SÁTIRAS.

PRÓLOGO.

En Setiembre de 1844 vine yo á Madrid con ánimo resuelto de abandonar la práctica de la Medicina, cuya facultad hasta la licenciatura habia cursado en Salamanca, y ocuparme exclusivamente en el estudio y ejercicio de las letras, á que desde mi infancia tuve inclinacion decidida. Llegaba del fondo de una provincia á la córte, con las ilusiones candorosas y risueñas que en toda cabeza juvenil bullen, y con desconocimiento completo, así del mundo, como de los recursos que para subsistir proporcionaba la literatura á sus cultivadores. Hé ahí el capital con que contaba, los elementos de que disponia para la gran lucha de toda la vida en la esfera que habia elegido, y en cuyo término suele encontrar, con raras excepciones, áun el más afortunado, un poco de humo á que se da pomposamente el nombre de *gloria*. Esta lucha, hoy

mismo penosa, era entónces titánica : no hay colo-
res en paleta alguna capaces de pintar con exacti-
tud el suplicio á que se veia condenado el que, sin
medios de independencia, siquiera relativa, se con-
sagraba á las letras con la abnegacion y el fervor
que exige todo ideal en verdad amado. Llegamos
aquí apénas pasada la niñez, y en lo más florido
de nuestra juventud canas prematuras anuncian
una vejez anticipada : salimos de los tiernos bra-
zos de nuestras madres, que santifican y embelle-
cen el hogar donde su propia mano meció nuestra
cuna, y entramos en una region desconocida, don-
de hasta las sonrisas tienen su precio, como los gé-
neros que se venden en los mercados ; traemos den-
tro de nosotros mismos un paraíso, un mundo
creado por la fantasía, y tropezamos con las difi-
cultades tristes de la realidad ; y todos aquellos lo-
cos desvaríos, y todas aquellas perspectivas mági-
cas, y todas aquellas hermosas visiones de nuestra
inexperiencia, todo se deshace en ruinas, quedán-
donos en la situacion de esos pobres niños extran-
jeros, soñadores tambien, que buscando fuera de su
patria horizontes y paisajes más alegres y pan mé-
nos amargo, miéntras su arpa canta por las calles,
su corazon va llorando al compás de este mismo
instrumento.

Amigos de mi familia me habian entregado car-
tas de recomendacion para personas de gran vali-

miento en la córte, en donde—tal fué el pretexto
que me sirvió para dejar la casa paterna—debia yo
completar, con estudios que á la sazon sólo se ha-
cian, si no me es infiel la memoria, en el Colegio
de San Cárlos, la carrera de médico-cirujano. Una
de aquellas cartas estaba dirigida al ilustre Mar-
qués de Valdegamas, secretario de la Reina madre,
por su hermano, y mi buen amigo, D. Francisco
Donoso Cortés, que hábia concurrido á las tertu-
lias de mi casa, en la cual, como en otras muchas
de Salamanca—centros de reunion frecuentados
por lo más escogido entre los estudiantes—alter-
naban con la conversacion, el canto y el baile, las
representaciones dramáticas.

Recuerdo, no sin placer, aquellos primeros años
de mi vida, en que la famosa ciudad, con el resta-
blecimiento del régimen constitucional y la revo-
lucion en la ciencia, en las letras y en las artes,
hecha por el romanticismo, parecia despertar de
un sueño de siglos. Existian allí entónces, ade-
mas de innumerables tertulias, dos liceos; uno de
ellos brillantísimo, instalado, como igualmente la
Academia de Bellas Artes de S. Eloy, en el sober-
bio palacio de Monterey, que sirvió de modelo en
la Exposicion universal de París (1867) para el
edificio que dió hospedaje á los productos de Espa-
ña, y de cuya seccion de música fueron maestros y
directores el malogrado Martin Sanchez Allú, dis-

cípulo del eminente Doyagüe, y el popular Barbieri; y —cosa rara— no en el teatro, pues durante el invierno estaba cerrado, sino en casas particulares, entre ellas la del escribano D. José Gallego, representábanse, ya el *Otelo* y otros dramas de Shakespeare, que la córte áun rechazaba como creaciones semi-bárbaras, ya comedias de Moratin, con sainetes de D. Ramon de la Cruz, por fin de fiesta. Prueba lo dicho, no sólo el gran móvimiento artístico-literario que reanimaba á la ciudad del Tórmes, sino tambien el buen sentido que presidia á la eleccion de las obras que iban formando su nueva cultura estética.

La digresion que antecede— no del todo impertinente —me conduce á declarar que de ninguna de aquellas cartas hice uso; con esto, y el abandono de mi profesion, quemé, por decirlo así, mis naves, entregándome en cuerpo y alma á la vieja divinidad que los antiguos llamaban *Destino*, firmemente dedicido á labrar por mis propios esfuerzos el porvenir bueno ó malo que me estuviese reservado. No era esto vanidad; queria yo, obedeciendo á un sentimiento contrario, que los que me conocen saben bien cuánto ha perjudicado siempre á mis medros, convencerme de mi aptitud ó de mi inutilidad para la literatura. Sólo así, y por mi ingénita propension al aislamiento, que nunca he logrado, ni espero ya realizar, puede explicarse el fenómeno, singularísimo, á mi juicio, de haber vivido en Madrid unos veinte años, sin tratar ni conocer más que de nombre ó de vista á la mayor parte de los ingénios más ilustres en la república de las letras. Otro tanto me ha sucedido respecto de las eminencias políticas, á pesar de haber dirigido ó formado en unos once años parte de redacciones de periódicos tan importantes, como *El Nuevo Espectador* (1845), *La Prensa* (1.ª época, 1848), *La Reforma* (1.ª época, 1849), *La Nacion* (1.ª época, 1850), *La Europa* (1.ª época, 1852), *La Tribuna del Pueblo* (1852), *La Iberia* (1854) y otros; los cuales, á pretenderlo yo, hubieran sido escala de mi ambicion á puestos que jamás he codiciado, y áun, si no pareciese jactancia, añadiria que siempre he mirado con el más soberano desvío. Pues si bien creo yo que cada hombre sirve para algo, y que no hay solucion de continuidad en la cadena del destino de nuestra especie en la tierra, estoy léjos de creer que cada hombre sirva igualmente para todo : ¡ay! quizás parte de los males que nos afligen deba atribuirse al abandono que muchos hacen de la vocacion propia y natural esfera en que, con gloria suya y de la patria, podrian ejercer ámplia y libremente su actividad y su génio. Cierto es que en un país donde las letras son consideradas oficio baladí ó simple entretenimiento del espíritu, y no como obra séria y civilizadora,

no queda otro arbitrio al escritor que condenarse á
miseria perpétua, ó cambiar su pluma por una
credencial que le inutilice para la gloria, y tal vez
para el Estado. La eleccion, por desgracia, no
suele ser dudosa para muchos, que al menor con-
tratiempo, sin ánimo para la lucha, sin sacrificio
alguno á su antiguo ideal, ceden sin resistencia.
Las grandes amarguras sólo están reservadas al
mérito honrado y modesto.

Medio año habria trascurrido escasamente, des-
de mi llegada á Madrid, cuando me convencí de
que la literatura por sí sola, y mayormente la poe-
sía lírica, ramo de ella que para mí ha sido siem-
pre el más simpático, no sólo no podria darme la
independencia anhelada, sino que bastaría consa-
grarme á ella exclusivamente para no tener ni pan
que llevar á la boca. Si algun dia se escribe la his-
toria de la bohemia literaria de aquel tiempo—
libro que, bien hecho, será curiosísimo, instructi-
vo é interesante—se sabrá que algunos poetas que
despues han ocupado altos puestos en la adminis-
tracion pública y adquirido renombre en el Parna-
so moderno, durmieron noches y noches sin otro
techo que el cielo, y pasaron años enteros comien-
do—digámoslo así—en establecimientos frecuen-
tados, en general, por gente vecina á la indigencia.

No ofrecia en la época de que hablo muchos más
atractivos que la lírica, bajo este punto de vista,

la dramática. Á dos teatros, el del Príncipe y el
de la Cruz —advirtiendo que el último solia pade-
cer intermitencias de muchos meses de clausura al
año—á dos teatros, digo, estaban reducidos los
templos destinados á la Talía española en la capi-
tal del reino; y áun los poetas favoritos — que los
habia, como los hay—de las empresas, por punto
general legas, apénas veian recompensados su in-
genio y sus vigilias con la remuneracion que en el
mismo tiempo que ellos necesitaban para componer
sus obras, se pagaba el trabajo de un peon de al-
bañil; pues el decreto de teatros, estableciendo el
tanto por ciento de utilidades para los autores, ar-
reglado á las condiciones en dicho documento ofi-
cial consignadas, no se publicó hasta 1849. Por
cierto, que poco despues, ya el compadrazgo co-
menzó á desnaturalizar mucho de lo bueno que te-
nia. Á estos y otros inconvenientes, y á la falta de
editores con capitales para fomentar este ramo de
cultura y de riqueza patrias, uníase para los jó-
venes, para los desconocidos, el irritante monopo-
lio y severidad, con frecuencia injusta, de los *co-
mités*—no siempre competentes, y casi siempre
apandillados—á cuyo cargo corria examinar y juz-
gar las obras que se presentasen: conocida es la
historia de lo ocurrido con *El Trovador*, de Don
Antonio García Gutierrez.

La situacion económica de los periódicos políti-

cos, pocos en número, pues quizás no llegarian á
media docena en 1843, tampoco era á propósito
para mantener las ilusiones que la distancia ó el
desconocimiento de la prensa, ó las dos cosas á la
vez, me habian hecho concebir en provincia. Sin
embargo, yo, que acababa de renunciar al porvenir
que abria ante mis ojos el ejercicio de una profe-
sion tan honrosa y lucrativa como la Medicina, tu-
ve que lanzarme al periodismo, alistándome en una
bandera que, por entónces, únicamente ofrecia á
sus partidarios miseria, trabajos y persecuciones.
Amaba las ideas sustentadas por el partido liberal
avanzado, tenía fe profunda en ellas, y todo el oro
del mundo y los puestos más ventajosos no me hu-
bieran hecho apartar del camino que me trazaban
mis convicciones.

Léjos, pues, de ser Madrid lo que yo habia so-
ñado, era, ó tal me pareció, todo lo contrario: los
hombres y las cosas en nada se asemejaban á los
bellos fantasmas creados por mi imaginacion ántes
de observarlos de cerca; así es que, á las esperan-
zas, al entusiasmo y á la benevolencia propios de
la primera edad de la vida, sucedió en mí un ter-
rible desencanto, y no digo un gran desaliento,
porque procurando ajustar siempre mi conducta á
lo que la conciencia me dicta, no pertenezco al nú-
mero de los que con facilidad se abaten y se arre-
pienten de sus resoluciones. Virtud ó vicio, confie-

so que éste es uno de los rasgos de mi carácter.

Producto de tal estado de mi espíritu fueron las
Sátiras, género de composiciones que parece re-
servado á la edad madura , cuando ya la experien-
cia, la reflexion y los desengaños presentan al
hombre el cuadro de la sociedad en que vive, si
bien contemplado, tal vez , bajo su aspecto ménos
agradable.

En la presente edicion he suprimido várias
composiciones de las contenidas en la de Alicante
(1849), (1) porque para reproducirlas aqui necesi-
taria emplear en su correccion más tiempo del que
me es dado disponer en la actualidad. *La Arcadia
Moderna* y algunos *Epigramas* han sido coleccio-
nados ántes de ahora (1867) : en cuanto á las res-
tantes poesías de que consta este volúmen, y cuyo
número de versos no bajará de cuatro mil, ó son in-
éditas en casi su totalidad, ó bien han sido publica-
das en diferentes periódicos , apareciendo coleccio-
nadas hoy por vez primera. Entre las inéditas, se
cuenta la sátira *Grandezas de los pequeños*, de la
que sólo son conocidos unos seis fragmentos. Con-
cebidas y escritas las publicadas en Alicante segun
el gusto clásico, usé en ellas el terceto endecasílabo
como la más adecuada forma, dejando los metros

_____

(1) Las siete primeras *Sátiras,* y las XII, XIII, XIV y XV de
la presente edicion fueron incluidas en la de Alicante, y com-
puestas entre los años de 1844 á 1848.

menores, de diversos modos combinados, para otras composiciones que, sin ser verdaderas sátiras, en la acepcion clásica de la palabra, pueden llamarse *satíricas*. De este número hay que exceptuar la dedicada á Cárlos Rubio *En vindicacion de la poesía*, y la dirigida contra *Los criticastros*, escritas en época posterior á aquéllas, pero tambien en tercetos endecasílabos, y las tituladas *Los caractéres* y *Grandezas de los pequeños*, que, ya por el metro, ya por la entonacion, tienen, á mi juicio, más conexiones con las primeras, esto es, con las sátiras, que con las satíricas y festivas.

La sátira en verso, aunque no sea personal, ha tenido en todas épocas el triste privilegio de ser objeto de una prevencion absurda, destituida de sólido fundamento. ¿Será porque el verso se fija y conserva mejor en la memoria que la prosa? El predicador en el púlpito, el tribuno en el parlamento, el dramaturgo en el teatro, el periodista en la prensa, el filósofo en la cátedra, el historiador y el novelista en sus obras, fulminan los rayos de su justa reprobacion contra las ridiculeces, los vicios y los crímenes que por su notoriedad caen bajo el dominio público, y no son propios y exclusivos de tal ó cual individuo determinado, sin que á nadie le ocurra ver en ello otra cosa que el cumplimiento de un deber, que tiene algo de sagrado : lo contrario sucede con la sátira. Iguales sentimientos, análoga pintura de caractéres, cuadros parecidos, siempre que se someten á la rima son mirados con antipatía, que trasciende á sus autores, de quienes no deja de ser comun formarse una idea equivocada, creyendo que obedecen á impulsos de ruines pasiones. ¿Cuáles son — preguntan algunos críticos — las ventajas, la utilidad de la sátira? ¿Ha corregido nunca las costumbres públicas, ni las costumbres privadas? Despues de su lectura, ¿siente el hombre mejorada su condicion, reformada su conducta? Y si esto no ha sucedido, ni en los tiempos antiguos con Juvenal, ni en los medios con Dante, ni en los modernos con Cervántes y Quevedo, y mucho ménos con otros poetas que han seguido las huellas del satírico de Aquino, del vate de Florencia, del autor del *Quijote* y el de *El Sueño de las Calaveras,* ¿por qué no suprimir este género poético?... Iguales preguntas pudieran dirigirse relativamente á los demas géneros literarios, y proponerse respecto de los mismos idéntica medida. Por otra parte, ni la sátira, ni ninguno de ellos tiene por sí solo bastante eficacia para destruir los males de una sociedad determinada : son, por decirlo así, gotas aisladas, pero que, unidas á otras, forman en la corriente de los siglos el grande Océano de las civilizaciones. En nuestros dias, la sátira ha perdido mucho de sus caractéres históricos, en cuanto á la forma; por lo que respecta al fondo —

dígase lo que se quiera — se va alejando cada
vez más de las condiciones líricas de la antigua,
presentándose en definitiva, aunque sus autores
no lo crean, con pretensiones más didácticas, esto
es, más anti-estéticas que aquella; es un águila
á quien se han cortado las alas que le permitian
á veces, en la sátira latina y áun en las buenas
neo-clásicas, remontarse con majestuoso vuelo á
las alturas de la oda y de la epopeya, y que hoy
con diferentes nombres y formas no osa levantarse
del suelo; repitiendo su voz, como un eco, las mil
futilidades de la vida ordinaria y de la vida elegan-
te, y teniendo por centinelas de vista, para que no
se exceda, las llamadas conveniencias sociales, da-
mas hipócritas y remilgadas, que se horripilan, si
los vicios, áun los más repugnantes, no se cubren
con las flores de un arte falso y raquítico, que casi
casi los hace amables.

Comprendo los deberes que al poeta satírico im-
pone la sociedad en que vive, especialmente cuan-
do es una sociedad culta; estos deberes pueden re-
ducirse á dos: el respeto á la moral, y la indulgen-
cia con sus semejantes; pero ¿quién se atreveria á
sostener que sea un crímen, ó poco ménos, atacar lo
que rebaja, lo que deshonra y lo que lleva los pue-
blos á su perdicion segura? Comprendo igualmente
que los nombres de los individuos flajelados sean
supuestos; ademas de esta razon, existe la de que

hoy no se toleraria lo que se toleraba en Aténas á
Aristófanes, en Roma á Lucilio, Persio, Horacio y
Juvenal, los cuales en repetidas ocasiones dispa-
raron sus sátiras contra muchos de sus coetáneos :
acercándonos á nuestros dias, Boileau lanza sus dar-
dos á multitud de escritores vivos, citándolos con
sus propios nombres : Quinaut, Madlle. Scuderi,
Chapelain, el abate De Pure, Raumaville, Sofal,
Perrin, Pelletier, Pradon, Cotin, Titreville, Coras,
Saint-Amand y otros, son ridiculizados por él des-
piadadamente. Hoy, la sátira personal está pros-
crita ; y cuando no lo estuviese, de mí sé decir que
áun tratándose de mi mayor enemigo y de vindi-
car graves ofensas, vacilaria mucho en usar de es-
ta arma, que, manejada sin traspasar los límites
del arte, puede influir provechosamente en las cos-
tumbres. Pero si bien no es lícito, ni hay necesi-
dad para conseguirlo, sacar á la vergüenza nom-
bres de personas, es indispensable que todo lo que
sea objeto de censura se presente con sus carac-
téres determinantes ; que si se anatematiza y en-
carna en un personaje supuesto un vicio real y
efectivo, por ejemplo la vanidad, aparezca de tal
suerte pintado aquél, que, para que se le conozca
desde luego, no haya que poner al pié del cuadro
un letrero que diga : «Este es un vanidoso», como
puso al pié de otro suyo cierto pintador : *«Este es
un gallo.»* Haciéndolo así, perderá seguramente la

sátira mucho de su energia, de su intencion y de su gracejo, pues nadie ignora el partido inmenso, que sin más que dejar correr la pluma, puede sacarse de la historia particular y hasta de los defectos físicos, reales ó inventados, de la persona á quien aquélla se dirige; pero, en cambio, ganarán el decoro del arte y la dignidad del autor, quien, para obtener el respeto ajeno, debe principiar respetándose á sí mismo.

V. R. AGUILERA.

Diciembre, 1873.

JUICIO CRÍTICO. [1]

Puesto que todo novicio
Y áun todo escritor profeso
—Segun la moderna usanza—
Se escuda tras pliego y medio
De alabanzas *imparciales*
Que suele dictar *él mesmo*,
Firmándolas un amigo,
De su obrilla en el comienzo;
Yo de las costumbres patrias
Separarme no pretendo,
Pues ¡oh, queridos lectores!
Soy patriota hasta los huesos.
Así, pues, voyme á un mi primo,
Que es un escritor soberbio
—Como que nunca hizo nada

---

(1) Estos versos figuraban al frente de la edicion de las *Sá
tiras*, hecha en Alicante.

Que no fuese mucho y necio;—
    Para que me escriba un prólogo
Donde, entre mil desaciertos,
Diga en sustancia que valen
Mis *Sátiras* un imperio.
    Materia dará á su crítica
De mi libro el desempeño;
Mas yo haré que en ello guarde
El más profundo silencio.
    Notaré tal cual belleza
—Si es que bellezas encuentro—
Para que cargue la mano
Y me ensalce hasta los cielos.
    Ya me contemplo un gigante,
Ya me parece que veo
En letras, como castañas,
Hechas con tinta de incienso:
    «Hay elegancia, armonía,
»Claridad en los conceptos,
» Y correccion esmerada,
» Y maravillas de ingenio;
    » Los pensamientos magníficos,
» ¡Qué originales!..... qué.....» pero
Desisto ya de esta idea
Que no llena mis deseos.
    Yo mismo voy á elogiarme,
Pues nadie de mis talentos
Estará tan convencido
Como yo lo estoy há tiempo.
    Y como sé la importancia
Que á mi trabajo dar debo,
Más brillará en redondillas
Que en un romancete en *eo.*

Desde que hay mundo, señores,
Desde nuestro padre Adan,
No han salido, ni saldrán,
Otras *Sátiras* mejores.

De gozo, al verlas, me abismo;
Me doy contra las paredes:
¡ Cuándo yo les digo á ustedes
Que *me he excedido á mí mismo !*

¡ Cuánta *vis !* ¡ Cuánta pureza
En la primera y segunda!
No dejo bicho sin tunda,
Ni títere con cabeza.

Por ellas he de durar
Más que el Coloso de Rodas;
¿ Pues y la tercera? ¿ y todas?.....
No se pueden mejorar.

Y nadie levante el grito,
Ó formalmente diré
Que ni un rival hallaré
Tampoco..... en las que no he escrito.

Los Argensolas, Quevedo,
Y Forner y Jovellanos,
Son junto á mí unos enanos
Que no levantan un dedo.

¿ Qué es, comparado conmigo,
El mismo Horacio?..... un raton,
Lo que cerca de un melon
Un triste grano de trigo.

La mision que traigo al mundo
Es la de satirizante;
En este ramo importante
No reconozco segundo.

Tono, lenguaje castizo,
Facilidad prodigiosa.....

¡Vamos, señores, es cosa
Que leyéndolas me hechizo!
    Si la obrilla no se vende
No será por mala, á fe;
Voy á decirlo, *es..... por que*
El público no comprende.

    No cogeré muchos frutos
Ó fuera en mí grande hazaña,
Y esto consiste en que *España*
Es la madre de los brutos.

    La prensa dirá de mí
Que aquí soy manco, allá cojo;
Pero no temo su enojo
Ni su *juicio baladí.*

    Poco su opinion me inquieta,
Pues, aludiendo á este asunto,
Dice un refran que aquí apunto:
Miente más que la Gaceta.

    Ya espero yo esa perfidia,
Que siempre, como es sabido,
Se ve el *genio perseguido.....*
Nada más..... ¡Pues!..... *¡por envidia!*

    ¡Ah! ¡Cómo pondrán mi nombre!
Mas ¡yo picarme! ¿Y por qué,
Cuando yo, para mí, sé
Que he de ser un *grande hombre?*

    Hasta mi propia figura
Es satírica, punzante;
Otra *razon* terminante,
Que fama eterna me augura.

    Y lo pruebo de este modo;
Arrímese, y á fe mia,
Daré una buena sangría
Á cualquiera, con el codo.

En tratándose de sajas
Valgo por diez cirujanos,
Porque tengo en las dos manos
Diez dedos como navajas.

—¿ Qué más títulos—ahora
Dirán—presenta este mozo
Para escribir sin rebozo
De todo aquello que ignora?

¿ Sabe gramática?—Sé
Gramática..... *parda.*—¡ Bravo !
¿ Historia ?—De cabo á rabo
Por el forro la miré.

—¿ Literatura?—El *Rengifo.*
—Entónces, no hay más que hablar.
—Como que sé fabricar,
Si me empeño, un *logogrifo.*

—¿ Qué tal de filosofía ?
Responda usted, sin engaños.
—Á los *ocho* ó los *diez* años
Como un loro la sabía.

—¡ Malos son tales preludios!....
¡ Filosofía á esa edad !.....
—¡ Hombre! ¿ á qué es usted capaz
De morder el plan de estudios?

— ¿ Conocerá, á lo que infiero,
Alguna lengua ?—¡ Pues no !
¡ Vaya! ¡ Si me pirro yo
Por las lenguas..... *de carnero !*

—Es usted hombre instruido.
—¡ Toma si lo soy, y mucho !
—Á juzgar por lo que escucho,
Pronto será conocido.

Siga usted, jóven audaz,
Que otros, un tanto más romos,

Dan á luz tomos y tomos
Que es una barbaridad.——
　De este *Juicio*, por la muestra,
Cualquiera puede inferir
Que nací para escribir
Una obra grande , maestra.
　En cuanto á grande, ó soy lego
Ó el *volúmen* es decente ;
En cuanto á buena..... excelente;
¿ Á qué mentir ? no lo niego.
　Así será donde quiera ,
En tanto que alumbre el sol ,
El satírico español
Ventura Ruiz Aguilera.

1849.

SÁTIRAS.

I.

LA ÚLTIMA MODA.

Anton, vamos á cuentas : ¿ por tan necio
Has podido tenerme, que me creas
Al corriente de cosas que desprecio?.....
   Mas quiero contestar, para que veas
Que, al recibir tu epístola, muy grata,
Al punto averigüé lo que deseas.
   No he dejado rincon, piedra ni mata,
Sastre, modista, ni taller lujoso,
Todo lo recorrí como una rata;
   El palacio que alberga al poderoso,
Y la desierta y miserable alcoba
Donde apénas el pobre halla reposo.
   Á Utrilla (1) consulté, luégo á Torroba (2),
Y áun al simple mortal que me remienda
Gruñendo en su covacha vulgar trova.

---

(1) Célebre sastre de Madrid.
(2) Id.

Desalado volé de tienda en tienda,
Mirando de flamantes figurines
La mejor coleccion, prenda por prenda.
   Ni por esas, amigo : levitines.....
Formidable chaleco..... nada nuevo
Pregonan de la moda los clarines.
   ¿Y de ellas he de hablarte? ¡Qué! ¿Mancebo
Tan holgazan me juzgas y elegante,
Que en descubrir alguna pierda el sebo?
   Yo, que nunca he debido al comerciante,
Que al que me calza doyle mi saludo,
Sin ponérseme pálido el semblante;
   Que en la calle jamas me vi desnudo
Por deber el cigarro y el sorbete,
Como ciertos danzantes á que aludo;
   Que no hago de mi prójimo un juguete,
Ni en la vida me niego, estando en casa,
Á bajo ni alto, á rico ni á pobrete;
   ¿He de saber lo que en el mundo pasa
En materia tan fútil? ¿Mi mollera
Imaginas ó juzgas tan escasa
   De seso que, por una friolera,
Del tiempo gaste la menguada suma
Que á cosas dignas aplicar pudiera?.....
   ¡Te empeñas!..... Bien; la perezosa pluma
Cojo, y sin aspirar á bella palma,
Sin que las gracias merecer presuma,
   De modas te hablaré, pero *del alma*,
Sobre algunas haciendo observaciones
Razonables quizás; óyeme en calma.
   Úsanse por acá muchos ladrones,
Disfrazados á veces de manolos,
Y á veces de soberbios señorones.
   Háylos torpes y brutos como bolos,

Y tan listos los hay que ni los gatos;
Para esto de arañar se pintan solos.
   Pululan foragidos literatos
Que lo ajeno se apropian muy formales,
Y lo venden por suyo á los pazguatos.
   Años hace se ven ciertos fiscales
Que impreso no perdonan, aunque rece
Del método mejor de abrir ojales.
   De las denuncias el diluvio crece,
Y con esto y sin pan somos felices,
Lo mismo que catorce y dos son trece.
   Cuidado con que un pelo te deslices,
Y te atrevas á hablar de tiranía,
Ó te suenes con ruido las narices.
   Gástase tan piadosa policía,
Que, vive Dios, te curará el catarro
Con cárcel ó destierro cualquier dia.
   Estílanse la trampa y despilfarro:
De un conde sé á quien pícaro logrero
Prestó ayer sobre su último cacharro;
   Aunque, si bien la cosa considero,
Caballo tiene el conde, y está dicho
Que el que tiene caballo es caballero.
   Nadie pondrá á sus gastos entredicho,
Aunque arroje un millon por la ventana,
Satisfaciendo así necio capricho.
   Y tras un infeliz darán mañana,
Por adeudar un cuarteron de fruta
Ó el duro y ágrio pan de una semana.
   La celestina, impávida, recluta
Sencillas mozas para el vil oficio
Que le produce el oro que disfruta;
   Y caza con sus redes al novicio,
Secretos enseñándole ignorados,

Que la salud le sacarán de quicio.

    Los sastres continúan empeñados
En mentir, y tambien los zapateros,
Y es acaso el menor de sus pecados.

    Mas de ellos no depende el ser sinceros;
Si huyen de la verdad y su hermosura,
Consiste..... en que ya nacen embusteros.

    Los que ejercitan la rapante usura
Abundan como el polvo en el verano;
No hay tantos hombres de conciencia pura.

    Encuentro por las calles veterano
Desnudo, y sin asilo ni sustento,
Con una pierna sola y una mano;

    Y el otro, que era ayer *simple* sargento,
De coronel ya ostenta los galones,
Por sublevar, traidor, un regimiento.

    La rastrera ambicion, las delaciones,
La injuriosa polémica, el insulto,
Con ínfulas de cisnes los gorriones,

    Todo es bien recibido y halla indulto;
Pero di la verdad, que á pocos place.....
Entónces sí, te seguirán el bulto.

    Anton, si la honradez no satisface
Tus sueños de esplendor; si la esperanza
De medrar pronto y mucho te deshace,

    De virtud y pudor el traje lanza;
Ponte el cínico manto de la intriga,
Que forma parte de la nueva usanza,

    Y con otras razones que te diga,
Llegarás á ministro, de seguro,
Como á lo alto de un árbol una hormiga.

    Si crítico parcial, y áspero, y duro;
Si brigadier, canónigo, intendente,
Ó cosa más humilde, en un apuro,

Pretendes ser, ¡amigo, ánimo, y vente!
Buscarémos un sastre que te vista,
Y quedarás tan guapo, tan decente.
    Éste, murmurará que eres realista;
Aquél, un hombre de órden, un cangrejo;
Republicano el otro ó progresista.
    Y es la pura verdad; mas te aconsejo
Mucha sordera, audacia..... y adelante;
Seguir una opinion achaque es viejo.
    Elige lo que quieras, al instante:
¡Qué abundancia de modas!..... ¡Y qué modas!.....
¿Aun vacilas, Anton?..... Buenas son todas;
Por eso hay en Madrid tanto elegante.

II.

PLAGA INDÍGENA Y PLAGA EXÓTICA.

Á Domingo Doncel y Ordaz (1). *

    Vuélvesme, Anton, á repetir que escriba;
Que audaz empuñe inexorable pluma,
Y ya en sátira séria, ya festiva,
    Zurre sin compasion: dícesme, en suma,
Que no hay poetas, ni teatro..... ¡basta!
¿Esa es toda la pena que te abruma?

----

(1) De todas las composiciones que llevan esta señal *, hay
referencia en las *Notas* que van al fin del presente volúmen.

¡Cual con la tuya mi opinion contrasta !
Ó lo contrario á lo que afirmas pruebo,
Ó reniego ahora mismo de mi casta.

Yo, que en la fuente de Helicona bebo,
Cual beben más de cuatro *abencerrages*;
Que voy á disputar al *Café Nuevo*

De todo lo que ignoro, ¿los ultrajes
Pude sufrir —sin alterarme un punto —
Que dirigiste á ilustres personajes?

¡Oh! ya sublime indignacion barrunto,
Y caerá sobre tí, si en la contienda
Te venzo; darte puedes por difunto.

No hayas temor de que la pluma venda
Que mil verdades publicar solia,
Aunque sirva mi cuerpo de merienda

Á esa turba de grajos, turba impía
Que el habla pura de Solís y Larra
Convierte en insufrible algarabía.

Ya su graznar mi tímpano desgarra;
Éste, corre hácia mí con ánsia loca;
Por el gaban humilde, aquél, me agarra;

Cada cual importuno me sofoca,
Y asusta, como asusta al navegante
En medio de la mar inmensa roca.

El uno se me pone por delante,
Y con ocho letrillas me acomete
Para que dé mi fallo en el instante.

Se alaba otro modesto mozalvete
Con aprension tan poca, que te juro
Que mi santa paciencia compromete.

¿Quién sacarme podrá, quién de este apuro,
Si me persigue el tal, desaforado,
Aunque me cuele en bodegon oscuro?

¿Conoces al chistoso don Librado?.....

Cnando quieras llorar, lee con paciencia
Sus sales y sus gracias..... y es probado.
   Mas calla, qne con suma diligencia
Viene hácia aquí el gran Críspulo, manccbo
Que nació en los jardines de Valencia.
   Éste, que estrenó ayer vestido nuevo,
Y que así muda de opiniones, como
Si fuera cosa de sorberse un huevo,
   Es un crítico atroz, de tomo y lomo,
Es hombre que no suelta el varapalo,
Ni un escritor perdona por asomo.
   Ninguna ciencia con su ciencia igualo,
Y, como dice muy formal él mismo,
Todo, ménos lo suyo, todo es malo.
   Segun él, nadie sabe el catecismo,
Y en tono magistral, con lengua osada,
Al prójimo despeña en el abismo.
   Cierto es que apénas él nunca dió nada
Á la pública luz, mas su gabeta
De soserías mil está preñada.
   Y no hay follon ni malandrin poeta
Que no le suba hasta el octavo cielo,
Porque le oyó leer una cuarteta.
   Le acompaña el insigne Mongibelo,
Celebérrimo autor de estas edades
Que toleran un cisne..... tan mochuelo.
   Reviento por decirle las verdades;
Tan *patrias*, y tan *libres*, y áun *corridas*
Ha dejado á las patrias libertades
   En várias obras, con dolor paridas,
Que temiéndome estoy las echen mano
Y á galeras las manden *por perdidas*.
   ¡Ay de mí, cuál te trata ese villano,
Libertad adorada, porque el vulgo

Le aclame como genio soberano!
¡Ay, si sus tretas una vez divulgo,
Pues conozco su hipócrita manejo,
Y con ruedas de carro no comulgo!.....
Detrás viene Toribio Mogrovejo,
Especie de escorpion y al par un ente,
Segun tú, más cobarde que un conejo.

¡Ignoras cómo hay ley que le consiente,
Pues cuanto verso de su pluma brota
Sirve siempre de escándalo á la gente!

¡Añades que no sabe ni la *jota*
Del castellano idioma!..... envidia pura;
Ya tiene, de escribir, la manga rota.

¿No hay quien dice tambien, y lo asegura,
Que es de nuestro Quevedo el alma errante
Fugada de la negra sepultura?

¿No es poeta satírico y picante?
¿No es chistoso y..... ¡por vida de tu abuela!
Busca un santo de piedra que te aguante.

¿Su satírico númen no revela,
Cuando llama perdido al hombre recto,
Con giro suyo, que el pudor no vela;

Cuando gigante llama á algun insecto
Porque aplaudió sus *maravillas;* cuando
Propala que es tontuna lo correcto?

La cólera en el pecho me está ahogando;
¿Por qué no me respondes? ¿Númen no hallas
En su idioma especial, de contrabando?

No sé, pardiez, por qué sus sales callas,
Cuando no habrá en Madrid taberna alguna
Donde no las repitan los canallas.

¡Ah torpe! ¿No hay poetas en la cuna,
En la nacion de Lope, y Tirso, y Rojas?.....
Anton, por fuerza te cogió la luna.

Más fácil te será, si no te enojas,
Contar del celebrado Manzanares
Las menudas arenas y las hojas,
   Que no nuestros ingenios singulares;
Cítame un mal rincon de la gran villa
Donde no des con ellos á millares.
   Abundan como abunda la polilla,
Y áun dijéronme ayer que ya no hay prensas
Que basten á seguir su taravilla.
   Frenético tropel, hordas inmensas
Asaltan con furor las redacciones,
Como gatos golosos las despensas;
   Aparecen tremendos cartelones,
Y prospectos.....—¡buen Dios, qué barahunda!—
Y anuncios, y periódicos hambrones.
   Esa plaga infernal todo lo inunda;
Nacen poetillas como cardos nacen,
Que siempre la cizaña fué fecunda.
   Y no esperes que se unan y se enlacen
Con fraternales vínculos; se azotan,
Se pellizcan, se muerden, se deshacen.
   Sin duda mis razones te derrotan,
Contemplo ya tu vergonzosa huida,
Y tus recursos míseros se agotan.
   Confiesa que tu causa está perdida,
Y que tenemos vates á porrillo,
Y sólo así te dejaré con vida.
   ¿Con que teatro no hay, Anton sencillo,
Cuando acaso no tengas una blanca
Por derramar en ellos tu bolsillo?
   Anda, vete á estudiar á Salamanca,
Y entónces quizás hables con acierto,
Ó el más imbécil te echará la zanca.
   Parece que eres hijo del desierto,

Que el pelo de la dehesa no has soltado ;
Abre los ojos , y verás lo cierto.

    Repara en Petipá..... tiembla el tablado
Cuando lo pisa ; es ave cuando sube
Por los aires, en giro endemoniado.

    Entre uno y otro varonil querube ,
Su vaporoso bulto una hada asoma
De añil y vermellon por densa nube.

    Entónces todo el *Circo* se desploma,
Y un diluvio de *bravos* la saluda ,
Como si atada fuese á una maroma.

    Allí moral aprenderás, sin duda :
¿Sabes tú lo que dice una pirueta ?
¿Lo ha comprendido bien tu cholla dura ?

    Anda, y por una mísera peseta
Útil leccion recibirás..... ¡ Oh , cuánto,
Cuánto te ilustrará una morisqueta !

    La sociedad se civiliza al canto
Con la pedestre ciencia ; las costumbres
Se corrigen al par, que es un encanto.

    No más, Anton, no más te apesadumbres ,
Ni al llorar el escándalo te enfades ,
Ni del pudor la santidad encumbres.

    Si fueses á escuchar las vaciedades
De Hartzenbusch y Breton, Vega y Zorrilla,
Mengua de esta nacion y estas edades ,

    No salieras del trompo y la cartilla ;
Vale más un respingo, una cabriola,
Que todos los ingenios de Castilla.

    ¡ Cuánta filosofía, por sí sola,
No revela la *Polka* !..... ¿Y el *Jaleo* ?
Corre, y sabio serás por carambola.

    ¿Que no hay teatro, Anton?..... Yo bien lo veo
¿Nunca de oir á la Ower, á Moriani,

Ni á Salvatori, te punzó el deseo?
  ¿Nunca te electrizaron la Persiani,
Y la Tossi con Gruytz, y Ferri, y Guasco,
Y otros que no recuerdo, en *ini* y *ani?*
  Domestícate, Anton, no me des chasco;
Y aunque pizca no entiendas de bemoles,
Allí habrá aragonés, manchego y vasco,
  Profanos como tú, no te atortoles;
Aplaude como un rústico, y exclama:
—«Ya hay teatro español..... sin españoles!»
  Jura luégo, por Dios y por tu dama,
Que hay arte nacional, coge un trabuco,
Y ponte á sostenerlo en Guadarrama.
  ¿Qué compatriota vale un almendruco,
Y merece chuparnos los doblones
Por salir una hora á hacer el cuco?
  ¿No fué siempre fecunda en motilones
La patria de Espronceda y de Cervántes,
De los buenos chorizos y jamones?
  Si mis palabras aún no son bastantes,
Si en tu opinion ridícula te aferras,
Puedes coger caballo, lanza y guantes.
  Prepárate mi pluma horribles guerras,
Y el voto general, que es de mi bando,
Sobre tu frente arrojará bramando
Cuantas cebollas hay en estas tierras.

III.

LA CONQUISTA DE LA GLORIA.

¡Bien, mil veces y mil, Anton querido!
Supuesto que ambicionas ser poeta,
Vayan nuestras rencillas al olvido.
  ¿Quieres ser hombre célebre? ¿Te inquieta
El afan de escribir, y ver impreso
Tu nombre en letras como puños?..... Reta,
  Reta á quien diga que te falta el seso
Porque llegar pretendes en un dia
Á la cumbre inmortal; ¿qué sabe él de eso?
  Ántes, cualquier cristiano envejecia
Á fuerza de estudiar; no de la gloria
La trompeta su nombre repetia
  Con fácil entusiasmo, ni la historia
En sus páginas de oro lo grababa
Con mano fiel para eternal memoria.
  Sólo á este siglo reservado estaba
Progresar al vapor, sólo á sus luces
El velo descorrer que nos cegaba;
  Y es cosa de quedarse haciendo cruces
Viendo salir del cascaron un chico
Y apostarlas á aquellos *avestruces*.
  Disimúlame, Anton, si no me explico;
Mas si la gloria, al fin, conquistar quieres,
Hoy á darte consejos me dedico.
  Tú la conquistarás, pues dócil eres;
No te falta valor, pide á Dios vena.....
Y el resto ya vendrá, no desesperes.

Primero, has de mostrar alma serena
Y perder la vergüenza, circunstancia
Que nunca olvidarás, ó todo truena.

Traducirás despues cuanto de Francia
Pillares, bueno ó malo, servilmente,
En locucion ramplona y sin sustancia.

Este el modo será de que la gente
Respire, al ver las letras españolas
Alzar del polvo la abatida frente.

Á veces, por diversas carambolas,
Te enredarás en lances peliagudos
Que requieran espadas y pistolas.

Pero tú desharás todos los nudos
Con tus brazos de hierro, acostumbrados
En tu pueblo á tumbar mozos forzudos.

Y ya que sobran hoy desaforados
Periódicos de bulla, en necio escritos,
Á ladrar á la luna destinados;

Anda, y desbarra allí, y en roncos gritos
Insulta al mundo entero, sin que de ello
Receles mal, ni se te dén tres pitos.

No sueltes un buen drama sin desuello,
Y aunque tengas razon, nunca razones;
Dí : *el autor de tal cosa es un camello.*

Así conseguirás en dos renglones
Que se rian de tí, mas ¿qué te importa?
La envidia se alimenta de ilusiones.

Si con frases de miel hay quien te exhorta
Comedimiento y ménos destemplanza
En tu censura á usar, que raja y corta,

Disipa de un plumazo su esperanza,
Impávido prosigue tu camino,
Educacion no tengas, ni áun en chanza.

No salgas del pan pan y el vino vino;

Si tu padre comete un leve yerro,
Di que *pegó una coz*, que *es un pollino.*
    Trátale llanamente como á un perro;
Nada de urbanidad, pues era verde
Y un criticastro la pació en un cerro.
    Charla sin descansar, murmura y muerde,
No permitas que medre en esta villa
Quien con tus opiniones no concuerde.
    Supongo que has formado una pandilla,
Y que, en verso y en prosa, hasta el sol mismo
Con entusiasmo ensalzas lo que chilla.
    No reduzcas á cifra ni guarismo
Tus alabanzas propias, y haz de modo
Que no te pongan nunca un sinapismo.
    Dí á tu pandilla que te elogie todo
Con descaro inaudito, en su barato
Periodiquillo que nació del lodo.
    Llámente formidable literato,
Colosal escritor, aunque en la vida
Pases de ser un pobre mentecato.
    Y si algun rencoroso poeticida
Tus amados engendros criticára,
Ve corriendo á buscarlo á su guarida,
    Llévalo al campo, rómpele la cara,
Y si, como no dudo, le vencieras,
La razon será tuya, cosa es clara.
    Si á criticarle tú te decidieras,
No examines sus obras, nada de eso,
Pues tus fines así no consiguieras.
    Empezarás diciendo que es *obeso,*
Ó que *ayer almorzó besugo frito,*
Ó que *está reventándole un divieso.*
    Si Benito se llama, tú *burrito*
Le llamarás, y la victoria es fija,

Y le dejas más muerto que un chorlito.
   Aunque nadie en el mundo te lo exija,
Lánzate á la política, y al punto
Medrarás como tanta lagartija.
   Si de revueltas hay algun barrunto,
Puedes célebre ser, ejecutando
Cualquier barbaridad..... ¡mata á un difunto!
   La policía te andará buscando,
Te encajan en el cepo, estás dos meses,
Pónente en libertad, sales bufando,
   Publican tus percances y reveses,
Desátase la prensa furibunda.....
¡¡¡Y se desmaya el rey de los franceses!!!
   ¡Oh, cuántos, cuántos, de la charca inmunda
De la moderna sociedad, se vieron
Así elevados, sin dolor ni tunda!
   Tambien tú vencerás como vencieron,
Y tu cachillo pescarás de gloria,
Y subirás, al fin, como subieron.
   Más de cuatro figuran en la historia
De nuestro tiempo, dígolo con grima,
Que merecen dar vueltas á una noria.
   Si á tu mérito no, pide á la esgrima
Que te ayude á trepar á garrotazos,
Y un puesto ganarás de grande estima.
   Tiende en las redacciones, tiende lazos;
Corre aqui y acullá, y adula, y miente;
Á quien quieras peor, dale los brazos;
   Arrástrate á manera de serpiente,
Y todo el que á tus planes útil sea,
Y todo el que á servirte se presente,
   Asediado por tí siempre se vea;
No le dejes vivir, vete á su casa,
Búscalo en el paseo, si pasea,

Huella respetos, y el honor traspasa;
Y si preciso fuese á tus intentos
Arrojar á un abismo á Nicolasa,
    — Luz de tus amorosos pensamientos —
Ó á tus caros amigos, al abismo
Lánzalos, sin andar en cumplimientos.
    ¡Fuera libros! Armado de cinismo,
Te sobras tú para ignorarlo todo;
Enredos son las ciencias y embolismo.
    Con eso, Anton, te elevarás de modo
Que brilles sin rival..... ¡Oh, cómo escucho
Sonar tu nombre en el imperio godo!
    ¡Y cómo ha de rabiar tanto avechucho
Como pulula y chilla por el suelo,
Y á quien España entera tiene en mucho!
    ¡Hurra, intrépido Anton! ¡fuera recelo!
Escribe hasta inundarnos; ¡hurra! y ántes
Que deletrees la lengua de Cervántes,
Llegará, sin igual, tu fama al cielo.

IV.

LOS ESCLAVOS DEL TEATRO.

(Primera parte.)

¡Bravo! ¿Con que es negocio decidido?
¿Admitióse en el *Príncipe* tu drama,
Y seis semanas há fué *repartido?*

Mis plácemes recibe : ya te aclama
La locuaz gacetilla, y ya tu gente
Intrigas mil, para que venzas, trama.
    Verdad es que está escrito malamente
Tu engendro original; que no interesa,
Ni tiene *situacion* algo decente;
    Que es el verso infeliz, y sólo expresa
Insustanciales hechos su *argumento*,
Sin novedad, sin alma y sin sorpresa.
    Pero ¿qué importa, Anton? ¿Quién el talento
De hoy más te negará, cuando le digan
Que fué tu drama preferido á ciento?
    ¿Así esas distinciones se prodigan?
No lo dudes, orgullo del Parnaso,
Estrella ó sol serás, si á ello te obligan.
    Ya de la gloria diste el primer paso,
Y si otra produccion te admiten *buena*,
Doble el triunfo será, no visto caso.
    Pero ¡cuánto sudor, cuánta faena
Te aguardarán aún, tras quince meses
De sufrir y sufrir como alma en pena!
    Contemplándote estoy, haciendo *eses*
Con el cuerpo, ante el héroe de tu obra,
Que á tus saludos rie ultra-corteses.
    Ármate de valor, ánimo cobra,
No pierdas la paciencia, que al objeto,
Ninguno de los tres está de sobra.
    Desde el granuja, pálido y escueto,
Que tira del telon por cuatro reales,
Hasta el *primer galan* estás sujeto.
    Observaciones mil, irracionales
Muchas de ellas, te harán en los *ensayos*,
Eternos para colmo de tus males.
    El drama quedará como unos mayos,

De cabo á rabo, pero no te alteres;
¿ Quién se atreve á sentir, sino los payos?
　Escucha los distintos pareceres
Del actor ilustrado y del petate
Que riza la peluca á las mujeres.
　Pensarás que es enorme disparate,
Pero si un *racionista* te aconseja,
Dale gracias, y bollo, y chocolate.
　¡Ay de tí, si levantas una queja
Contra el menor *comparsa!* ¡Ay, si no pones
Sufrimiento sin fin y atenta oreja!
　Darán en el *estreno* tropezones,
Versos se engullirán, y habrá persona
Que improvise renglones y renglones.
　Renglon corto, que el público — ¡ay! — perdona,
Ó de tal longitud que, ántes de oirlo,
Se llegue de Madrid á Barcelona.
　Otro, sin que tú puedas corregirlo,
Siendo un santo varon, grave y barbudo,
Recitará el *papel* con voz de mirlo;
　Se olvidará del manto, de un escudo
De que el *éxito* pende, ó de levita
Es capaz de vestir el rey Bermudo.
　La *multitud* del drama ronca grita
Cuando debe callar, y cuando debe
Turbulenta agitarse, no se agita.
　¿Es lógica la lluvia?... pues no llueve;
En vez de anochecer, el sol despunta,
Y entónces el *salon* murmura aleve.
　Pero no hay que temer caiga difunta
La desdichada produccion; para eso
No fuera tu pandilla toda junta.
　¿Pensaste alguna vez llamar camueso
Al inhumano *actor* que te estropea,

Ó á palos, sin piedad, romperle un hueso?

¡Oh ingratitud pasmosa y accion fea!
¿Muchos de ellos tu drama no han mordido,
Ocupacion que hoy mismo les recrea?

¿No estuvo quince meses escondido
Como un facineroso? ¿No anduviste,
Por él, de ceca en meca, sin sentido?

¿Cuánta bota no has roto, cuánta ¡ay triste!
Á puro andar tras él? En los diarios
¿Grandes elogios de *ellos* no pusiste?

¿No fabricaste, en folletines varios,
De torpes zamacucos cien gigantes,
Y hasta dioses de ciertos dromedarios?

Más se deben á tí *genios* flamantes,
Célebres al vapor, que á algun *escriba*
Traducciones de allende, horripilantes.

Conténtales, Anton; en ello estriba
Tu suerte con tu fama, de seguro,
Y déjate poner como una criba.

Permite, si el papel no está maduro,
Que lo llenen de *acotes* Juan y Diego,
Y salgan á tu costa del apuro.

Yo, que en esta materia no soy lego,
Á más de aconsejarte que no dejes
De bailarles el agua, te lo ruego.

Como tú con astucia te manejes,
Adelante saldrás; ten por sabido
Que el lauro, así, de tu corona tejes.

Llevarás al ensayo, *distraido*,
El Cuco, La Ilusion, La Patarata;
Todo papel, do escriba un conocido

Tuyo, y en donde, por favor ó plata,
Ó de limosna, eleves á la luna
Á quien, por poco, el público no mata.

¡ Qué discreta será cualquier tontuna,
Sin pimienta ni sal, que hizo el *gracioso*,
Si el gracioso es tu amigo, por fortuna!
    ¡ Qué célebre, qué chico tan famoso
Es el cuarto galan que, en una escena
Dulce y tierna, gruñia como un oso!
    — ¿ Ustedes ven ? — dirásles — hasta el Sena
Murmurará sus nombres, olvidando
Al mismo vencedor de Arcola y Jena.
    Era justicia ya, y era un nefando
Crímen atroz, *de lesos bastidores*,
No ensalzarles á ustedes cada y cuando. —
    — ¿ Y á quién — preguntarán — tantos favores
Debemos ? — No se puede..... — Vamos ¡si ello
Ha de saberse! ¿ Si será..... — Señores.....
    — ¿ Es usted? — Aquí estiras bien el cuello,
Te pones colorado, toses, y haces
De modo que lo entienda el más camello.
    Procura abandonar las montaraces
Costumbres de tu aldea castellana,
Heredadas, sencillas, sin disfraces.
    Á los necios contempla, aunque sin gana,
Nunca les diga la verdad tu acento;
Predicarles su bien fatiga es vana.
    Y es locura buscar digno argumento,
Historias revolviendo carcomidas,
Ó al espíritu dando cruel tormento;
    Y pasar al quinqué noches cumplidas,
Quemándose las cejas; esto sólo
Es propio de personas instruidas.
    ¿ Tú quieres acertarla? Pues sé un bolo;
¿ Qué te hará falta, di, si la ignorancia
La miman hoy de un polo al otro polo ?.....
    Escribe, escribe, Anton, con petulancia,

Ó lo más zurdamente que te ocurra,
Ó tal, que no se entienda, sino en Francia,
Y duerme sin temor á silba ó zurra.

V.

LOS ESCLAVOS DEL TEATRO.

(Segunda parte.)

—Buenas tardes, Anton..... ¡ Ay, qué mohino!
¿ Qué tienes ? ¿ Qué revela esa mirada ?
—¡ Déjame luégo en paz; estoy que trino !
¡ Estúpidos ! ¡ Silbar mi celebrada
Primera produccion !.....— ¡ Hombre, parieras !
Seguramente, fué mala tostada.
Con sobra de razon te desesperas ;
Comprendo tu dolor; ese motivo
Explica bien tu gesto y tus ojeras.
Júrote, por la pluma con que escribo,
Que apénas hubo *actor* que todo su *arte*
No desplegase para hundirte vivo.
Aquel capitanazo, nuevo Marte,
Boca de tempestad, sable tremendo,
Con la barba mayor que un estandarte ;
Aquel que el aire se salió bebiendo
Con valor sin igual; aquel que hacia
Á los niños temblar; en fin, Melendo ;
En la terrible escena en que, con fria

Calma infernal, *remata á don Quiñones*,
¡ Bárbaro! á carcajadas se reia.
   Apretábase á prisa los riñones
Para no reventar ; pero el gracioso
Los guiños repitió y las contorsiones.
   Amostazóse el público juicioso ,
Y, aunque era la escenilla un desatino,
¡ Pásmate! oyóla con placer dudoso.
   No culpes á tu ingenio peregrino
Del éxito fatal , pues igualmente
Le pasa á cualquier hijo de vecino.
   Atacóle á la dama , de repente ,
Un hipo dramicida tan sonoro,
Que largos chistes arrancó á la gente.
   En otra escena de tristeza y lloro ,
Al levantar un brazo , la peluca
Se derriba tambien un *barba* moro,
   Quedando de la frente hasta la nuca
Liso como un melon , hecho una mona ,
Circunstancia que todo le trabuca.
   Bien sé que nadie su descuido abona;
Pero ¿ quién hace caso ? los autores
Tienen de estuco ó bronce la persona.
   Vieras de tus amigos, los mejores,
La singular prudencia y tino raro,
La chacota aumentando y los rumores.
   Vieras á Nuñez, Balandrán y Caro,
Que te alaban teniéndote delante ,
Contra tí decir pestes, sin reparo.
   . Estaba á mi derecha un elegante
Con enorme corbata y alto cuello,
Botita de charol y blanco guante,
   Que hablaba sin cesar, cuando el degüello
De tu drama infeliz , con una chica

De rostro tan imbécil como bello;
  Cuyo jóven gallardo así se explica,
Sin haber oido un verso :—¡ Qué sainete !
¡ Qué atrocidad !—y nadie le replica.
  Mas ya conocerás que era un zoquete
Aquel mancebo osado, y que á docenas
Los hay que merecian un cachete.
  Baste decir, para calmar tus penas,
Que hubo allí literato que gruñia :
—¡ Pudieran ser peores las escenas !—
  ¿ Y no estás satisfecho todavía ?.....
Casi estoy por jurar que de entusiasmo
Tu produccion *tronaron* á porfía.
  Sábelo, y no lo tomes por sarcasmo,
Dígolo formalmente; Luis Rebollo
De gusto se cayó con un espasmo.
  ¡ Y tú ! Mucho más verde que repollo;
El menor rumorcillo; cualquier mosca;
De la dama una cinta, un perifollo
  Que se arrugase, ó el rozar su tosca
Dueña, al salir, el *bastidor* de enfrente,
Haríante poner la cara fosca.
  No sufre la mitad el delincuente
Cuando el suplicio con espanto aguarda,
Que un autor, por el público exigente.
  En lugar de coronas, ve una albarda;
Por palomas con versos, una cincha;
Túrbansele los ojos, se acobarda;
  Ya está blanco, ya azul, ya se le hincha
El rostro cual pelota, ó se deprime,
Y áun siente que la crítica le pincha.
  ¿ No es ésta la verdad ? ¿ No es ésta ? dime.
Pero vamos al caso : ¡cómo llama
El público al autor, con voz sublime !

4

¡Oh, cuál, por verlo, enronquecido clama!
¡Cómo va á divertirse! ¡Cómo el jugo
Sacará á los billetes! ¡Oh, cuál brama!

Ya la roja cuchilla alza el verdugo
De infinitos incautos, sacudiendo
De su indolencia proverbial el yugo.

Crece la tempestad; aquel horrendo
Mar proceloso de menudas testas,
Se agita, se alborota, rompe hirviendo.

Aplaude la pandilla; en las opuestas
Filas, quién pide toros, y quién perros,
Con crueldad y furia manifiestas.

Todo el mundo se va por esos cerros;
Aquí, suena un chicheo; en otro lado,
Imitan el berrear de los becerros.

Y con mucha razon. Pues que, ¿no ha dado
Su peseta el que ménos? ¿Cuatro reales
No es precio para hundir á un desdichado?

Eso te pasó á tí: con desiguales
Pasos te vi asomar; tus piés de plomo,
Ya sin sus movimientos naturales,

Clavarse parecian; mas á un momo
Saliste de la dama, que, apuntando
Á tu larga nariz, dijo: ¡¡¡*Ecce homo!!!*

Entónces sí que te aplaudió tu bando,
Y á tus plantas, entónces, descendieron
Siete *epigramas* de laurel volando.

Hubo silbidos, cierto: ¿cuándo fueron
¡Oh, Anton! completas las humanas glorias?
¡Cuántos, en sus placeres, no gimieron!

Abre por donde quiera las historias,
Y encontrarás ejemplos infinitos
Que dulcifiquen mucho tus memorias.

Por flautas una vez y otras por pitos,

Siempre el talento perseguido se halla,
Siempre abrumado se halla de conflictos.
    Colon descubre un mundo, que avasalla
Luégo el bravo Cortés, y en premio, — escucha, —
Le aprisionan lo mismo que á un canalla.
    Camoens, sereno, con las olas lucha,
Y salva su obra—que juzgó perdida—
Porque nadaba con destreza mucha;
    Y despues, una mísera guarida,
Un hospital recoge el postrimero
Débil suspiro de su triste vida.
    Más honrado se ve un titiritero
Que Miguel de Cervántes, en España;
Donde sólo se aprecia lo extranjero.
    Así estallaron con horrible saña
En un tumulto general tus ruines
Enemigos, sembrando la cizaña.
    ¡Oh, cómo se cebaban los malsines!
¡Qué situacion la tuya, con los brazos
Colgando y los cabellos como crines!
    Demostrar se propuso, á latigazos,
Algun amigo el mérito estupendo
Que tiene tu dramilla, en cien retazos.
    ¡En vano! tú, por eso, vas diciendo
Que el público es un bárbaro, es injusto,
Y orígen del dolor que estás sufriendo.
    Que para hacer más grande tu disgusto,
Los actores tambien se conjuraron,
Sin embargo de ver tu ceño adusto.
    De su papel, los unos, se olvidaron,
Los otros, papagayos parecian,
Y algunos lo mejor te destrozaron.
    Éstos, á tropezones lo decian,
Aquéllos, trastornaban el sentido,

Y los tuyos, al par, se oscurecian.
   Por eso con furor te han sacudido,
Si bien de tu cabeza el primer parto
Te empeñas en que no lo ha merecido.

   Cuando lo afirmas tú, ya estarás harto
De saber que es tu drama *inimitable;*
De tu opinion un punto no me aparto.

   Conformes ya los dos, ¿qué el *despreciable,*
El *atrasado* vulgo nos importa?.....
No te aflijas, ¡oh jóven admirable!

   Siempre el vulgo *profano* así se porta
Con los que valen algo; pero un nombre
Los espera á la larga ó á la corta.

   El mismo Rabadan, aunque te asombre,
¿Qué digo Rabadan?..... Otros quinientos
Merecieron el nombre de..... jumentos,
Y al cabo, Anton, como ellos eres hombre.

VI.

PASEO POR MADRID.

   ¿Quieres volver á tu infeliz aldea,
Puerto seguro y amoroso abrigo,
Y del bullicio huir que te rodea?

   ¿Ya ni la voz de la ambicion contigo,
Ni los encantos de la hispana córte
De nada servirán, ingrato amigo?

   No, no quiero ceder; ningun resorte

Dejaré de tocar, por ver si puedo
Conseguir que no saques pasaporte.
 ¿Por ventura, el cuidado de un viñedo,
El verde valle, las preñadas reses
Que pacen en los montes de Toledo,
 Y, en fin, tu propia paz, tus intereses
Valdrán lo que las glorias cortesanas,
Por más que lo contrario me confieses?
 Dices, Anton, que por Madrid te afanas
Hace tiempo en buscar aquella pura
Llaneza de las gentes aldeanas;
 Que aquí el eterno llanto y la amargura
Del lacerado corazon se velan
Con máscara de hipócrita ventura.
 Los que en carroza deslumbrante vuelan,
Los que ocupan magníficas mansiones,
Que de sus dueños el poder revelan,
 Tan desgraciados son, segun supones,
Como el que yerto su socorro implora,
Roto el sucio vestido en cien jirones.
 Y añades con dolor, que no se adora
Más Dios que el interés, el egoismo;
Que en todo pecho la perfidia mora;
 Que se camina aquí sobre un abismo
Cuyo fondo es inmenso, y que ninguno
Se puede ya fiar ni de sí mismo.
 Que ya sólo consigue el importuno,
Si es en el arte de adular experto,
Y charlatan y refinado tuno.
 Que nadie arriba al anhelado puerto,
Si ántes no dobla la servil cabeza
Sin pudor, sin vergüenza, sin concierto.
 ¡Cuánta vulgaridad! ¡Cuánta dureza
Contra la córte! Compasion me inspira

Lo que acabo de oir con extrañeza.

    Vente conmigo; adonde quiera gira
Los mal abiertos ojos, y veamos
Desnudas la verdad y la mentira.

    No dudes que, si bien las observamos,
Has de formar un juicio lisonjero
De las puras costumbres que alcanzamos.

    Repara en ese altivo caballero
Que se abre paso entre la turba inquieta,
Y á quien muchos se quitan el sombrero.

    Diez años há que vino de chaqueta,
Y tanto la fortuna le agasaja
Que no hay *negocio* ya que no acometa.

    Empezó manejando una baraja
Á guisa de tahur, y en pos — variando
De rumbo — juega á la alza y á la baja.

    Á fuerza de engañar á cierto bando,
Á quien hoy él desprecia, una *poltrona*
Atrapó sin saber cómo ni cuándo.

    Pero, ¿quién tales medios no perdona,
De su noble intencion siquiera en gracia,
Y no respeta y ama su persona?

    Viendo sumido al pueblo en la desgracia
De la ambicion de los partidos presa,
Y de rapiña y de insolente audacia,

    Confecciona un programa que interesa,
Prometiendo salvarlo si la suerte
Le favorece un poco en su árdua empresa.

    Desde entónces acá jugó más fuerte;
Pero la envidia ruin, con labio infame,
Del honrado varon causa la muerte.

    No hay en España lengua que no clame
Su probidad hiriendo, ni diario
Que con torpes dicterios no le llame.

Él protesta, por todo el calendario,
Que es un bruto el país, y que lo prueba
Con ejemplos sin fin si es necesario.
    Pero el encono popular se ceba
En sus víctimas siempre, y que este pobre
Caiga, aunque sin lesion, no es cosa nueva.
    Ni aquí hay nave que luégo no zozobre,
Aunque rija el timon hábil piloto
Y diestrísima gente maniobre.
    Pero los ojos vuelve : al lado noto
Un elegante jóven..... ¡Ah! es el hijo
Del tio Serafin..... *el Terremoto.*
    No le conocerás, lo sé de fijo;
Pero yo te daré noticias muchas
De ese, que vió la luz en tu cortijo.
    Vive como aquí viven muchos truchas,
Y no la ciencia lo sacó del cieno,
Pues hallarás que es bobo, si le escuchas.
    Una marquesa rica, la del *Trueno,*
Le protege, y áun labra su fortuna,
Y héle de fatuidad y de aire lleno.
    Dedicarse no quiere á cosa alguna,
Ignora, por supuesto, qué es adverbio,
Y hay quien le juzga del saber columna.
    Censura con un brío, con un nervio
Lo que no alcanza su cacúmen chato,
Que pasa por un crítico soberbio.
    No falta quien, mirándole el zapato
Y traje sin rival, dice : — ¡Caramba,
Por fuerza es un sublime literato!—
    ¿No te acuerdas, Anton? Nunca la camba
Aprendió á manejar, y hoy..... ¡cómo brilla
No ménos que en Madrid, voto al rey Wamba!
    Ya ves cómo en la córte de Castilla

El mérito se premia tarde ó pronto,
Y mejor si le corta el frac Utrilla.
    Aquél, que hubiera sido siempre un tonto
Deshaciendo peñascos y terrones,
Vino, luchó con el revuelto Ponto,
    Y sufriendo derrotas y sofiones,
Agarrado á las faldas de la cuya,
Conquista codiciadas posiciones.
    ¡ Qué gran cabeza la cabeza suya !
Imitémosle, Anton, no pase dia,
Y la mejor edad ¡ay! se nos huya.
    ¡ Cuántos en regalada mancebía
No viven en Madrid, por más que ahora
Los busque sin cesar la policía !
    ¡ Cuántos no hay consentidos !..... La señora
De campanillas ó empinado rango,
Escápase á su vista escrutadora ;
    Y las pobres que bailan el fandango
Á la luz de un candil, sin otra orquesta
Que la voz cavernosa del tio Fango,
    Ó una ronca bandurria descompuesta,
Perseguidas se ven á troche moche,
Por achacarles vida deshonesta.
    ¡ Lo que vale ser rico y gastar coche !
¡ Lo que influye en el mundo un pergamino
En que á una se la deje ó agarroche !
    ¡Observa! Ese que pasa es don Balbino,
Ciudadano de mérito y de nota,
Pero que sufre un hambre de lo fino.
    Aquella con quien va, cara de sota,
Es su buena mujer ; ¡mira qué boato,
Cuando él tendrá la camisilla rota !
    Un comerciante probo y timorato
La suele regalar preciosas telas,

Porque de su hija le entregó el recato.

Del marido burlando las cautelas,
Llevóla un dia, y dos, y veinte luégo,
Á casa de..... ¡ay! no quiero que te duelas.

¡Madres de Satanás, trágueos el fuego
Que en los profundos el demonio atiza!
¡De morriña murais como el borrego!

¡Vive Dios, el cabello se me eriza
De rabia y de dolor, viendo á esa bruja
Cuyo tráfico horrible escandaliza!

¿Cómo el cielo consiente esas que en puja
Venden su propia sangre, sin que el brazo
De la justicia en sus espaldas cruja?.....

Es lo que he dicho para tí un flechazo,
Un desengaño cruel, si es que juzgaste
No encontrar excepciones..... ¡ah simplazo!

¿Qué fuera la virtud sin el contraste
Del crímen y del vicio? ¿Por ventura,
Una córte de arcángeles soñaste?

Dirige tus miradas á la altura;
Y de sonoras torres la veleta
Dominando verás la arquitectura

De católicos templos, que respeta
El pueblo madrileño religioso,
La turba á todos concurriendo inquieta,

Casi con gusto igual, como al lujoso
Centenar de cafés, adonde acude
Cuanto existe más noble..... y más tramposo.

Tienes harta malicia; y por si pude
Acaso no explicarme lo bastante,
Sígueme; la inaccion de vez sacude.

Hallarémos do quiera triunfante
El amor al trabajo, y juntamente
Premiada la virtud; con que..... ¡adelante!

Esa casa magnífica de enfrente
Es oficina que el Estado paga,
Ancha colmena de infinita gente.

   El uno, allí con *Lamartine* se embriaga;
Éste, revisa *El Español* ó *El Eco*;
Otro, con celos á su novia amaga

   En una carta inacabable; seco
Por ella el pobre está, y alicaido:
Allá, fuma sin tregua otro muñeco.

   Su aplicacion te deja sorprendido,
Lo observo con placer; pero tampoco
Deja de ser el fruto bien lucido.

   El tiempo va pasando poco á poco;
Al espirar el mes, suena la plata,
Cobran, y vuelven al trabajo loco.

   Allí ningun negocio se dilata,
Sino por años y años; mas descuida;
Tal vez ilegalmente se remata.

   ¡De cierto no habrás ido á una corrida
De toros nunca, y español te llamas,
Y por cuatro librejos das la vida!

   En fin, tambien contra las fondas clamas
Porque dices que reina el desaseo,
Y el besugo te ponen con escamas,

   Y te asiste un zanguango sordo y feo,
Con las uñas más largas que se han visto
Desde que tantos gavilanes veo.

   Y no aquí te detienes, vive Cristo,
Sino que, huésped, contra el ama bufas,
Porque no sabe componer un pisto.

   Porque te sirve orchata, y no de chufas,
En lugar de agua pura y cristalina,
Y balas por garbanzos, ¡cuál te atufas!

   Porque te mata de hambre la asesina,

Sin sombra de conciencia, y de la calle
Si un real le debes te pondrá en la esquina,
    Quieres tambien que mi furor estalle
Contra la córte..... ¡qué ilusion! no esperes
Que á tu capricho nunca me avasalle.
    Anda, Anton, y consulta pareceres,
Y convendrán conmigo los ancianos,
Los jóvenes, los niños, las mujeres.
    Compéndianse en la córte los humanos
Placeres de la mísera existencia;
Tú no ignoras que son cual humo vanos.
    En saberlos gozar está la ciencia;
Quédate, aprenderás, yo te lo ruego:
Basta con que renuncies al sosiego
Y te eches á la espalda la conciencia.

VII.

CONTRA LAS Y LOS MOSCAS.

Á mi amigo Agustin Mendía.

    No á esgrimir voy la péñola sangrienta,
Mojada en sublimado corrosivo,
Contra el descaro vil que el vicio ostenta;
    Ni á pintar de la gente con quien vivo
Los torpes usos y facciones toscas;
De otra plaga mortífera te escribo.
    De plaga que te asedia si te enroscas,

De plaga que te muele si te estiras.....
De aquella plaga, en fin, que llaman *moscas*.
    ¿Qué mortal se liberta de sus iras?
¿Qué conjuro á extinguirlas es bastante,
Si abundan mucho más que las mentiras?
    Ahora mismo ¡ay de mí! tengo delante
Espesa multitud de esos insectos,
Que me persiguen en tropel zumbante.
    En su furor se estrellan mis proyectos,
Y no cojo una sola entre mis manos,
Y sufro, sin embargo, sus efectos.
    Asáltenme, primero, como alanos,
Los tremebundos críticos que se usan,
De arrojo atroz, si de mollera vanos;
    Que del lector, sin caridad abusan,
Recetando lecciones indigestas
Que de purga y de médico no excusan.
    Asáltenme, primero, descompuestas,
Esas turbas de ilusos escritores,
Que, cual machos de carga, siempre á cuestas
    Llevan gran provision de borradores,
Y acometen al hombre más honrado
Para ladrar sus versos pecadores;
    Venga un toro, en ayunas, escapado,
Una contribucion extraordinaria,
Un aprendiz de músico á mi lado;
    Que me lleven á Ceuta, sin sumaria.....
Todo lo sufriré sin decir *jota*;
Pero nunca á la mosca sanguinaria.
    ¡Eso no, vive Dios! se me alborota
La pacífica bilis, cuando veo
Que alguna, sobre mí, pesada flota.
    ¡Mosca! bicho cruel, patudo, feo,
Asqueroso, tenaz, impertinente,

Verdugo á quien jamás le falta reo;
  Que sale en todas partes á la gente,
Ya en solitaria habitacion se meta,
Ya en la calle y de noche se presente;
  Yo te perseguiré con ánsia inquieta,
Y yo te mataré como á la fama
Que en la córte ha robado algun *poeta*.
  ¿Qué hallais en mí que vuestro encono inflama?
¿Soy yo de esos autores confiteros,
Cuya melosa inspiracion os llama?
  ¿Ó de esos robustísimos carneros,
Cuya sangre copiosa el apetito
Os abra y los instintos carniceros?
  Bravo chasco os llevais; bravo, repito,
Que amargos son mis versos como quina,
Y tengo ménos sangre que un mosquito.
  ¿Voy á escribir?..... Os siento á la sordina
Sobre mi frente, y necesito al punto
Emprender furibunda·cachetina.
  Y no bien, áun de cólera difunto,
Poneros logro en fuga vergonzosa,
El zumbido infernal de otra barrunto.
  Y baja, y sube, y sin cesar me acosa,
Como al ministro acosa el pretendiente,
De aquella luz inquieta maripesa.
  Á veces, cual si hablase con la gente
Que en fastidiar se ocupa con visitas
Á quien gana su vida honradamente:
  —Dejadme trabajar, moscas malditas,
(Os digo con acento avinagrado)
Dejadme, por las ánimas benditas;
  Y si un hombre buscais desocupado,
Gracias á Dios, no faltará en España
Á vuestra diversion un empleado.—

Cuando el último rayo del sol baña
Las altas cimas del cercano monte,
Voyme á la soledad de la campaña,
Donde el rojo confin del horizonte,
Y el silencio y las aves me recrean.....
Más que acabar este terceto en *onte*.

Pero al punto las moscas me rodean,
Al encuentro me salen á porfía,
Presumo que á cien pasos me olfatean.

¿No hay cólico, Señor, ni alferecía
Que mandarme, en lugar de estos tenaces
Agentes, con disfraz, de policía?

En la vida con ellas haré paces;
No cedo, ni perdono, ni transijo,
Pues me destruyen todos mis solaces.

¿Me da Laura una cita?..... Allí de fijo
Acudirá un ejército moscuno
Á picarme y zumbar en són prolijo.

No sirve despachar uno por uno
Estos abortos del infierno; brotan
Otros en pos, sin término ninguno.

Ya con sus alas la nariz me azotan,
Ya sus cosquillas siento en una oreja;
Me fastidian, me cansan, me derrotan,

Y exclamo, al separarme de la reja,
Si observo que se acerca algun *amigo:*
—Si me atisba ese mozo, no me deja;

Á ser vendrá de nuestro amor testigo,
Y tomará conmigo chocolate,
Y de seguro dormirá conmigo.—

¡Y es verdad la disculpa! Hay botarate
Más mosca que las moscas, sí, ¡oh Mendía!
Que produce más fiebres que el tomate.

Esos verdugos, de alma horrible y fria,

Nunca tienen que hacer; alguno topo
Lo ménos veinte veces cada dia.

Corre acá y acullá como un galopo,
Á Oriente, á Chamberí y al Prado luégo,
Aunque de nieve caigan copo y copo;

Nada sirven con él excusa, ruego,
Ni indirectas de Cobos..... no te escapas,
Es una garrapata y tú un borrego.

Te nacerá debajo de las tapas
De las botas; saldrá de las paredes,
Ó detrás de unos cuadros, de unos mapas.

¿Intentas emigrar? Nada..... no puedes;
Pégase á tí, te agarra, se te incrusta,
Y hablando te fusila, y mártir cedes.

Si por huir su obstinacion injusta
Entras en una iglesia, aunque haya entierro,
Se cuela en pos de tí..... ¡nada le asusta!

Y en vano le pondrás cara de perro,
Y en vano á sus preguntas sin sustancia
Una mordaza te echarás de hierro.

Que siempre fijo, á próxima distancia,
Le hallarás en el curso de cien vidas
Lo mismo aquí que en el Mogol ó en Francia.

¿No hay una ley, Señor, ni las *Partidas*,
Ni el *Código penal*, fresco, flamante,
Hablan contra esos entes homicidas?

¡Cuántos con sello marchan, infamante,
Á los presidios de África, con ménos
Culpa que esos malditos! ¡No hay aguante!

¡Qué les permitan pasear serenos!
Pero ¿qué estoy diciendo? Disimula
Estos discursos á mi asunto ajenos.

¡Ajenos!.....: ¡Oh! no tanto, álguien calcula
Que entre las moscas hay y el sér que zurro,

Más semejanza que hay entre hambre y gula.
　Yerba se torne y se lo coma un burro,
Ó veámoslo en esposo trasformado,
Con tratamiento y distincion de churro;
　Ó porque nunca medre, en hombre honrado;
Ó, si no, en soñoliento y lamentable
Autor, que silbe un público ilustrado.
　Bien sé que es mi deseo irrealizable;
Mas como tú un remedio no me nombres,
Siempre habrá en este mundo miserable,
Con las comunes moscas, moscas hombres.
1848.

VIII.

CONTRA LOS CRITICASTROS.

　¡Pascual! ¿Será posible?..... ¿Al cabo *dejas*
De las Musas la amable compañía?
¿De sus frescos jardines ¡ay! te alejas
　Así, como quien dice, á sangre fria,
Y llevas á los yermos de la prosa
El gérmen de tu rara fantasía?
　¿Alguna de las nueve, á quien acosa
Con terquedad tu amor impertinente,
Áspera fué contigo y desdeñosa?
　Bien sabes tú que no, mas que la gente
Con malicia nos jure lo contrario,
Clavando en tí su viperino diente.
　¿Qué va á ser de nosotros, sin tu vário

Númen, tuyo y muy tuyo, y propio estilo,
Admiracion del vulgo literario?.....
    Los zarramplines lloran hilo á hilo,
Y crece con su llanto el Manzanares,
Causando celos y tristeza al Nilo.
    Torna cuitado, torna á tus cantares,
No es justo que se agosten los laureles
Que ciñes, á pesar de los pesares.
    Y aunque tu fama sufra golpes crueles,
Yo sé que ha de llegar, el tiempo andando,
Lo ménos..... á los dos Carabancheles.
    Pero en vano te estoy aconsejando,
La prosa de la altura te arrebata,
Donde te ibas con pena encaramando.
    Téngolo por sandez ó patarata,
Mas dicen que la crítica es tu fuerte,
Y que pincha, y magulla, y hiere, y mata.
    ¿Crítico tú, Pascual?..... ¡Tú! ¿Quién, al verte,
Pudiera imaginarlo?..... Que el cordero
Atemorice al lobo y le dé muerte,
    Y la mansa paloma al buitre fiero,
Y el inocente y tierno pececillo
Al tiburon enorme y carnicero,
    Fácil le es á cualquiera concebillo,
Mejor que ver en dómine rabioso
Trasformado al humilde Pascualillo.
    ¿Por ventura, algun áspid venenoso
Inoculó en tu sangre su ponzoña,
Infestando tu pecho generoso?
    Sí, generoso, sí; de tu zampoña
Al ágrio són nos lo cantabas harto;
No eras tú Margarita de Borgoña.
    Mas ya no doy por tu inocencia un cuarto,
Desde que oigo á la fama vocinglera

Repetir que Pascual es muy lagarto.
¡ Si al cabo criticases de manera
Que al que las letras con afan cultiva
Tu dictámen de norte le sirviera !
¡ Si en vez de terca saña vengativa,
Usáras imparcial, noble consejo,
En séria frase ó locucion festiva!
¡ Si aún fueses aquel pobre Pascualejo,
Á quien debe el Parnaso y debe el mundo
Mil beneficios, que en silencio dejo!
Mas porque nadie ignore en qué me fundo,
Vaya un caso, y no es cuento; con él sólo
Á las almas incrédulas confundo.
Un buen muchacho, á quien inspira Apolo,
De terribles insomnios padecia,
Pese al saber del médico Bartolo.
Á narcóticos, éste, le crujia;
El otro, más y mas se demacraba,
Y más y más de insomnio se moria.
Ya el médico recursos no encontraba,
Que hasta del ópio la virtud segura
En su tenaz vigilia se estrellaba.
Desesperado y lleno de amargura,
De su conciencia obedeciendo al grito,
Receta lo siguiente, á la ventura:
« *De versos del insigne Pascualito,*
Dos hojas.» Dos mandó; pero el paciente,
Que de tanto velar estaba frito,
La dósis no creyendo suficiente,
Como si fuese bebedor *de gorra*,
De más tragó una página...... ¡ imprudente !
Así pasó tres dias de modorra,
Pues sorbo tal lo ménos diera sueño
Á toda la república de Andorra.

Desde entónces no hay ópio , no hay beleño
Como tus versos , y los da con pulso
Hasta el doctor más romo y berroqueño.
    Pero áun estoy de admiracion convulso
Con la nueva que oí : ¿tú criticante ,
Tan clorótico antaño y tan insulso ?
    ¿ Y por qué no , Pascual ? ¿ Cuánto elefante
Hoy no sacude su grosera trompa
Contra todo lo que halla por delante ?
    Que tu pluma de acero el papel rompa ;
¡ Guerra sin tregua al escritor osado
Que , porque no es tu amigo , te corrompa !
    Dentro de un folletin acurrucado ,
Siquiera una vez sola por semana
Persigue con furor á un desdichado ;
    Que si juzga tu *crítica* villana ,
Si toma per agravios tus *razones*
Quien honra y pan con su talento gana ,
    En cambio acudirán á tí á montones ,
Alzándote hasta el Pindo , roncos pavos ,
Si sobre el Pindo sus bobadas pones.
    ¡Al arma ! ¡Al arma, pues ! De pechos bravos
De hidalgos corazones es la hazaña ;
Serás el redentor de mil esclavos
    Cuyo *genio* feliz *la envidia* empaña ;
Los restantes son dignos de un grillete ,
Ó la justicia se acabó en España.
    ¡Atras el infeliz que no te pete !
¡Atras, atras los que en el agua pura
No os bañeis del Jordan de Pascualete !
    ¿ Qué digo ?..... Miserable criatura
Amamantada por Boileau ladino ;
Cardo estéril, sin savia ni hermosura,
    Eso eres tú, Pascual , y es desatino

Perder tinta, papel, tiempo y trabajo
En quererte apartar de tu camino.

Cuando descargas uno y otro tajo
Al que aborreces, *el amor al arte*
Pretextas con sublime desparpajo.

¡Oh, cuándo aprenderás á refrenarte!
¡El arte! ¡El arte tú, que lo destrozas
En tus delirios imitando á Marte!

¡El arte! ¡El arte tú, que te alborozas
En el ajeno mal; tú, que en la ruina
De lo bello y lo noble siempre gozas!

¡El arte! ¿Pues qué obra peregrina,
Dime, salió jamas de tu mollera,
Para crear más dura que una esquina?

¡Ah! ¡Si una sola chispa en tu alma hubiera,
No ya de genio, del saber modesto
É ingénita bondad que hay en cualquiera!

¡Si cupiese en tu boca, no el denuesto
Ni la lisonja vil, mas la justicia,
Cuyo trato leal te es tan molesto!

¡Cómo en tus folletines se acaricia
Al que favor te pide vergonzante,
Sin mirar que tu elogio le desquicia!

Alguno te moteja de pedante:
¡Santo Dios, qué calumnia! Se equivoca;
La verdad vaya siempre por delante.

Queriendo autorizar tu saña loca,
Es cierto que, sagaz, un nombre honrado
Tu atrevimiento ó tu ignorancia invoca;

Que no sabes ladrar, sino agachado
Tras Boileau, Moratin ó el gran Quintana,
Á quien temo le tires un bocado;

Que de tu erudicion das muestra llana,
Si hablando, por ejemplo, de un sainete

Que un tu amigo zurció de mala gana,
  Revuelves el Danubio, el Guadalete,
Aristóteles, Vénus, Plinio el Mozo,
Y al propio Cortadillo y Rinconete.
  Pero, ¡con qué criterio, si es un gozo!
Nada tiene de extraño, apénas hace
Unos seis lustros que nació tu bozo.
  ¡Desgraciado el actor que no te place!
¡Desgraciado el poeta cuya vena
Á tu gusto infernal no satisface!
  Aunque, á decir verdad, de la condena
De tu necia opinion darse debia
Hasta el más infeliz la enhorabuena.
  Yo te juro, Pascual, que si algun dia
En mí cebases tu feroz encono,
De gratitud y gusto danzaria.
  Zúrrame, Pascualillo, en vário tono;
Ármame á cada paso una asechanza;
Víbrame rayos mil desde tu trono.
  Mira que hablo de véras, que no es chanza;
Relincha, trota, vuela, no haya plazo;
Párteme sin piedad el espinazo.....
Mas no me alabes, que es atroz venganza.
  1853.

IX.

EN VINDICACION DE LA POESÍA.

Á Cárlos Rubio.

Cárlos, no cantes más; la lira estrella;
Dásela, si la quiere, á tu vecina,

Ó quémala, y no quede rastro de ella.
  Mira que vas labrando tu ruina;
Que hambriento, y mustio, y descosido, y flaco
Vivirás si no buscas otra mina.
  Dirásme que de versos yo me atraco:
Es verdad, son iguales nuestros gustos,
Y ¡ay! de ellos, como tú, miseria saco.
  ¡Si en recompensa, al fin, cuando los sustos
Nos maten, y el dolor del mal postrero,
Volásemos al cielo con los justos!.....
  Fuerza ya es ir por el comun sendero,
Seguir la humanidad, aunque á la cola,
Marchar por donde marcha el hormiguero.
  Es locura intentar que nuestra bola
Ruede torpe, al revés de como quiso
El que encendió la luz que la arrebola.
  ¡Vida nueva! Con tiempo te lo aviso;
Escapa de tu angosta ratonera,
Que tal vez te figuras paraíso
  ¯Cuando tu númen arde y reverbera,
Y un mundo bello á su contacto brota,
Y no te acuerdas ni de tí siquiera.
  Que al mundo que habitamos—bien sea idiota,
Ó sabio Salomon — ya no le hechiza
Del Parnaso la voz, ni le alborota.
  Del vil mercado en la revuelta liza
Todo papel es bueno..... solamente
La Poesía apénas se cotiza.
  Enmordázate y sigue la corriente:
Coge á Terencio, Sófocles y Plauto,
Con Fray Luis y Quevedo juntamente;
  Y, presa de las llamas, en un auto
Chamusca al par á Calderon y Larra;
Ninguno dejes compasivo ó cauto.

Pese al que en verso eternizó á Mudarra,
Ya el romance mejor son las pesetas
Y la mejor cancion suena á chicharra.
   Destronados monarcas los poetas,
Si pretenden vivir del consonante,
En octavas, quintillas ó cuartetas
   Y en estilo metálico-sonante,
Aceite y lomo anuncien y tocino,
Ó de Vich el artículo picante.
   ¡Qué será ver con metro alejandrino
Cazar, como si fuera con reclamo,
Al mozo más prosáico y ladino!
   ¡Qué será ver — su probidad no infamo —
La gallega cerril, siempre sisona,
Acudir al anuncio como un gamo!
   ¡Ay, Cárlos, qué ilusion!..... Ni esta corona
Ceñirás. La falange culinaria,
— Arisca, chocarrera, motilona, —
   Preferirá la copla estrafalaria
Que gruñe el ciego al corro en la plazuela,
Á tu pulida *gerigonza* vária.
   Que el ceceo de asmática vihuela,
Ágria, sucia, discorde y cascajosa,
Boquiabre al vulgo, y de placer le alela.
   Ya á los bardos en noche borrascosa
No se abren los palacios de los ricos,
Ni los recibe castellana hermosa.
   Llamarán á una puerta, y..... — ¡pobres chicos,
Si no son inquilinos! — el cerbero
Les pega con la puerta en los hocicos.
   ¡Oh de mis infortunios compañero!
Ya todo lo que huele á poesía
Carga con el desden del orbe entero.
   Por eso la *Verdad*, desnuda y fria,

En desiertas regiones sufre y llora,
Con la *Fe*, y el *Honor* que á entrambas guia.
    ¡La *Verdad!*..... ¡El *Honor!* ¡La *Fe!*..... ¡Sonora
Trinidad de los bobos ! ¡Pleonasmo, .
Verruga de esta edad reformadora !
    ¡Baja, vén ! No te expongas al sarcasmo
Y risa general..... No quieren versos,
Y quieren suprimir el entusiasmo.
    Dáselos limpios, fáciles y tersos,
Rotundos, sustanciosos, elegantes.....
¡De seguro dirán que son perversos !
    Dáselos cojos, mancos, rimbombantes,
De viento atiborrados ó de paja.....
¡Quizás se los engullan los bergantes !
    Cárlos, la Poesía está de baja ;
Y ántes que espire, con piedad sangrienta
La Prosa le pespunta la mortaja ;
    Como á la Prosa, que hoy la palma ostenta,
La Aritmética luégo de su vida
Le raspará minutos en la cuenta.
    No lo dudes, amigo ; la florida
No profanada cumbre del Parnaso,
De extraños *genios* hoy se ve invadida.
    Ya nadie de las musas hace caso,
Que tímidas, inquietas, vergonzosas,
Huyen de su mansion más que de paso.
    La sien ceñida de laurel y rosas,
Suben entre el aplauso de la gente,
Bandidos, meretrices ojerosas,
    Y turba de chalanes insolente,
Que ayer escupió el cieno corrompido
Y hoy con brutal desden irgue la frente.
    En lupanar el templo convertido
Y en fácil plaza al tráfico del crimen,

Llaman virtud á lo que vicio ha sido.

   El sacro monte con el peso oprimen
De opulentas carrozas los que en ágios,
No ya la bolsa, el alma al pobre exprimen.

   Y sube el que del pueblo los sufragios
Mendiga, prometiéndole ventura,
Y luégo le abandona en sus naufragios.

   Y suben más y más, canalla impura
Que al sabio aflige, al ignorante aprecia;
Que, amasando del vicio la basura,

   Quizá en su insensatez, malvada ó necia,
Altares levantára á Mesalina
Sobre el cadáver santo de Lucrecia.

   Esos los *genios* son que el vulgo empina
Para que el árbol roben de la gloria;
Trocóse en eso la mansion divina.....

   Pero dejemos, Cárlos, á la Historia
La gravedad con que la nuestra escribo,
Y de tanto perdido la victoria.

   Confiesa que no somos de recibo;
Que comprendemos mal lo que reclama
De nosotros el siglo positivo.

   Otra literatura ya derrama
Por chozas y palacios luz febea,
Que así al gañan como al magnate inflama.

   Cada cual aplicado á su tarea,
— De la partida doble no ignorante —-
Con fruto el tiempo y la razon emplea.

   Oye, y no olvides, el final brillante
De cierta satirilla de un tendero
Á lo que ha de valer en adelante
  El arte dulce del divino Homero:
— Una y una son dos, y tres son cinco,
Más cuatro, nueve; ménos nueve..... cero —

¡ Y áun quieres poetizar !...... mira , de un brinco
Deja el chirivitil , y otra carrera
Más lucrativa emprende con ahinco.

   De algebráicos signos tu mollera
Adoquina , y de números , pobrete......
¡ Esa es la poesía verdadera !

   Y será un zoquetísimo zoquete,
Pelo de tonto , pero no de pillo ,
Quien con ella no brille y se encopete.

   — ¿ Y el corazon ? — Pregunta de chiquillo.
— ¿ Y el sentimiento ? — ¡ Mísero ! ¿ no sabes
Que el corazon se trasladó al bolsillo ?

   ¿ Jamás las pullas é indirectas suaves
De las mujeres , por ventura , oiste,
Ni la rechifla de los hombres graves ?

   ¿ Nunca soltaron á tu paso un chiste,
El político serio ó la coqueta ?
— ¡ Hace versos ! — ¡ Ay de él ! — Comerá alpiste!-

   — ¡ Es un vago !...... — Ha perdido la chaveta.
— Vecino , ¿ ha visto usted qué buen destino
Dan á ese mequetrefe de poeta ?

   — ¡ Coplero !...... sí señor ; ¡ estoy que trino !
¡ Aquí , con hacer cuatro seguidillas ,
Cualquiera es archipámpano , vecino ! —

   No han visto , Cárlos , no , tus pantorrillas ;
Olvidan que por uno que no ayuna ,
En su estómago , cien , sienten cosquillas.

   Creen que los versos llueven de la luna ;
Que con tinta y papel , y una de ganso ,
Labra cualquier poeta su fortuna ;

   Que cuando ellos se entregan al descanso
No hay quien vela y maldice su ronquido ,
Casi como un huracan tranquilo y manso ;

   Que todo lo tenemos aprendido

Con saber lo que llaman sinalefa
Y otras ridiculeces sin sentido.
   Si es ignorancia, candidez ó befa
La vulgar opinion, no lo aseguro.....
¡Mas calla!..... ¿Cómo aquí, doña Josefa,
   Tan sola y á estas horas? — ¡Ay, qué apuro!
¡Válgame Dios! — Acabe usted, señora.
— Voy corriendo á buscar á don Arturo.
   — ¿Al médico?..... ¿Qué fiebre asoladora.....
— Que le ha cogido un síncope á la chica,
Oyendo en el teatro á Teodora.
   ¡Aquello es trabajar! ¡Cómo se explica!
— ¿Y la funcion?..... — ¡Magnífica! arrebata:
¡Cuando llora mi Juan como un marica! —
   ¿Oyes? Tambien en llanto se desata
Su Juan, mozo lascivo, desmirriado,
Incrédulo y blasfemo; flor y nata
   De lo más despreciable y más menguado
Que de la córte el cenagal fecundo
Alimenta en su fondo envenenado.
   — ¡Vive Dios, que mi canto en algo fundo!
— Sí, ¡vive Dios! El lloro de ese bicho
Es..... un laurel que el genio arranca al mundo.
   Cuando Juan, con el alma que te he dicho,
Noble tributo al sentimiento paga,
Y le retira el bárbaro entredicho,
   Es porque un eco misterioso vaga
De todo corazon en el santuario,
Que el vicio, aunque lo intente, nunca apaga.
   ¡Cárlos! Habrá Pasion, jamas Calvario
Para la dulce y santa Poesía;
Siempre el hombre será su tributario.
   Cisne de amor, el cielo nos la envia;
Cuando ni un corazon lata en el suelo,

Al patrio nido remontando el vuelo
Gemirá su postrera melodía.
   1857.

X.

LOS CARACTÉRES.

Diógenes, hoy comprendo tu heroismo,
Digno de lauro y de memoria eterna;
Tú buscabas, provisto de linterna,
Un hombre..... ¡bien modesto era el guarismo!
¿Qué busco yo? un carácter: es lo mismo;
Y yo, cual tú, pregunto, corro, asedio,
Sin que uno logre hallar para un remedio.
Busco la recta en la moral del dia,
Y con ella no doy, ó solamente,
Hoy, como ayer, está en la geometría.
Innumerable turba
Sin aprension ni escrúpulos la quiebra,
É imitando el zig-zag de la culebra,
Ó se arrastra á sus fines por la curva,
Diciendo: «¡Pecho al agua!»
Ó su desdicha de seguro fragua:
Hombre que no se dobla, está probado,
Á nulidad perpétua es condenado.
No juzgues, no, por eso,
Filósofo profundo,
Que niegue yo el progreso;
¡Jamas! al fin y al cabo, marcha el mundo.

Mas es cosa bien dura,
Que pensando vivir en Patagonia
Entre una raza prócer de estatura,
Habite en Lilliput, donde, no obstante,
Cada cual tiene pujos de gigante,
Creyéndose más firme que montaña,
Cuando á cualquier ligero vientecillo
Se inclina humildemente como caña.
Y tal imperio el egoismo ejerce
Sobre el flaco mortal, que á su influencia,
Como el vino por otras, la conciencia
Con asombrosa prontitud se tuerce,
— Pues no hay quien á evitarlo se consagre,—
Resultando un magnífico vinagre.
    ¡Un carácter! ¡Oh colmo
De candidez! ¡Oh sueño estrafalario!
Pídase lo contrario;
Lo demas, es pedir peras al olmo.
¿Dónde está ese fenómeno? ¿Qué monte
Produce la madera extraña y rica
De que esa estatua bella se fabrica?
Si alguno apareciera de repente,
Se admirára la gente:
Figúrome el efecto
Que su sola presencia causaria
En esta sociedad caduca y fria,
Á quien toda virtud cansa y ofende,
Como el sol al enfermo de oftalmía.
De la verdad ajenos al lenguaje,
Exclamaria luégo
Uno, nada erudito,
En vez de tributarle su homenaje:
— ¡Calla! ¡Pues habla en griego!
— No tal, otro diria, es en sanscrito;—

Y otro, de ciencia ratonil pletórico:
— ¡Oh prodigio! es un hombre prehistórico,
Una excepcion tan rara,
Que de tener pudor no se avergüenza;
¡Como si ya el pudor aquí se usára!—
Y gracias si una silba estrepitosa
Á semejante monstruo no le hacia
Poner listo los piés en polvorosa:
¿Hay algo ya que asombre
Como ver un carácter, ver un hombre?
　　¡Oh Juvenal! Tú al ménos, cuando á santa
Indignacion movido, — viendo en Roma
Renacer, más infame, otra Sodoma, —
Duras cuerdas haciendo de tus versos,
Amarrabas perversos á perversos,
De la historia sublimes galeotes,
Marcados en la espalda y en la frente
Con tu sátira ardiente
Y el negro verdugon de tus azotes,
Tú al ménos, Juvenal, en la grandeza
Insolente del crímen y del vicio,
Fundabas la razon de tu ejercicio,
Vicio y crímen bastantes
Á tu genio y tu cólera gigantes.
Mas hoy ¿qué acento varonil se emplea
En decir al garito y al palacio
Cosa que digna de ellos y de él sea?.....
Cuando Mecénas haya, algun Horacio
Aparecer podrá, flexible, suave,
Vividor, cortesano, nada grave,
Esclavo de la mesa y los placeres,
Que recete, á lo sumo, unas cosquillas,
Especie de pastillas
De goma ó malvavisco, por ejemplo,

Para extirpar un cáncer como un templo.
   La sangre generosa
Que áun vigor dar pudiera á nuestra raza,
Con triste rapidez se deslabaza
Y la faz enfermiza no sonrosa.
Huecos hay, que, en lugar de corazones,
Sólo albergan miserias bizantinas;
Por cráneos hay melones;
Pasaron los leones,
Las águilas trasfórmanse en gallinas.
En muchos individuos ya no empalma
Con espíritu puro cuerpo sano,
Y se casa, sin cura ni escribano,
Con la tísis del cuerpo la del alma.
   Escasean Romeos y Julietas;
Abundan los que valen tres pesetas;
Aquéllos — metal puro, sin escoria —
Ya casi pertenecen á la historia.
Los anales novísimos de amores,
Segun sabios doctores,
No hablan de aquella fe, ciega, profunda,
Incontrastable, fuerte,
Que ántes que á nada sucumbir cobarde,
Se arrojaba á los brazos de la muerte.
No galanes floridos, entes secos,
Más que con facha de hombres, de muñecos,
Fingiendo furibundos apetitos
Alimentan pasiones de mosquitos,
Á que son entregadas
Igualmente doncellas averiadas,
Quiero decir, con caras de cloróticas,
Alumnas educadas
Por novelas exóticas.
Pensar que no claudique

Amor tan en el aire sustentado,
Ciertámente es pensar en lo excusado:
¿Á qué viento no cede un alfeñique?
Matusalem desbancará á Tenorio,
Y á Vénus misma la caduca abuela,
Que ya está con un pié en el purgatorio,
Si á la muchacha y al mancebo amables
Ofrecen posiciones confortables.
    Lázaro, el club y el comité alborota
Contra el gobierno que el país dirige,
Protestando tenaz que no transige
Aunque de sangre dé la última gota,
Y jura destemplado
Que ántes roto será que no doblado;
Que si á las Córtes viene,
Nada le apartará de su sendero,
Y dirá las verdades del barquero.
Despues de matinales y nocturnas
Predicaciones, en que atroz se finge
Con gravámen de pecho y de laringe,
¡Oh placer sin igual! vence en las urnas.
Padre ya de la patria, que es su *prima*,
—Y no es afirmacion contradictoria,—
Va Lázaro perdiendo la memoria:
Por el bien parecer, que mucho estima,
Mueve un poco de ruido, y de repente,
 Entregado á la gula, come ó pace
 El plato de lentejas
Que obtuvo en cambio de ilusiones viejas
Y muere sin tener un *aquí yace.*
    El insígne don Pánfilo, ese mismo
Que cuida de la fama de los muertos,
Y hasta es capaz, por puro patriotismo,
De abonar sus mayores desaciertos;

Que llora en soporíferos discursos,
Asombro de paciente Areopago,
Las desdichas sin cuento y el mal pago
Que sufrió siempre el genio en esta tierra,
De antiguo condenado á suerte perra;
Que — ¡imposible parece! — se electriza
Cuando habla de las letras y el talento,
Juzgándole ya muchos — y no es cuento —
Su escudo, protector, padre... y nodriza;
Á Miguel de Cervántes, si en persona
Del sepulcro saliera,
Y no coche, ni aplausos, ni corona,
De pan negro un mendrugo le pidiera,
Y si esto áun se creyese gollería,
Un céntimo no más de simpatía,
Dejárale atontado, por lo recio,
El primer bofeton de su desprecio:
Que á ciertos sabios, á lo bueno esquivos,
Cuando no es proyeccion de ningun necio,
Les pone convulsivos
La sombra de la sombra de los vivos.
   Seso, fe, voluntad, aspiraciones
Nobilísimas tiene el jóven Plauto;
Con tales condiciones
Principia su carrera; ¡oh mozo incauto!
Por tí desde ahora rezo
Como cosa perdida;
Marchando por la vida,
Cada paso que dés será un tropiezo.
La frente al sol levantarás ufana
Si en tan recto propósito no aflojas;
Mas ¿no sabes que arrojas
Así tu porvenir por la ventana?
No siempre sólo fieras montaraces

6

Te enseñarán los dientes
Agudos y voraces ;
Ni rocas eminentes,
Ni de sendero corvo
Bache traidor, te servirán de estorbo.
Caminas por lo llano
Sin olvidar tu norte ni tu rumbo,
Y ¡ zás !... á lo mejor, el primer tumbo ;
¿ Quién te hizo tropezar ?... tu propio hermano.
¿ Te espanta lo que digo?
Pues de ello más no se hable ;
Donde *hermano* escribí, léase *amigo*,
Y no así como quiera, incomparable,
Á quien con celo fraternal ayudas,
Y te debe, tal vez, camisa y plato :
La planta más comun es el ingrato,
Y si Cristos no existen, sobran Júdas.
   —Comeré sopas de ajo .
(Si el tiempo lo permite)
Ó dejaré al estómago que grite ;
Ostentaré en la calle honroso andrajo,
Y dormiré al sereno,
Si el que en el barrio vela
Me deja en noche de Diciembre pleno
Acurrucarme al pié de una cancela :
Todo lo arrostraria, el hambre, el frio,
La desnudez, la fiebre, el sol, el aire,
Las lluvias, el rocío,
Antes que traficar, por conveniencia,
Con la pluma, clarin de mi conciencia.
¡ Sí ! yo haré del periódico en que escriba
Sinaí de una idea tempestuoso ;
Cuanto más árdua y viva
La lucha, será el triunfo más glorioso.

Degradacion social; escepticismo;
Arte enfermo de miopia y raquitismo;
Diplomacia de cucos y lagartos
Que por manos y piés á España comen;
Religion del abdómen,
Fetiche nauseabundo
Que adora todo el mundo;
Virtudes de *double*; crímenes ciertos
Que ve y respeta muchedumbre obtusa,
De frac, guante y corbata
Vestidos, cuando no de simple blusa......
¿En qué prado metió más abundante
Periodista de temple la hoz cortante?—
   Este era el ideal del jóven Diego,
Candoroso gallego
Que entró en el periodismo, y no le pesa,
Con el pelo inocente de la dehesa.
Por aquel ideal luchó un semestre,
Atleta rudo, con fervor silvestre;
Del cañon de su pluma
Relámpagos salian y venablos,
Con música de truenos;
Aplaudian los buenos;
Los otros, se entregaban á los diablos.
—Estupendo carácter ¡*Ecce Homo!*—
Decia la voz pública y notoria,
Dándole mucha, mucha, mucha gloria;
Mas lo peor del caso
Es que el hambre crecia al mismo paso,
Y que él adelgazaba con el hambre,
Quedando prontamente hecho un alambre;
Porque la empresa de papel tan bravo
No tenía un ochavo,
Fenómeno que ahora

—Como en el tiempo aquel, no muy remoto,-
Se observa con frecuencia aterradora.
Justo será advertir al lector pío,
Que al mozo incorruptible de Galicia
No le habian tentado la codicia
Poniendo su virtud jamas á prueba
Con perspectiva de turron ó breva.
Un dia —¡aquí fué Troya!—
Un padre de la patria por tramoya,
Un mercader, famoso entre cien tales,
De conciencias venales,
Osó tasar la suya
—¡Qué insulto!— en diez... mil... reales,
Pintándole la paga
Con música tan dulce que le embriaga.
— Sí, mas él.....
              —El cayó, y esto se explica:
La música las fieras domestica.
    Paz, indulgencia, abnegacion, dulzura,
Amor igual y dadivosa mano
Con toda criatura,
Con rico y pobre, con rapaz y anciano,
Resplandecieron siempre en el buen cura.
¿Mas cómo respetar, doña Nemesia,
Al hijo vuestro, rubio zagalote,
Hoy simple sacerdote,
Príncipe acaso un dia de la Iglesia,
Si, más que un ángel, es, en su gobierno,
Una furia, un aborto del infierno?
Predica la pureza de costumbres
Y vive en descarada mancebía,
Y en su cuerpo entra el vino por azumbres,
Y de gloton adquiere nombradía,
Y ajenas vidas y honras despelleja,

Y ademas tira á Jorge de la oreja.
Ó no conoce á Dios, ó lo concibe
El pedazo de bolo,
Como él mismo, en el mal gozando sólo;
Un Dios entre los rojos resplandores
De los Autos de fe, negro vestiglo
Que guerra á muerte y ódio jura al siglo:
Un Dios que en las peladas calaveras
De la grey liberal á su ver sándia,
Bebe sangre; una especie de Han de Islandia;
Un caníbal, un monstruo, un antropófago
Con sed eterna y formidable esófago;
Dios, en fin, de esos buhos
Que al aire tienden su pendon sangriento,
Y al par entonan con melífluo acento
Motetes, letanías y tridúos.
¡Es carácter que encanta y maravilla!
¡Lástima que se pierda la semilla!
   ¿Y cómo ha de perderse, cuando á puestos
Que ciencia y honradez ocupar deben,
La estolidez y el vicio manifiestos
Á encaramarse cínicos se atreven?
¿Quién al más virtuoso ciudadano,
Si no se arrastra, y bulle, y cacarea,
Y metamorfosea,
Y descoyunta su conciencia, como
Sus miembros el funámbulo; quien, digo,
No le bautiza ya de papanatas,
Y de ente inverosímil, y áun de romo?
¿Tienes resolucion? ¿Plegarte sabes
En negocios, ya fútiles, ya graves,
Á toda indignidad, no importa el nombre?
Tuyo es el porvenir, tú serás hombre.
   Ofende la entereza,

La rectitud hastía,
Todo escrúpulo honrado es aspereza
Que debe suavizar la hipocresía.
Desbarra el que soñó chocar de frente
Con la comun infamia, impunemente;
Propósito sublime, y bello, y raro;
Pero es un suicidio, y cuesta caro.
Lo sé; mas si tropiezo por fortuna,
Con un carácter de éstos, un Quijote,
Como del sabio, escándalo del zote,
Diré así: «¿ Qué le importa
Que entre él y los demas medie un abismo,
Y en la miseria estar arrinconado,
De todos olvidado,
Si vivir logra en paz consigo mismo? »

   Octubre de 1873.

XI.

ARTE DE ESCRIBIR PARA EL TEATRO. *

Ármese luégo de papel y pluma
Todo el que aspire á conquistar la gloria:
¿Quién dijo miedo? El hilvanar comedias
      Es fácil cosa.
Si *ad pedem* siguen los noveles vates
Los preceptillos que les doy por norma,
Su ínclita fama llegará á las cumbres
      De California.
—¡*Viva la Pepa!*—encarnizados griten

Los personajes que abortó su cholla.—
¡ *Charcos de sangre!* ¡ *Libertad!* ¡ *Cadenas!*
¡ *Cárceles hondas!*—
Salgan ministros á la escena, y éstos
Pérfidos sean y *canalla odiosa*,
Todos *verdugos* y *garduñas* todos,
Que al pueblo roban.
Es *de ene* que haya *cortesanos falsos*
Y *astutos* siempre, como son las zorras,
Y uno del pueblo que les diga (*aparte*)
— ¡Ay, *cómo os coja!*—
Fáciles son á entendimientos romos
Estas lecciones útiles y cortas;
Si ellas no arrancan furibundos *bravos*,
Pierdo mi novia.
La patria ya, regocijada, ciñe
Tu frente chata con gentil corona;
Y ya tu nombre de la tierra ¡oh Rufo!
Cruza la bola.
¡Ay del que sordo á mis consejos sea!
¡Ay del que olvide un punto ó una coma!
Tema un granizo de—¡Jesus nos libre!—
Patatas gordas.

XII.

ANATEMA SIT.

Rompan su lira los hispanos vates;
Esto no marcha, porque no hay doblones;

Tiénenlos, ¡ay! pero á soltarlos niéganse
Los editores.
Desde un extremo de la España al otro :
—¡Hambre!—y más—¡Hambre!—en desmayadas voces,
Gritan abriendo sus profundas bocas
Los *trovadores.*
—¿Qué comerémos?—se preguntan lelos :
Su vientre ayuno; sin dudar responde :
—*Odas, romances, y si nutren poco,*
Letras de molde.—
Grandes enjambres *literarios* — ¿*risum*
Teneatis?—plagan la española córte ;
Talan, invaden, y sostienen — *¡gratis!* —
Las redacciones.
¡Ay, cuán contados pantorrillas echan,
Si con ganancias de su pluma comen!
Medran algunos, si es que medran..... pero
¡ *Con traducciones* !
Tantas palabras como escriban éstos,
Pulgas les piquen setecientas noches ;
Larra y Quevedo, reviviendo, denles,
Denles azotes.
Cuantos aprendan el violin, les sigan;
Cuantos les *carguen,* por do quier asomen;
Y si ellos buscan á cualquier sujeto.....
Nunca le topen.

XIII.

PENSAMIENTOS DE UN TONTO

MIRÁNDOSE AL ESPEJO.

—¡Gloria al Señor, que en las alturas brilla!
¡Gloria al Señor, que tan hermoso me hizo!
¡Suelte mi lengua, en alabanza suya,
    Sublimes himnos!
Mudo contemplo ante el espejo claro
Que de la Granja me mandó mi tio,
Esta figura, y, sobre todo, mi aire
    Tan distinguido.
—¡Oh, qué talento!—Cuando salgo, dicen
Los que reparan en mi traje tipo,
Y en mi corbata, que me aprieta el cuello
    Como un tornillo.
Si un solo rayo de mis ojos verdes,
Si una mirada con desden dirijo,
Mata á una chica, me la deja tiesa
    Como un cabrito.
Todas me quieren, me persiguen todas;
Hízome Laura, enamorada, un guiño;
Anda Isabel á conquistarme, y me hace
    Momos y mimos.
¡Ay! sin embargo, por detras, me llaman
Feo los hombres, las mujeres *frio*;
De envidia para los varones, y ellas
    Si no las miro.
Viendo el estrago que en el mundo siembro,

Voy en mi casa á sepultarme vivo;
Mas ¡ ay ! entónces ¿ qué dirá la Europa?
          ¿ Qué dirá el siglo ?
     Tengo muchachas á docenas, tengo
Largas pesetas, y con esto digo -
Que soy el mozo de mayor cacúmen
          Que he conocido.
     ¡ Gloria al Señor, que en las alturas brilla !
¡ Gloria al Señor, que tan hermoso me hizo !
¿ Qué, pues, me falta, si lo tengo ¡ oh gozo !
          Todo, todito ?
     ¿ Qué, pues, me falta?.....—á repetir volvia,
Cuando su padre, que le oyó escondido,
Sale y le dice, avinagrando el gesto :
          —¡ Seso, Luisito !
     1846.

XIV.

PROFANA-TUMBAS. *

     Viles, cobardes y asesinos llamán
Á los de ovejas dóciles rebaños,
Que por las cumbres del Pirene un dia
          Se nos colaron.
     Sangre pedian, y bebieron sangre
De cien valientes en el pecho hidalgo,
Al eco ronco del tambor de Francia
          El *Dos de Mayo.*
     Allí la vírgen y la casta esposa,
El niño allí y el indefenso anciano

Vense, y el jóven, en hileras largas
   Atraillados.
Salta del uno la rompida frente,
Atan del otro los robustos brazos,
Y ojos de fuego, para amar nacidos,
   Sangran colgando.
¡Tigres, por eso, los llamaron! ¡viles,
Á esos de ovejas dóciles rebaños!.....
Calumnia, sí; mi corazon estalla,
   Voto á un nublado.
¿Qué hicieron más que, en apariencia amiga,
Tender á España la traidora mano,
Y nuestros padres degollar, los pueblos
   Entrando á saco?
Mas ¡ay! que si hombres asesinan ellos,
Hay en mi patria poetillas zánganos,
Que de esos héroes la memoria ofenden
   Todos los años.
Resmas de torpes é infelices versos
Turban su sueño y eternal descanso,
Y al ágitarse sus airadas sombras,
   Dicen llorando:
—¿Cuya es la voz que estremeció la tumba?
¿No dejarán ni á quien murió esos gansos,
Que, cual bandadas de implacables cuervos,
   Vienen graznando?
¡Crímen horrendo, asesinar la gloria
Que á precio grande y con valor ganamos!
¡Cien muertes ántes que alabanzas nuestras
   Canteis osados!—
¡Fuera, y romped los instrumentos! ¡Fuera!
¡Fuera, mastines, y sellad el labio!
Un verso vuestro es más temible, á veces,
   Que un *Dos de Mayo.*

¡Sí ! Cada letra costará una misa ;
Celebraránse dos aniversarios
Á cada estrofa que sudeis á fuerza
          De repelaros.
   Y no se dirá ya: *Por los valientes*
Que sucumbieron al furor del gato,
Si no *al furor de tal; ---* aquí va el nombre
          Del poetastro.—

FIN DE LAS SÁTIRAS.

LIBRO II.

LA ARCADIA MODERNA.

ADVERTENCIA.

En el libro que, con el título de *Inspiraciones*, publiqué en 1865, reuní várias poesías pertenecientes á diversos géneros, entre otras la parte hasta entónces compuesta de la denominada *Gangas de la época*, que posteriormente concluí y dí á luz en la primera edicion de *La Arcadia moderna*. Con motivo de aquella poesía, hice algunas, aunque ligeras, observaciones respecto del género humorístico y el realista á que la misma pertenece, y que traslado á continuacion, pareciéndome oportunas hoy que presento aquí todas las clasificadas en los referidos géneros :

«El *humorismo*—decia—segun yo lo entiendo, es la más alta realizacion estética de las distintas manifestaciones con que aparece lo cómico en la escena de la vida.

»Así considerado, no hay situacion, ni áun la más terrible, que, en virtud del dualismo y del contraste que en la naturaleza íntima de las cosas existen, deje de relacionarse, en mayor ó menor escala, con esta elevada concepcion de la fantasía.

»Excluirlo, pues, de la literatura, valdria tanto como trazar al genio poético un círculo de hierro que impidiera su desarrollo en las múltiples y variadas esferas de su actividad creadora.

»Pero la palabra *humorismo*, que de poco tiempo acá ha tomado carta de naturaleza entre nosotros, ¿significa, por ventura, la presencia de un factor esencial y desconocido en el arte?... Yo respondo negativamente. Dicha palabra es, sin disputa, un neologismo. Elevada á ciencia la estética, y clasificados los géneros literarios con arreglo á un lenguaje, á una nomenclatura nueva tambien, era preciso de todo punto crear un nombre que, bajo un sentido general, abarcase las infinitas oposiciones que reinan entre el ideal subjetivo del artista y la realidad objetiva en que vive; oposiciones de que son ecos perdurables la terrible carcajada de Quevedo, la misantropía desconsoladora de Leopardi, los gritos amargos y desgarradores de Espronceda y de Byron, la benévola y simpática sonrisa de Cervántes y de Richter, y la melancólica y delicada ironía de Heine.

»Así, pues, el humorismo existia ántes que la palabra con que hoy se conoce: lo que, si no es nuevo en él, se ha modificado, es la forma, hoy más templada, más cortés, más urbana que ántes, como que tiene que amoldarse á un estado social tambien más culto.

»Pero lo que esencialmente distingue de los otros géneros al humorístico, es su expresion constante de la realidad de la vida, realidad que en épocas en que han prevalecido ciertas escuelas se vió desdeñosamente proscrita de la literatura. Creíase que lo natural, lo sencillo y lo verdadero eran indignos del arte, y que el valor de una obra consistia precisamente en las opuestas condiciones.

»Tal fué el pseudo-clasicismo. Todo personaje de teatro tenía que hablar de una manera tan erudita, enfática y ampulosa, que hasta el simple criado de aquellas heladas y soporíferas tragedias hubiera podido habérselas con cualquier académico ; las zagalillas y los zagalones reventaban de discretos en la lírica melosa y en la novela insustancial de entónces, á tal punto, que hoy la mayor parte de aquellos seres desventurados nos parecen caricaturas.

»Nuestro siglo, práctico y positivo en exceso quizá, se paga poco de invenciones puramente fantásticas ; y áun en la verdadera, en la gran poesía — que es la lírica, en mi pobre opinion — quiere ver encarnadas ideas, afectos y pasiones humanas. ¿Con cuánta más razon no buscará esto mismo en el género humorístico, tan afin con la realidad, que á veces en algunas de sus formas apénas

7

se diferencia de la prosa más que en el ritmo, en la estructura musical del verso?

»Incompleta sería la literatura de un pueblo en una época dada, si no respondiese al espíritu en ella dominante, si no retratára—aunque huyendo de la imitacion servil—las diferentes fases que la caracterizan y le dan fisonomía propia. Oigo exclamar con frecuencia : «Tal autor no me gusta, porque carece de invencion, porque no dice nada que no vea uno por ahí á cada paso, hasta en el seno de la familia.» Sin duda que el poeta que *remeda* las más prosáicas trivialidades de la vida se ha formado una idea bien miserable del destino y de la mision del arte, que debe concentrar en una representacion sintética y sóbria de accesorios los rasgos sobresalientes de un carácter, de una situacion, de un acontecimiento; pero ¿qué puede objetarse á la vida abreviada y al mundo cómico de EL LAZARILLO DE TÓRMES, de RINCONETE Y CORTADILLO y de EL GRAN TACAÑO, cuyos personajes están tomados de la realidad, y de una realidad bien comun y bien humilde, como toma el escultor el mármol de una cantera para animarlo con el soplo divino de su genio?

»El realismo que yo rechazo con toda mi alma es ese otro realismo, ya frívolo é insustancial, ya escéptico y cínico, ya, en fin, terrorífico hasta la ridiculez, de que nos dan triste y doloroso ejemplo

todas las épocas literarias ; ese realismo despojado
de toda bellèza, siendo la creacion de la belleza,
como lo es, el fin supremo, si no el único, del ar-
te. El arte es casto, y porque lo es, no necesita cu-
brir con velo alguno sus Vénus para que los que
las contemplen no se ruboricen ; al contrario, la
Vénus tallada por un cincel grosero siempre será
una imágen sensual é impúdica, de la que deben
apartarse *los ojos con horror y el estómago con asco.*

»Una palabra y concluyo.

»Entendida, segun la he explicado, la realidad,
confieso que en las poesías á que se refieren estas
líneas—como en todas las que han de componer
la coleccion á que pertenecen, y á que he dado el
nombre de La Arcadia moderna—soy realista
decidido. Carecerán acaso de valor estético, si bien
los elogios que se les tributaron cuando por prime-
ra vez fueron conocidas debieran tranquilizarme
sobre el particular ; pero la intencion sana que las
ha inspirado no podria negarse sin cometer una
injusticia notoria, y al ménos tendrán esta belle-
za, pues la moral, lo mismo que la virtud, es tam-
bien una belleza.»

18 55.

V. R. Aguilera.

PRÓLOGO

DE LA PRIMERA EDICION.

La poesía bucólica ó pastoril—á que pertenecen la égloga y el idilio—presentada por la Antigüedad, por el Renacimiento, y por la Edad moderna en alguno de sus períodos, como expresion artística de la vida del campo, constantemente serena, apacible y feliz en aquellos cuadros, formando contraste con la de las ciudades siempre en los mismos agitada y dolorosa, existe aún en la literatura de nuestros dias, si bien con las modificaciones en su esencia y en su forma correspondientes á las que han ido experimentando el modo de ser de los pueblos en general, las costumbres rurales en particular, y hasta el aspecto físico de la Naturaleca en que aquella poesía se inspiraba.

El silencio de la soledad campestre es hoy turbado por el silbido y el atronador resuello de la locomotora: el barreno hace temblar y derriba montañas con la explosion de un terremoto para abrir paso al monstruo: la máquina, agente poderoso y complicado de la civilizacion, ocupa el lugar del hombre, y destierra de la choza y de la aldea los sencillos instrumentos agrícolas de nuestros antepasados; y hay naciones en que el violin, el arpa el clarinete y áun músicas enteras (1), todo lo invaden, relegando desdeñosamente al olvido el rabel y la zampoña. La poblacion de la ciudad reside en la aldea, aunque temporalmente, ya por temor al fastidio, ya obedeciendo unas veces á la moda, otras á prescripciones higiénicas; y en virtud de una especie de reflujo, la poblacion de la aldea afluye á la ciudad, sirena que la atrae de un modo irresistible, y que á menudo es elegida como punto de residencia fija; y en este movimiento vertiginoso, en esta fiebre expansiva, en esta visible y recíproca fusion—á que en primer término, quizá, contribuyen la baratura y la rapidez de las comunicaciones—vanse borrando de la ciudad y de la aldea los rasgos verdaderos y áun los convencionales característicos, la fisonomía individual que las diferenciaba en otros tiempos.

¿Qué pastor, qué campesino contemporáneo oye la voz de las divinidades con que la mitología clásica pobló el encantado retiro de los bosques y de

---

(1) Con respecto á España debe citarse á Cataluña, en donde hasta en las aldeas las sociedades corales con sus músicas, comprueban este aserto.

las aguas, siendo cada una de ellas la poética per-
sonificacion de un objeto real ó de una idea abs-
tracta? Las driadas y amadriadas, las potamides
y meliadas, las nereidas y napeas, discurren por la
cima del Parnaso como sombras de un mundo muer-
to, á las que el actual, que presume de piadoso, no
dejará de conceder sepultura para *in æternum*.
Fuentes que antaño se hallaban, segun los poetas,
bajo la custodia tutelar de amables y graciosas nin-
fas, y que eran del dominio comun — porque, co-
mo Cervántes dice, no habia *tuyo* ni *mio* — perte-
necen hoy al dominio privado, garantido con títu-
los de propiedad, de redaccion prosáica y curiales-
ca; y el dueño confia su guarda, ya á un gañan de
aspecto feroz y áspero trato, provisto de escopeta,
capaz de cualquier desaguisado, ya á un mastin
con carlanca, pronto á lanzarse al que, sin permi-
so competente, pretenda invadir la finca en que el
murmullo del agua y la vid cargada de racimos
despierten sus apetitos. Pan no toca ya la flauta
adornada de primorosas y prolijas labores, cuyo so-
nido ablandaba los duros peñascos; y por lo que
respecta al pellico pastoril y al proverbial cayado,
lleno de curiosos dibujos hechos por hábil mano,
en muchas partes han tenido que ceder á la cachi-
porra tosca de vulgar encina, y á la chaqueta con
que tambien cubre su cuerpo el artesano de los gran-
des centros.

Acabáronse los dias del *Cantar de los cantares*,

> Mi alma se ha empleado
> Y todo mi caudal en su servicio :
> Ya no guardo ganado,
> Ni tengo ya otro oficio,
> Que ya sólo en amar es mi ejercicio (1) ;

y aquellos otros en que las selvas resonaban con el acento del cisne de Mantua, cuyo eco ha llegado á nosotros y ha de trasmitirse á la más remota posteridad :

> *Ipse te, Tityre, pinus,*
> *Ipsi te fontes, ipsa hæc arbusta vocabant* (2).

> ¡ Oh Tityro, los pinos,
> Estas fuentes y arbustos te llamaban !

Pasó la Edad de oro, y vivimos en una en que precisamente, si no todo, mucho anda al revés que en la antigua.

¿Carecerá, por ventura, del sentimiento de la Naturaleza nuestro siglo?... No por cierto, si bien es innegable que la influencia del culto grosero que las generaciones actuales rinden á la materia, se refleja, como no podia ménos de suceder, en el arte y en la literatura, salvas las excepciones que deben hacerse en favor de algunos espíritus privilegiados, en cuyas obras resplandece el ideal de la Naturaleza comprendida bajo un nuevo y superior

---

(1) SAN JUAN DE LA CRUZ, *La noche escura.*
(2) Virgilio, égloga I.

concepto al que se notaba en la antigua bucólica, modelo — sobre todo en la parte descriptiva — y con mayor motivo en la pseudo-clásica, la cual nunca ha respondido á las verdaderas interpretaciones que el arte exige, y áun se entretiene lastimosamente en reproducir á Virgilio, esto es, la mecánica y servil imitacion exterior de Virgilio. En una palabra, la verdadera poesía campestre moderna ha hallado, sobre la perfeccion externa en que los clásicos sobresalieron, profundos y más ricos tesoros; ha hallado el alma, por decirlo así, de la Naturaleza, que no es ya para el verdadero poeta un simple teatro de la actividad humana, sino un mundo entero, vivo y animado, real y sustancial.

El poeta recibe con gratitud la herencia sagrada, el patrimonio que las edades que pasaron han ido acumulando durante su curso; por eso, cuando todos los hombres callan, él les consagra recuerdos melancólicos en la epopeya y en la elegía; pero el poeta, ahora como siempre, se inspira, ademas de los sentimientos personales, en los sentimientos, en las ideas, en las costumbres y en los intereses generosos de su época; y heraldo del porvenir, marcha delante de la columna de fuego, que alumbra el camino de la humanidad.

Dicen algunos críticos, y es digno de notarse, que se ha observado constantemente el fenómeno de que los más célebres poetas bucólicos han apa-

recido en épocas de gran cultura de las naciones en
que florecieron; y que en su consecuencia, los pro-
gresos de la civilizacion no son motivo suficiente
para desterrar de la literatura el género pastoril,
aludiendo sin duda al clásico-mitológico. Mosco,
Bion, Teócrito y Virgilio, entre los antiguos; el
arcipreste de Hita, Garcilaso, Juan de la Encina,
Guarini, el Tasso, Balbuena, Gessner y Melendez
en siglos posteriores, pueden servir de ejemplo; y
sin embargo, basta citar estos nombres para des-
truir las bases de aquella observacion, cuya exac-
titud, más que real, es aparente. En las églogas de
Virgilio—la gran voz de la musa latina—mode-
los de elegancia y de arte, hay ya ménos candor,
ménos sencillez, ménos abandono que en el *Cantar
de los cantares*, incomparable égloga de la *Biblia*
cristiana, y que en la bucólica griega, composicio-
nes más inmediatas que aquellas á las edades pri-
mitivas. Compárese á Garcilaso y á Balbuena con
Guarini, con Gessner y con Melendez, y se obten-
drá idéntico resultado.

Pero si la poesía bucólica greco-latina ha muer-
to—¡Dios la perdone!—ó mejor dicho, está á
punto de morir, por más que el galvanismo apli-
cado á la moribunda por algunos versificadores si-
mule los fenómenos de la salud y de la vida, la
poesía de la Naturaleza, la poesía del campo, es
eterna é inagotable en sí misma, y sólo pide hoy,

segun he manifestado, nuevas y superiores inter-
pretaciones. Lo que pasa, lo que se agota son las
maneras de concebirla y sentirla; así vemos su-
ceder á los que en su época la concibieron y la
sintieron mejor, los Schiller, los Goethe y los
Uhland, en Alemania; los Southey y los Burns,
en el reino-unido de la Gran Bretaña; Leopardi,
en Italia; Vigny, en Francia, etc. ¿Quién lee ya á
los modernos representantes de la bucólica clasi-
cista? ¿Qué interés inspiran los idilios de Martinez
de la Rosa hoy, esto es, cuando su tumba apénas
acaba de cerrarse? ¿Cómo pudo Melendez, cuyo *Ba-
tilo* tantas bellezas tiene, componer, sin violentar-
se ni conocer lo fútil del asunto, veintiocho odas á
la palomita de Fílis? ¿Á quién no afligen las sim-
ples anacreónticas de Lista, ilustres varones todos
ellos, dignos, por otros títulos y producciones poé-
ticas, de alto renombre? ¡Qué palidez, que melo-
sidad, qué empalagosa y afeminada ficcion de sen-
timientos! ¡Qué idea tan errónea de los afectos no
ha echado de ver la crítica racional de nuestros dias
en muchas obras artificiales, que por monumentos
de gloria se estimaban!

En general, la bucólica del siglo xviii y comien-
zo del presente era falsa, ridícula y pueril: el ro-
manticismo vino á darle el golpe de gracia con su
piqueta revolucionaria. Sin embargo, posterior-
mente, y concretándonos á España, se ha preten-

dido resucitarla, suprimiendo los nombres y el guardaropa clásico-mitológicos, y bautizando á las Amarilis y Amintas, á los Salicios y Nemorosos, de orígen pagano, con nombres más católicos, digámoslo así : las Antonias y las Marujas, los Bartolos y los Pepes, las Robustianas y los Toribios, habitantes del campo, y segun es de suponer, llenos de una virginidad, de una inocencia, de una terneza y de una dulzura que no se observan todos los dias en tiempos tan lejanos de los patriarcales como los que corren, danzan en los romances, si no al són de zampoñas y rabeles, al són de los instrumentos ya mencionados ; y vestidos, por más señas, con faldas de percal y pantalon de paño.

Á esta bucólica, pues, casi tan falsa como la que salió del Renacimiento, opongo yo el realismo de mis cuadros, contraste que hará ver lo descaminados que andan y distantes de la verdad real y áun de la artística, los que, por no caer en el prosaismo, dan en otro más censurable extremo, si cabe.

Ya la bucólica de que se trata fué, en composiciones sueltas y sin lazo comun que las uniese, ridiculizada, hallándose en todo su auge, por algunos ingenios, aunque no con la energía correspondiente á lo que el interés del arte reclamaba. Conocido es el soneto de Bances Candamo á la *Vida pastoril;* pero no resisto á la tentacion de trasladarlo aquí, siquiera para autorizar en el ánimo de

los que lo ignoren, las palabras con que la voy
juzgando.

Dice así :

> Gana me dió, leyendo las extrañas
> Cosas que los poetas noveleros
> Cuentan de los pastores y cabreros,
> De habitar en sus rústicas cabañas.
>   Pero llegando ayer á estas montañas,
> Ajos les vi comer, y no pucheros,
> Y apénas contra vientos y aguaceros
> Eran su abrigo techos de espadañas.
>   Vilos con una eterna vigilancia,
> No les oí cancion, en mi conciencia,
> Á quien la flauta hiciese consonancia.
>   «¿ Esto, — dije, — es vivir con conveniencia? »
> ¡ Ay, amigo Fileno ! Gran distancia
> Hay desde la ilusion á la experiencia.

Hase querido tambien hacer didáctico este géne-
ro de poesía. Si alguna vez la teoría del arte por el
arte pudo legitimar la intransigencia de sus prin-
cipios, fué cuando ofreció á la admiracion de la crí-
tica los encantadores modelos que Grecia y Roma
nos habian legado. Efectivamente, en aquellas
obras maestras ningun fin de utilidad práctica para
la vida se descubre : realizar la belleza; hé aquí el
propósito casi exclusivo y constante de los poetas
de entónces. Cuando querian enseñar y corregir
más directamente, apelaban al apólogo, á la epis-
tola y á la sátira, prestando inteligencia, morali-
dad y palabra á cuantos séres y objetos pueblan el
universo. Hoy es mayor el abuso : hasta en la poe-

sía á que me refiero, y en los géneros afines, todos
los reinos de la Naturaleza, aún el mineral, *filoso-
fizan*, y no por excepcion, no por milagro, sino
por sistema y por costumbre, y con tal profundi-
dad y elocuencia, que no es necesario concurrir á
las aulas para graduarse de doctor en las distintas
facultades que se conocen.

La poesía lírica, que es de todos los géneros el
más desinteresado, puede y debe enseñar, enseña
de seguro; pero de otro modo, y huyendo de las
pretensiones y de las formas didácticas, porque es,
como si dijéramos, espejo de lo bello, porque lo
bello educa y es educador por sí mismo; 1.º, para
la fantasía y el sentimiento; 2.º, y mediante éstos,
para el espíritu en su totalidad: en fin, porque en
el arte, la belleza de las entidades por él creadas,
supone implícitamente los nobles atributos que la
razon descubre en una criatura real perfecta.

La hermosura, el silencio, la quietud, la soledad
del campo, en una palabra, el espectáculo de la
Naturaleza, ha sido, es y será siempre motivo de
inspiraciones sublimes; pero el actor, la figura in-
feliz y las formas de la bucólica neo-pagana, que
es la que combato, desaparecerán completamente
de la escena, quedando lo eterno, es decir, el fondo,
el paisaje, el templo, en el cual podrá el poeta di-
rigir al cielo su oracion, el himno revelador de los
esplendores y maravillas visibles de la vida uni-

versal, que asimismo palpita bajo el manto de nieve, de rocas ó de flores con que la Naturaleza se cubre.

Veamos cómo.

El poeta contempla, *verbi gratia*, una montaña, que contiene en sí, con toda la hermosura, todas las imperfecciones de lo temporal. Reproducida en su espíritu la imágen de fuera, y no satisfecho todavía con esta vision mental, para exteriorizarla de un modo artístico no la desnaturaliza, como equivocadamente se ha hecho, creyendo aumentar sus atractivos, sino que la despoja de los accidentes contrarios á la belleza ideal, segun él la siente, le infunde parte de su propio sér, expresando las relaciones del estado de su alma en aquel momento con los fenómenos exteriores del mundo material y con los que ha descubierto en su seno misterioso; y la imágen, producto de esta operacion del espíritu, entra desde luégo en el mundo del arte como una realidad depurada.

Cuando hay repugnancia ó antinomia entre el ideal del poeta y el objeto sometido á su contemplacion fantástica, el arte la formula por medio de esas protestas que en las artes plásticas llamamos, por ejemplo, *caricaturas*, y en la poesía *sátiras*, composiciones cómicas, etc.

Hé ahí, pues, el orígen del *humor* ó del *humorismo*, nombre que, segun he dicho en otra parte (1), bajo un sentido general abarca las infinitas oposiciones que reinan entre el ideal subjetivo del artista y la realidad objetiva (2) en que vive, expresando constantemente la última; pero con sujecion á la ley esencial, interna, propia de las cosas, imperfectamente realizada por éstas en el tiempo.

Dedúcese de lo expuesto, que no ha de entenderse, ni por asomo, excluida de la literatura la poesía de la Naturaleza; que en nuestros dias existen cuadros de felicidad en el seno de los montes y de los valles; que el campo ofrece y ofrecerá siempre poderosos encantos —sin que se entienda que yo le dé preferencia sobre las ciudades —y que en sus habitantes pueden hallarse agrado, ingenuidad, dulzura en el trato y pureza de costumbres; pero

---

(1) Prólogo á la coleccion de algunas de mis poesías escogidas, titulada INSPIRACIONES.

(2) Al usar estas palabras, yo, que aborrezco todo alarde intempestivo de erudicion, y que procuro huir de cuanto se le asemeje, declaro que lo hago, porque con ellas se evitan muchas perífrasis fastidiosas, y porque es ya hasta una vergüenza que en nuestra patria las ignoren, y si las comprenden, que las ridiculicen personas que no carecen de ilustracion. La estética, no me cansaré de repetirlo, es hoy una ciencia con su lenguaje propio, ni más ni ménos que la botánica, la química, la astronomía, la medicina, la jurisprudencia, etc. ¿Qué más? Hasta las artes mecánicas tienen su tecnicismo especial; y sin embargo, á nadie le ha ocurrido censurar, sobre todo no abusando, al zapatero, al carpintero y á la costurera que nos hablan respectivamente de la *cheira*, del *berbiquí* y de las *bastillas*. Al que ridiculice la estética por ignorancia, debe aconsejársele un remedio, que estudie: al que la ridiculice por malicia, debe compadecérsele.

de esto á presentarlos como únicos y exclusivos partícipes de tan preciosos dones y de una bienaventuranza eterna—tan rara, desgraciadamente, en toda clase de personas, y acasó más que en ninguna, en los pobres que se dedican á las rudas faenas agrícolas y á la guarda de los ganados—fundando sobre los frágiles y vanos cimientos de una teoría convencional todo un sistema de literatura, existe inmensa distancia. Donde no hay verdad no hay poesía. El que quiera formarse una idea de cómo la bucólica sencilla y espontánea de la antigüedad ha llegado á nosotros, lea á los poetas franceses del tiempo de Luis XIV, fije los ojos en las novelas de Florian, contemple ciertas estampas y países de abanico iluminados, que representan escenas pastoriles, y la risa asomará á sus labios. ¡Qué Naturaleza aquella tan emperejilada, tan simétrica, tan uniforme! ¡Y qué actores los de aquellos cuadros! Cielos sembrados de colores rabiosos; plantas y árboles trasquilados por la tijera del jardinero; zagalas discretísimas, con sombreritos de paja de Italia, largos bucles y faldas de bailarinas de la ópera, llenas de colorete, de cintas, de lazos y de encajes; pastores declarándoles su atrevido pensamiento ó tomándose ciertas libertades un tanto pecaminosas, ataviados de casaquilla, chupa, calzon corto, peluca empolvada, como si saliesen de manos de un *artista en cabellos*—que dicen algunos—media de seda y escarpines: palabras, gestos y actitudes teatrales... Hé ahí, con leves variantes, segun los pueblos, el carácter y la expresion del género de que se trata.

Fáltame ahora explicar el título de la presente obra. Dicen los historiadores, refiriéndose á la Arcadia, «que en los frescos valles del Ladon, del Erimanto y del Alfeo, y en el delicioso de Megalópolis, habitaba un pueblo, pastor y agrícola á un tiempo, y aficionado á la música, raza de costumbres dulces, que conservaba algo del carácter pelásgico que no se encontraba ya en las ciudades; y que á aquel pueblo deben referirse las tiernas imágenes de la vida pastoril que de él tomaron los poetas antiguos.»

La Academia de los Arcades, fundada en Roma á fines del siglo XVII, en la que cada uno de sus miembros se distingue con un nombre raro, y estrambótico á veces, no ha tenido principalmente otro objeto que conservar la aficion á esta bucólica de *doublé*, cultivada asimismo en España por Melendez, Lista, Jovellanos y otros, llamándose respectivamente *Batilo*, *Anfriso*, *Jovino*, etc.

Usada en poesía la palabra *idilio* como sinónima de cuadro de la vida pastoril, en el concepto de vida sosegada y dichosa, el lenguaje comun la usa tambien hoy con frecuencia, por extension, punto ménos que como sinónima de *ideal realizado*, y áun

8

suele localizarse en las grandes poblaciones el *paisaje*, bajo la forma de cuatro paredes sucias, desmanteladas y frias, con un caramanchon desvencijado y sin una mala silla en que sentarse. En *Los Miserables* de Víctor Hugo hay un capítulo con este epígrafe : *El idilio de...* no recuerdo qué calle. La escena de este idilio... *urbano*, pasa en París. ¡Figúrense mis lectores qué pastorcitos habrá en la *capital del mundo civilizado,* segun llaman nuestros vecinos ultrapirenáicos á la populosa villa, cuyos jardines son *Mabille* y el *Chateau des Fleurs!* Pues bien : el idilio, el ideal contemporáneo de muchos, es la realizacion de los goces sensuales, y este es el idilio, este el ideal cuya pintura he tratado de bosquejar á la manera realista y estilo humorístico, en la presente obra.

1867.

V. R. AGUILERA.

LA ARCADIA MODERNA.

OTRA EDAD DE ORO.

(IDILIO SOCIAL.)

¡ Cuánto cisne canoro,
Empuñando rabel ó guitarrillo,
No celebró la edad que llaman de oro,
Oro mucho mejor que el amarillo!
Tengo yo, sin embargo, la sospecha
De que esa edad es cuento
De la cruz á la fecha;
Invencion peregrina,
Que vino propagando
Tras de la musa griega la latina,
Y compitiendo con latina y griega
El *Fénix español*, Lope de Vega,
Sin contar que tambien pagó su escote
El que al mundo asombró con el *Quijote*.
Mas aunque haya existido
Y á muchos les dé grima
No haberla conocido,
Yo digo :—Nadie gima,
Pues de esa dulce edad, edad-confite,
La segunda edicion hoy se repite. —

¿ Quién me da una bandurria, una vihuela,
Y si no, un tamboril?... Estoy rabiando
Por cantaros al par las dos edades,
En tono así..., entre *requiem* y zarzuela,
Un paralelo entre las dos formando;
Si bien todo atestigua
Que es mejor la moderna que la antigua.
    Dicen que antiguamente
Desnuda iba la gente,
Pues era la inocencia
De vista corta y de feroz conciencia:
Hoy, en el mes de Julio, porque suda,
Y en Diciembre, tal vez porque tirita,
Sale medio desnuda
Á lucirse la hermosa Mariquita;
Y los tiernos donceles
Que la persiguen fieles
Sin que el pudor los venza,
Andan tambien desnudos de vergüenza.
En esta mascarada
La Verdad solamente va tapada;
Pues ni en el siglo que corriendo vamos,
Ni tampoco en los siglos venideros
Se vió, ni se verá jamás en cueros:
¿ Dije en cueros? ¡Qué risa!
Verla una vez quisiera yo, en camisa.
    Allá en la edad primera
Fué todo Primavera;
No hubo Otoño, ni Estío;
Nadie las uñas se chupó de frio.
En la presente edad, Abril eterno
Es el rostro de muchas
Ciudadanas machuchas
Que de la vida están en el invierno,

Y que acuden, no en balde,
Á Santa Flor de Arroz, moderna santa,
Pidiéndole el milagro que obró en tanta
Con San Carmin y el buen San Albayalde.
Otras, damas gentiles,
Dándose todo el año
De Vénus con el paño,
Conservan siempre frescos sus Abriles;
Y la que largas cuenta
Navidades cuarenta,
Dando hácia atras un brinco
Se planta en veinticinco,
Y de allí no la arranca ni á cachetes
El cuerpo de civiles y corchetes.
El hombre de pesetas, egoista,
Y el cándido optimista
—Que en dulce calma y beatitud reposa,
Y aunque el mundo reviente,
Dice que el mundo va perfectamente,—
Todo lo encuentran de color de rosa,
Color con que, mostrando gusto y celo,
Pinta Mayo la tierra y pinta el cielo.
    La tierra era de todos :
Limpio de sabandijas
El campo entónces, con señales fijas
É irresistibles modos
Que obligáran á un bruto,
Brindaba al transeunte rico fruto.
Aquí, un tronco lozano,
Doblándose decia : « Chico, toma,
Ó te rompo el testúz con una poma. »
—Advertencia : la *poma*, en castellano,
Es el fruto sabroso del manzano.—
Allá, chorros de vino

Brotaban de las cepas, ciento á ciento,
Á orillas del camino;
Y si falto de aliento
Llegaba un peregrino,
Como era el licor *grátis*,
Y, á más, no se estilase decir *sátis*,
Quépale ó no le quepa
Un cuartillo tras otro se bebia
De jarabe de cepa,
Sin faltar al decoro;
Luégo, á veces, solia
Pernoctar entre Pinto y Valdemoro.
 Nadie lo ha visto en lápidas ni bronces,
Pero todo, repito, que era entónces
Comun: el campo, el rio,
El monte, la llanura,
La caza, la verdura;
Jamás se conoció *tuyo* ni *mio*;
Bien que ogaño tampoco,
Pues lo tuyo y lo mio, entre consumos,
El subsidio industrial, que es otro coco,
El casero, que gasta buenos humos,
La moza que nos sirve, mal pecado,
Y compra en el mercado,
Y el perillan que vende
Y con ella se entiende,
Practican un completo comunismo;
Mejor no lo soñaba Fourrier mismo.
 Con el lobo la oveja
Formaba antaño fraternal pareja;
Palomas y milanos
Parecian hermanos;
Toda garra y colmillo se escondia,
Ya fuera díplomacia ó cortesía,

Como esconde sus uñas un tunante
Bajo la piel hipócrita del guante.
Hoy tambien son ejemplo del consorcio
Que débilmente pinto,
Diversos animales
En costumbres é instinto;
Y áun algunos iguales
En instinto y costumbres,
Que pudieran causarse pesadumbres
Y hasta en furiosa lid quedar difuntos,
Suelo encontrarlos juntos,
Y hacen que aquel proverbio aquí recuerde,
De que un lobo á otro lobo no le muerde.
  Entónces en el viento
La flauta pastoril sonó á menudo,
Con tal primor, que dudo
Le pudiera igualar la de Sarmiento.
En coro acompañaron á las flautas
Con voces tiples y con tonos graves
Los grillos y las aves
Juguetonas é incautas,
Y los zagales y mozuelas rubias
Sembrando coles, nísperos y alubias.
Ahora suena el cañon, y el clarin suena;
¡Todo es sonar! Sollozos y alaridos
Suben, suben, y suben á la escena
Desde los antros lóbregos perdidos
De nuestra sociedad en lo más hondo;
Infierno terrenal, en donde gimen
Miseria y esplendor, virtud y crímen.
Y suenan—otro sí—cuervos y grullas,
Y gansos roncos, y parleras ranas
En figuras humanas,
Subiéndose á la cima del Parnaso

Donde cantaron Lope y Garcilaso.
   Ántes, en el Parnaso gran cosecha
Cogíase de gloria
Y la ambicion quedaba satisfecha,
Si no miente la historia.
Á muchos les parece
Que de entónces acá media un abismo,
Pero hoy pasa tres cuartos de lo mismo;
Sólo que, á más de gloria, ya los vates
—Aludo á los que siembran disparates
Y alfalfa para el público inocente—
Recogen, aclamados por la gente,
Botas, chalecos, guantes, pantalones,
Vino, muebles, perdices y jamones,
Ya en papel de color,—papel-moneda, —
Ya en la forma y metal de la que rueda:
En tanto, el que arrojó sana semilla
Ayuna en su buhardilla,
Si es que no se mantiene de amarguras,
Y el que siembra la luz se queda á oscuras.
   Sin red y sin anzuelos
El mar daba pescado en escabeche;
Corrian arroyuelos
De almíbar y de leche.
En nuestro siglo, arroyos
Corren de ímpuro cieno, sangre y llanto,
Con tantísimo sapo y trucha tanto,
Que, en vez de apellidarlo de las luces
—Pues, en verdad, hay muchas,—
Llamarse debe *siglo de los truchas.*
   Postrábase el leon al pié del hombre;
El tigre, el cocodrilo, y la pantera
Convertida en cordera,
Lamíanle la mano,

Sumisos arrastrándose á sus plantas
Sin llevar intenciones poco santas.
Postrados ahora veo
Al artista y al sabio ante un idiota
Que debiera comer paja y bellota,
Y á quien la suerte encaramó á la cumbre
De donde el maná llueve,
Que aquí todo bribon ó necio bebe.
Miro, asombrado, al escritor lamiendo
Los piés de quien, el *Christus* no sabiendo,
Á sus caprichos lo esclaviza y fallos;
Las leyes á los piés de los caballos,
Y la fe y el honor, rotas las alas,
Por el suelo en mercados y antesalas.
   Mil cosas producia
La tierra por sí sola;
Á nadie trabajar se le ocurria;
Todo el mundo se echaba á la bartola,
Pues el que más hacia,
No hacia más, sobre todo en las Españas,
Que extasiado mirar las musarañas.
Nada la edad presente
Á la primera edad envidia en eso;
El que trabaja, ayuna y pierde el seso;
El que no, come y vive alegremente.
   No se usaban ladrones
En caminos, en mar, ni en poblaciones,
Limpios de ellos mejor que con escoba:
Tampoco ahora se roba;
 Ahora *se hacen negocios*
Para ocupar los ocios;
Ó usando otro lenguaje más ameno,
Se administra lo ajeno.
   ¡Dichosa edad aquella,

En que el hombre vivia
Con su media naranja, horrible ó bella,
Ya so el techo de gruta honda y sombría,
Ya vagando por valles y montañas
De temple tibio y de verdor eterno,
Sin chozas, ni cabañas,
Ni leyes, ni gobierno.
¡Gobierno!... ¿para qué? ¿Para qué leyes,
Si eran los hombres mansos como bueyes,
Y áun de ellos el de cólera más fina
Incapaz de hacer daño á una gallina?...
    ¡Pero envidiable edad, edad dichosa,
La edad en que vivimos
Los que con gran placer de ella escribimos
¡Feliz, oh tú, mil veces, sobre todo,
Descendiente del árabe y del godo,
Español envidiado,
Á vivir sin gobierno acostumbrado,
Sin que por esto pierdas el consuelo
De engordar y engordar como tu abuelo!
    ¡Feliz, oh tú!... Mas ya mi canto cesa,
Canto que no me atrevo á llamar oda;
Y supuesto que es moda
Que seguir me interesa,
Me despido por hoy á la francesa.
    1864.

PASTORES AL NATURAL (1).

(ÉGLOGA AMATORIA CAMPESINA.)

Á D. Gregorio Cruzada Villaamil.

Largo, flacucho, de color de muerto,
Chupado de mofletes y anguloso,
Muy pródigo de hocico, á lo goloso,
Nariz de apaga-luz y pati-tuerto;
Estaba un tal Mamerto
— Pastor enamorado hasta las cachas,
Por su mala ventura—
En árida llanura
Un caldero zampándose de gachas;
Sin acordarse, aunque el amor le seca,
En el momento aquel más de su novia
— ¡ Tanto el hambre le agobia! —
Que del que asó primero la manteca.
Con postizos colores
No me atrevo á pintar á los pastores
Como se usaba cuando Dios queria,
Y como quieren muchos todavía :
Á mí, que soy cristiano,
Católico-apostólico-romano,
Jamás, por vida mia,
Me ha gustado mentir, ni en poesía.

---

(1) Esta Égloga fué leida por mí en una de las recepciones literarias del Sr. Cruzada Villaamil. Hago esta indicacion para la mejor inteligencia del breve diálogo entre EL PÚBLICO y YO, que verá el curioso, si lo es tanto, que llega á leerlo.

De Mamerto no léjos, y sin sombra,
Claros rios, ni fuentes,
Una tierra espigada por alfombra,
Royéndose las uñas con los dientes
— Tijeras naturales
Que *grátis* nos da el cielo á los mortales—
Otro pastor, Canuto,
Limpio, como se ve, pero muy bruto,
De crecidas orejas,
Bizco, panzudo, chato,
Con la cara redonda como un plato,
Las ásperas guedejas
Tendidas por la frente y los carrillos
Cual espeso manojo de cardillos,
Miraba cómo el otro compañero
Iba desocupando su caldero,
Sin decirle siquiera— ¡cosa extraña!—
« Arrímate y rebaña »;
Quizá, quizá se temeria el triste
Que el buen Canuto le dejase alpiste;
¡Tanto puede en los grandes corazones
El hacerse prudentes reflexiones!
Los dos mancebos, pues, fieles amigos
Como el mosquito del vapor del mosto,
Gozaban sin testigos
Las dulzuras del sol..... Era en Agosto
Á la hora en que tumbadas panza arriba
Sobre espinosos cardos y pizarras,
Sueltan su voz festiva
Con entusiasmo doble las chicharras:
No siempre han de tener los ruiseñores
Privilegio exclusivo de cantores,
Que, áun en cuestion de arpegios,
Repite el siglo : « ¡Abajo privilegios! »

Formaban el concierto vespertino,
Que á describir no atino,
Relinchos que imitára
El *vate* Rabadán si despertára;
Chillones gavilanes destacados
En pos de palominos atontados;
El moscardon, que zumba monotóno,
Sochantre de la bárbara capilla;
Y en más agudo tono
El cinife tambien de trompetilla,
Que clara ampolla en nuestra piel levanta,
Y luégo vuela, y la victoria canta.
  Los idilistas bufarán de tédio
Cuando les diga, y fuerza me es decirlo,
Que allí no se encontraba un solo mirlo,
Ni un solo colorin para un remedio.
La frescura del campo deleitosa
— Treinta grados mas cinco sobre cero —
Convidaba con goce verdadero
Á la turba de moscas pegajosa,
Que desde léjos olfateaba el bulto
De un jamelgo..... insepulto
Quizá porque pació — ¡tiempos fatales!—
En pradera de bienes nacionales.
  Cabizbajos en medio á la campiña,
Cuerpo á cuerpo arrimado
Para evitar sin duda un resfriado,
Allí el cordero lleno de morriña;
La oveja allí, cuyo vellon se pela,
Y que, sin alas, al sepulcro vuela;
El cabritillo tísico; la floja
Madre enfermiza, derrengada y coja;
Los dos hatos, en fin, en que dilata
Su dominio la terca garrapata,

Amenizaban tanto el cuadro bello.....
Que no hay necesidad de encarecello.
    Rosas, lirios, jazmines y claveles,
Dálias, céspedes, nardos y mosquetas,
Geranios, mirabeles,
Jacintos y violetas,
—De que hacen gran acopio los poetas,
Y consume la gente bonachona
Que una vez á ese pasto se aficiona—
De allí desparecieron como el humo,
Por lo que llevo dicho del consumo.
Pero un hijo de Apolo,
Charlatan y maligno como él solo,
Reveló al pobre público un ultraje
De que denuncia autores
Á los bardos que abusan de las flores,
Gritándole con voz semi-salvaje:
« ¡Público, mira que te dan forraje!»
    Mas no por esta causa ménos vário
Resultaba el campestre silabario:
Con elocuencia muda
Que estúpido gañan comprenderia,
Enseñaban moral filosofía
Del seco prado la extension desnuda,
Imágen de la nada
Y de la poesía ya citada;
La zarza inextricable,
Símbolo verdadero y admirable
De muchas leyes — pésame decillo —
Que, más que leyes, son revuelto ovillo;
El jaramago vil, el cardo adusto
Y la retama triste, amarga al gusto,
Cual desengaño al corazon que llora
En lazos preso de amistad traidora.

Y porque nada falte, un hediondo
Cenagal corrompíase cercano,
Trasunto fiel del corazon humano;
De cuyo negro fondo
Salian á montones
Por sus lóbregos nichos
— Como suelen salir nuestras pasiones —
Sapos, ranas, culebras y otros bichos :
Ademas..... pero baste; aquí hago punto,
Y dejo que moral predique enfático
El diablo, que hoy se mete á catedrático;
Aunque hay quien, conociendo su ralea,
Le dice : « Para el diablo que te crea. »
   Mamerto, que concluye su banquete
— Abundante, eso sí, comió por siete —
Con el pulgar santigua un gran bostezo;
Bosqueja un esperezo
Que otros en larga coleccion promete;
Límpiase con las mangas el hocico
Que uno suelta y recibe otro berrete;
De agua turbia se bebe media azumbre;
Se acerca al otro chico,
Y segun es costumbre
Entre pastores bien nacidos, guapos,
Así sacaron á lucir sus trapos,
Rebuznando fragmentos de su historia,
Dignos de conservarse en la memoria.

MAMERTO.

   Denque te vide antier con el tio Churro
Me está escarabajeando la concencia :
¿Qué platicaba contra mí ese burro?
Pus mira que si apura mi pacencia
Le endilgo una razon con mi garrote

Que los sesos le meto en el cogote.

CANUTO.

El probe no pudia con la mona;
Que si no, ¿ le haberia premitío
Mormurar de la tuya y mi presona
Sin rompelle las patas y el sentío?
Á más que, promediando, el pregonero
Saltó y dijió : « Á dormirla, caballero. »

MAMERTO.

¿ Qué tuvió que dicir de mi conduta
Esa sirpiente estuta?

CANUTO.

Mormuraba que ogaño
No ha de quedar cabeza en tu rebaño;
Que son luengos tus robos
Y se los apropincuas á los lobos;
Que águas la leche y cántaros escondes
Do naide pueda vellos,
Para dempues vendellos,
Y ansí mesmo á tus amos correspondes.
Para postre y remate
Añidió la añidura,
De que tu enfermedad no tiene cura
Hasta que no te aprieten el gasnate;
Que en el prósimo Julio feniquito
— No embargante un cabrito —
Faltaron diez ovejas.

MAMERTO.

¡ Qué calunia !
¡ Borracho ! ¡ traidor ! ¡ leve !.....

Tú bien sabes que sólo cogí nueve.

CANUTO.

Por esa cercustancia, en aquel auto
Me quedé tupliflauto.

MAMERTO.

¡ Ay, Canuto, qué pena !
Ya no pué ser una presona güena.

CANUTO.

Á mí mesmo tamien ese tio pocho
Me apellidó garrafiñante de ocho,
Y sólo jueron siete..... y un borrego
Sarnoso, morimundo y tuerto..... y ciego.

MAMERTO.

¡ Velay cómo se pierden furecidos
Más de cuatro endividos !
Topárale yo agora, y le arrancára
Los ojos de la cara,
Pus le tengo un aquel, ¡ que si sabieras !
Me faltan pa dicirlo esplicaderas ;
Pero soy propetario, si me pongo,
Á sacarle el redaño pa un mondongo.»
    Á tal punto llegaban, y en tal punto
El importante asunto
Y plática discreta á cortar vino
Un amable vecino,
Íris de paz en más de una camorra,
De la comarca oráculo,
Apoyado en un báculo
Que pudiera llamarse cachiporra.
    Infundia respeto

9

Y casi admiracion el tal sujeto
Á las almas sencillas:
Su nariz en cuclillas,
Aquel mirar ladino,
La calva de color de pergamino,
Los párpados con gracia remangados
Y bordes sin pestañas,
Pero en cambio con blancas telarañas
Y de rojo cordon ribeteados;
De la escamosa cara las arrugas
— Surcos que aró la edad sembrando en ellos
Garrafales verrugas —
Y los ralos cabellos
Atados á manera de cerquillo
Con un ochavo escaso de hiladillo,
La mollera ciñéndole cual orla
Que en la parte anterior concluye en borla.....
Todo esto y otro tanto
Prestaba cierto encanto
Al venerable Vargas,
Y por mal nombre el tio ZANCASLARGAS.
   Mamerto le consulta
Cómo ha de proceder con quien le insulta,
Que el pobre no lo sabe;
Y obrando con prudencia,
Quiere oir la experiencia
De aquel santo varon, sesudo y grave.
   Zancaslargas vacila,
Que el caso es peliagudo,
Y permanece mudo
Miéntras consejos hila,
Que ya ensaya su lengua balbuciente
Á causa de tres vasos de aguardiente
Que ántes bebiera por refresco sano;

¡Como que es el mejor en el verano!
    Tose, escupe, se rasca, se relame
El labio turbio de color de mosto,
—Que es tambien gran refresco para Agosto—
Y ántes que le reclame
Segunda vez consejo el ofendido,
Con tal dictámen lo dejó aturdido.

ZANCASLARGAS.

    Dios me entiende, rapaz, y yo mintiendo:
Pus vamos al dicir..... ¿qué iba diciendo?.....
Finalmente y perúltimo, mochacho,
Cuando te sobre un cacho
De oveja me lo das, y *requi-terna*.....
Lo comemos los dos en la taberna.

MAMERTO.

    ¿Y qué tengo de hacer con ese burro?

ZANCASLARGAS.

    ¿Con quién, con el tio Churro?
Pa mí la cuenta es llana;
Pus, hijo, harás..... lo que te dé la gana.—
    Mamerto va y pregunta al otro chico:
—¿Y tú qué me consejas, gran borrico?—
Y Canuto responde:—¿Va de véras?.....
Ya sabes mi piñon..... has lo que quieras.—

EL PÚBLICO.

    Seor mosca, la paciencia se me apura;
Acabe ya, por Dios, mire que es hora.

YO.

    Eso haré, así que trace una figura

Que falta en este cuadro; una pastora.

EL PÚBLICO.

De pastoras prescinda.

YO.

Él se lo perderá, ¡ porque es tan linda!

EL PÚBLICO.

Si confieso que sí, será un portento,
Y el único será de todo el cuento.

YO.

Entienda que mi númen se reporta;
¿ Quién ha visto jamas égloga corta?
Digo, pues, que una jóven.....

EL PÚBLICO.

¿ Va de véras?..

Ya sabes mi piñon..... has lo que quieras.

———

Cara de carantoña,
Cútis lleno de roña
Y de color incierto;
Ojos en blanco, de besugo muerto,
Cuya pupila su recato injuria
Lanzando algun destello de lujuria;
Colorada nariz como un madroño;
Sombrero encasquetado, alicaido,
Con desiguales rotos y recortes,
Pardo, sin cola ya ni otros resortes;
Honesto, virginal, tímido moño,
Que nunca hubiera fácil consentido

Trato con peine y ménos bergamota,
Por ser de una muchacha sencillota
Que no usaba, si acaso, más afeite
Que de negro candil el negro aceite;
Cintura de costal; pecho conforme
Á lo que exige la cintura enorme;
Fornido brazo de oso,
Como las piernas rígido y cerdoso;
Voz de gallina clueca;
Boca torcida por eterna mueca.....
Tal era Nicolasa,
Y era lo mejorcito de su casa,
Ménos su hermano, el ínclito Canuto,
Que casi le igualaba en cuanto á bruto,
Y Mamerto, su amor, que era el más bestia,
Y la palma les cede..... por modestia:
¡ Qué delicados sentimientos caben
En quienes, por milagro, aullar no saben !
    Aunque salud, al parecer, vertia
La hermosa enamorada
Por mi pincel sincero retratada,
En su interior sufria,
Si no con alegría
Como sufren los buenos,
Con ejemplar resignacion al ménos.
    Práctico afortunado y de principios,
Que ensayó en diferentes municipios;
Famoso personaje
Á quien todos tributan homenaje,
Sospechaba, asimismo, pero solo,
El albéitar Bartolo
—Que aplicaba sus mil conocimientos,
Ya á bípedos implumes, ya á jumentos—
Que la muchacha bella

Sentia un no sé qué..... ¡pobre doncella!
   Y era Colasa, pura
Vírgen silvestre, niña candorosa,
Ninfa de la llanura,
Pintada mariposa,
Ángel, querube, diosa;
En fin, era..... y ahorrémonos palabras,
Pastora, no de cabras
Ni carneros merinos;
Era una pastorcita..... de gorrinos.
   La cual, en jarras puesta
Con intencion hostil y manifiesta,
Dos minutos ó tres quédase muda;
Hasta que al fin — sacando del retiro
Del pecho, cuya cólera le ayuda,
Un rumor cavernoso, que se duda
Si es regüeldo ó suspiro : —
   «Mamerto — dice fosca — si has piensado,
Porque yo y tí en un mes no hemos parlado,
Ó porque tu querer y tus aqueles
El seso haigan quitado
Á la nieta del tio Mirabeles,
Que naide ni denguno ya te empuja,
Te equivocastes, hijo de una bruja.
   Reza para que yo no sus encuentre
Como antier, de tirtulia con to el mundo,
Y con ella á la puerta de Reimundo;
Ó una patá metiéndola en el vientre
Á Demesia espanzurro si la topo,
Y de otra á tí, galopo.
¿Te amargan las verdades?
Pacencia..... y barajar, que ya me cargas
Con poner á la boda enficultades :
¿No me sobra razon, tio Zancaslargas?

ZANCASLARGAS.

Cá másima que sueltas, hija mia,
El mesmo Salamon envidiaria.

NICOLASA.

Otra vez los cogí cabe unos trillos.

ZANCASLARGAS.

¿Y qué hacian? Holgárame, en efeito,
El caso oir pa sentenciar el preito.

MAMERTO.

Andábamos los dos cogiendo grillos.

ZANCASLARGAS.

Ya lo oyes, Neculasa;
Yo no encuentro maldá, poca ni mucha,
En el paso que pasa :
Ahora tú desembucha,
Y si razon tuvieres, yo te juro
Que le falta á Mamerto de siguro.
¿Qué te pide ese cuerpo?..... Abre la boca;
Aquí parciales semos,
Y á todos sus daremos
Correspondientemente lo que us toca.

NICOLASA.

¿Quieren que parle y garle hasta mañana?
No me da la real gana;
Ya se acabó el desámen.

ZANCASLARGAS.

Envide su ditámen

Tu hermano, que no chista,
Y sentencio más pronto que la vista;
¡Miray si seré pronto!

CANUTO.

Pus mi ditámen es..... que el que sea tonto
Se fastidie.

NICOLASA.

¿Y mi honor?

CANUTO.

Quien tiene tienda,
Dice el refran, *que atienda.*

NICOLASA.

¡Mosto!—monstruo querria
Á su hermano llamar la moza brava.—

CANUTO.

¿Yo mosto?..... No es el tiempo todavía.
Cuando Mamerto andaba
Por montes y por trigos á tu alcance,
¿No te dije: «cuidado con un lance?»
¿Y qué me respondiste?..... «Si él es tuno,
»Cada uno es cada uno;
»Y aunque me ven tan niña,
»Ya sé guardar mi viña
»De ladrones y gatos;
»Á más, él no es presona de esos tratos.»

NICOLASA.

Equivoquéme.

CANUTO.

Estabas por él loca.

NICOLASA.

Una vez cualisquiera se equivoca,
Y basta de razones;
No quiero que me tengan por un pingo:
Ó sin falta escomienzan el domingo
Las amolestaciones
De yo con ese cuco,
Ó de un par de trancazos lo desnuco. —
  Cierra el pico la vírgen campesina,
Que el suspiro repite — *alias*, regüeldo —
Enarbolando un bieldo
De madera de encina
Puesto sobre una hacina.
  Á insinuacion tan tierna,
Préviamente rascándose una pierna,
Levántase Mamerto convencido:
¿Y qué hace?..... De placer su cara verde,
Un carrillo la muerde
En lugar de besarla como se usa:
La doncella se atusa
Las greñas, y segunda vez en jarras,
Va y le dice:
              — Se tocan las guitarras,
Pero no las mujeres;
Deprenda á rispetar mis menesteres. —
  Á cuya gran sentencia,
Que rebosa indulgencia,
Pues sin gestos pronúnciala y sin voces,
Añade cuatro coces
Con la siniestra pata,
Como jamás las dió mula de noria,
Y que á Mamerto, á quien por poco mata,
Saben á miel, á gloria:

Esto siempre el amor tiene de bueno,
Convertir en antídoto el veneno.
¿Qué novio en brazos lleva
Por escarpado risco y matorrales
La carga de su bella, enorme, suma,
— Suponiendo que pese tres quintales —
Que no se le figure leve pluma?
   Así las paces hechas
Y las dos almas fieles satisfechas,
Pregunta Nicolasa á su futuro
— Que de pelar ha estado un poco duro —
Cuándo será la boda;
Y él, con una sonrisa
Que no anuncia gran prisa
Y arruga su faz toda,
Como quien de un limon el zumo chupa,
Más que como el goloso que se ocupa
De gusto haciendo dengues
En devorar merengues,
Responde pensativo:
                — ¿ Cuándo? ¿cuándo?
Allá..... pa el tiempo blando.

NICOLASA.

Acaba de parir y asin revientes.

MAMERTO.

Mal paras tú, primero que lo cuentes.
Yo cavilo, cavilo...
Es un plan... ¡cosa grande!

NICOLASA.

              Acaba, dilo.

MAMERTO.

Quiero que mi presona
Se presente en la Igresia hecho una mapa.

NICOLASA.

Mas, ¿cuándo nus casemos? y perdona.

MAMERTO.

¡En cuantis tenga capa! —
   No bien de su pereza
Para matrimoniar la causa oyeron,
Los otros tres hicieron
Un elocuente signo de cabeza,
Demostrando á porfía
Que se hallaban conformes, y esto es óbvio;
En bodas de este rumbo y jerarquía
Podrá faltar el novio,
¡Pero la capa! ¡horror! ¿qué se diria?
   La historia así remata
Y los castos amores
De Mamerto y su Fílis, flor y nata
De novios y pastores;
Y yo, el pincel dejando,
Llevo á la *Exposicion* esta obra nueva.
Se premiará: ¡es tan mala!... ¿A que la aprueba
La Academia Real de San Fernando?

LOS MAYORAZGOS.

(IDILIO SOCIAL, ENTRE BASTIDORES.)

Musa de la obstetricia, Musa ignota
Que en sus operaciones,
Desde la edad más bárbara y remota,
Sin duda han invocado
Matronas y aturdidos comadrones,
Cuando el trance es difícil é intrincado
—Por ver si inspiracion del Pindo llueve,—
Yo te invoco tambien, pese á las nueve,
Para cantar sin el auxilio de ellas,
De dos nonatos íntimas querellas.
　　Arce, hambriento de fama
—No sé si de otra cosa,
Pues no da pan el verso, ni la prosa,—
Luz inmensa derrama
De los hombres dejando la balumba,
Sobre lo que sucede en Ultra-tumba (1).
Conoce tanto, y tan al vivo pinta,
Sin usar más color que el de la tinta,
Las costumbres, los usos y las leyes
De vasallos y reyes,
De pobres y de ricos
Moradores de un mundo
Sólo abierto á su espíritu profundo,
Que ó bien como á unos chicos

(1) Se alude á unas poesías de mi amigo D. Gaspar Nuñez
de Arce, tituladas *Cuentos del otro mundo*, cuyos personajes
todos, ó actores, son difuntos.

Incautos nos la pega,
Ó alguna vez se ha muerto y nos lo niega.
   Yo, tomando contrario derrotero
Al que hoy se sigue por rutina pura,
Un nuevo mundo descubriros quiero;
Y, peon caminero
De la literatura,
Que se halla intransitable, *abro un sendero.*
   Arce baja al abismo de la muerte
Con ánima afligida,
Pero lo disimula y no se advierte;
Yo en el umbral me planto de la vida;
Él dedica á los muertos muchos ratos;
Yo estudio á los nonatos;
Si el nombre de Colon Arce reclama,
Yo, por lo ménos, soy Vasco de Gama.
   Estaba Doña Leta,
De un *quidam* noble y respetable esposa,
En un sillon antiguo de vaqueta
Repantigada y grave, pero inquieta,
Como el que espera y teme alguna cosa.
   Ya parece una santa
Á quien mira su rostro compungido;
Ya los ojos levanta,
Culpando, injustamente, á su marido
Del caso que la espanta;
Ya rompe en un chillido
Aterrador, siniestro,
Y reza un *Padre nuestro;*
Ó histérica, indecisa,
Confunde los sollozos con la risa;
Miéntras que su consorte, Don Antonio,
Se hallaba en un rincon hecho un bolonio.
   Bañada en sudor cálido la frente,

Remangado hasta el codo
En ademan brioso y resoluto,
Como adalid valiente
Que va á jugar el todo por el todo
En reñida batalla;
Panzudo, nada seco;
Desabrochado á medias el chaleco;
Al hombro una toalla,
Fórceps y espónja en mano,
Esperaba tambien y al par temia
Cataclismos ó dulces y mercedes,
Don Luis Mendigorría,
El comadron..., para servir á ustedes.
　　Sepa quien el equívoco repare,
Que me oye gente que concibe y pare (1).
　　Cuanto más discurria
El práctico sagaz sobre el retraso,
Ó llámese torpeza,
De aquella femenil naturaleza
Para salir del paso,
Más confusion reinaba en su cabeza;
Y hasta llegó á pensar, lleno de bílis,
Como si hubiera dado en el busílis:
« Se habrá ahogado, esto es hecho »;
Y el hombre se quedó tan satisfecho.
　　¡Galileo, permite que te robe,
Exclamando contigo: *E pur si muove!*
　　Y era verdad, si bien parece bola;
Pero ¿qué comadron no se atortola,
Cuando se halla en presencia

---

(1) Á fin de que se comprenda este equívoco, debe advertirse que este idilio se leyó en casa del Sr. Cruzada Villaamil, en donde, como es sabido, se reunian escritores y artistas.

De un hecho no previsto por la ciencia?
¿Á qué achacar la incomprensible pausa
Que prolonga la crísis?... Esto es sério,
Tanto como formar un Ministerio.
    Prestadme oido y os diré la causa,
Base tambien de esta égloga difusa,
Invocando, y van dos, mi pobre Musa.
    Hay en el *Cosmos*,— y recurro al griego
Por lo arriesgado que es jugar con fuego,
Y es fuego el castellano
Cuando es sencillo y trasparente y llano,
Aunque hoy me maravilla
Que entienda su habla natural Castilla;
Pero— ¡Dios me perdone
Tan grandes sacrificios!—
Quiero escribir en su hoja de servicios:
Valor... se le supone;
Y cierro esta miseria
De paréntesis ruin, y entro en materia,
Con cuya salvedad creo que basta;
Ademas,— recordarlo me conviene,—
Como dice un autor: *la ciencia es casta;*—
Hay en el *Cósmos* femenino interno
Un punto que se elogia
Por su importancia suma en fisiológia,
Y que la misma, con pudor superno,
Llama *cláustro materno;*
En el cual los nonatos disertaban
— Pues eran dos, señores,—
Con gravedad y pujos de doctores.
    ¡Y clamarán algunos papanatas:
«*No hay ideas innatas!*»
Haylas, y tambien actos
Que los van á dejar estupefactos,

Como verá el que lea imparcialmente
El diálogo siguiente
Entre Cástor y Pólux, que, en cuclillas,
Con los codos pegando en las rodillas,
En las sienes los puños,
La barba contra el pecho
Y entornados los ojos,
Tenaces se disputan un derecho
En el idioma superfino y vário
Que se estila en el mundo embrionario.

CÁSTOR.

Entiendo bien tus tretas;
Repito que no quiero
Que salgas tú primero,
Sacando las pernetas,
Por más que me prometas
Si aquí dos horas sin compaña yazgo
Conmigo repartir el mayorazgo,
Cuando á la fiebre, ó la vejez, que mata,
Mamá estire la pata.

PÓLUX.

¡Ni de su hermano fía!
¿No basta y sobra la palabra mia?

CÁSTOR.

¡Palabras..... juramentos!..... No los nombres
Cien veces, insensato,
¿Á ellos no faltó más de un nonato?
¡Despues nos quejarémos de los hombres!

PÓLUX.

¡Ay, no me apesadumbres

Juzgándome tan mal!..... Cierra ese pico.

CÁSTOR.

Hablemos claro, chico :
Están muy corrompidas las costumbres.

PÓLUX.

Por tí y otros engendros insolentes
Que de escándalo llenan á las gentes.
Yo te sigo la pista,
Te miro, te olfateo,
Y con disgusto veo
Tu aficion á la escuela socialista.
Por Dios, Cástor, refrena tus pasiones
Feroces, y permíteme que salga,
Que saque la cabeza,
Que enseñe media nalga;
Sostendré las gloriosas tradiciones,
Y el antiguo poder de la nobleza
Que cualquier pelagatos hoy humilla,
Y la horca, y la cuchilla,
Y el trabajo..... del prójimo, se entiende,
Y demas privilegios dulces, suaves,
Y sobre todo, justos, como sabes,
Pues son cosa probada;
Por ejemplo: el derecho de pernada.»

En esto entró un poeta
Descomunal á ver al matrimonio,
Diciendo por lo bajo á don Antonio:
—¿Despachó doña Leta?—
Y le responde el cónyuge intranquilo:
—¡Ay, no! y estoy, amigo Zurupeta,
Con el alma en un hilo.

10

—Pues yo serena á la paciente encuentro.
—Al parecer; pero lo cierto es que anda
La música por dentro.
—Lo siento; — exclamó el vate,
Vate desaforado,
Que por un chocolate
Celebraria todo lo criado;
Vate, en una palabra,
Á quien la suerte perra descalabra;
Capaz de acometer al universo
Con un memorialillo en cada verso: —
—Lo siento—repitió fuera de juicio; —
¡Traia un natalicio!

CÁSTOR.

—En todo lo que dices
Convengo, caro hermano;
Mas oye, ¿no seríamos felices
Si ántes que tú sacase yo una mano,
Ó, quien dice una manó, las narices?
Contigo yo gustoso partiria
Mi primogenitura el mejor dia.
¡Oh, Pólux! considera
Que de otra suerte el mundo no prospera:
La civilizacion se queda manca;
La propiedad se estanca;
Y siendo desiguales
En derechos como éste los mortales,
Sin atender á homilias
El ódio se aclimata en las familias,
Bullen pasiones viles,
Nacen guerras civiles
Que al malo dan deleite,
Y es lástima que mi ánimo deplora,

Porque es el mundo ahora
Una balsa de aceite.
Evítame, aceptando, pesadumbres;
Mas si dudas de mí, no abras el pico.

PÓLUX.

Hablemos claro, chico:
Están muy corrompidas las costumbres.

CÁSTOR.

¿Cuál era, pues, tu intento?.....
Descubro tu maligna diplomacia:
¡Vamos, tendria gracia
Que, rico tú y contento,
Ocioso, regalado, bien servido,
De oro y seda vestido,
Como tigre lanzándose á su presa,
De festin en festin, de mesa en mesa,
Pasases una vida de jerónimo,
Al par que yo hecho un zángano, y ayuno,
Fuese un *quidam*, un nadie, un sér anónimo.
De la ópera, ni de otras diversiones,
No se hable, pues no van los segundones
Por falta de dinero:
Yo trabajar no quiero,
Que aunque el trabajo es cosa buena y justa,
Hijo mio, soy franco, no me gusta.

PÓLUX.

Lo mismo que tú opino;
Que trabaje el vecino.

———

¡Oh ambicion *nonacida*, vicio insano,
Capaz de dar al traste

Con la virtud más sólida! Tú armaste
Hermano contra hermano.

———

Cástor ligero, miéntras Pòlux tose,
De buena fe á su hermano adelantóse,
Y cierta evolucion hábil empieza
Para salir al punto de cabeza.
El pobre, que ignoraba
Que Pólux ya contaba
Para tales apuros
Con dos soberbios dientes prematuros,
Sintiendo á retaguardia un vil mordisco
Lloroso y mustio se volvió al aprisco.

———

Al ver Mendigorría
El astro que nacia,
Demente, ébrio de gozo:
«Señora, ¿sabe usted que es un buen mozo?»
Iba á decir á Doña Leta, cuando
El vate — no creyendo que incomoda —
Apunta una gran oda,
Con ella amenazando
Al prudente auditorio pacienzudo,
Y estrofa y media dispararle pudo.

ZURUPETA (*leyendo*).

« *Vástaga ilustra, serafin del cielo,*
Á quien el mismo guarde
De langosta, de escarchas y de hielo;
Que de precoz talento haciendo alarde
Anuncias con tus risas inocentes
Que serás el asombro de las gentes.....»
— ¿Y si sale un zopenco? —

Don Antonio pregunta,
Sandez tanta y tan grande oyendo junta.
   El vate respondió con desparpajo :
— Si el cielo se hunde, nos cogió debajo, —
É impertérrito sigue su leyenda :
   « *Niña*, *lucera rutilanta*, *prenda*
De paz y de cariño..... »
— Perdone usted, es niño, —
Responde el comadron, y el padre exclama :
— ¡ No he visto borrador más inconexo!
— Y bien... ¡ y qué! ¿ no es dama? —
Le replica el autor del natalicio;
Pues en un *santiamén* le mudo el sexo.
Ha de saber usted que en el *oficio*,
En asuntos como éste, delicados,
En que uno marcha á oscuras,
Pródigos repartimos
Perfecciones, virtudes á puñados
— Por supuesto, futuras ; —
Sexo y nombre elegimos
Á la pata la llana,
Y luégo salga pez ó salga rana ;
Con variar tres ó cuatro consonantes,
Quedamos tan amigos, tan campantes.
   En tanto, el otro pobre pequeñuelo
Teme quedarse allá, ponerse mohoso ;
Y haciendo pucheritos,
Clamaba sin consuelo
Á Pólux victorioso,
Que su triunfo celebra ya con gritos :
   — Como llegue á salir de esta clausura,
Diré que tu ventura,
No al derecho, á la fuerza la debiste,
Ó á la casualidad, que es lo más triste. —

Y respondia Pólux, hecho un bravo :
—*Al asno muerto, la cebada al rabo.*
1857.

PERCANCES DE LA VIDA.

(ÉGLOGA PISCATORIA URBANA.)

Al márgen de un arroyo, que encamina
Su lánguida corriente ex-cristalina
Entre un cañaveral medio podrido
Por la raíz al cieno mal prendido,
Sentóse cierto dia á pescar ranas
Pinini con Juan Lanas,
Invíctos pescadores ;
Y tan bravos cantores,
Que se exponen á ser, si los atisban,
Cual génios soberanos
Ajustados un dia en *Jovellanos.*
　　Pinini es gran figura,
Pues mide siete piés desde los suyos
Hasta el remate de la cholla dura ,
Y no tiene más sal , ni gallardía,
El pendon de cualquiera cofradía.
Su voz, es voz de bajo;
El toro más indómito y marrajo
Mejor no brama que él; cuando suspira ,
Ya parece que ronca ,
Ya que cuece un caldero en sus pulmones ,
Ó que éstos, nidos son de moscardones :
No iguala, en fin, la voz de su garganta

El *ruiseñor* que en las pocilgas canta.
   Rival del que os alabo,
Famoso del un cabo al otro cabo
Del tímido arroyuelo,
Que retrata su cara de mochuelo
Y su porte gentil, que llena el ojo,
Porque es achaparrado, y tuerto, y cojo,
Lanas— Juan— modestísima persona,
De cierta gracia con razon blasona.
Ladra como los perros, y no hay otro
Que el relincho del potro
Y el maternal de las salvajes yeguas
Imite mejor que él, ni con cien leguas;
Grazna como los patos;
Maya como los gatos;
Chirría como el grillo;
Sabe tambien hacer el organillo;
Y por fin y remate, caballeros,
Se luce en los *Espárragos trigueros*
Que oyó en el *Instituto* cuatro veces,
Aflojando el producto de unos peces.
¡Ay de más de un tenor!... Su dicha vuela,
Si este *genio* se lanza á la Zarzuela.
   Acurrucado entre ellos Caniyitas
Á modo de conejo,
Hombre de edad, maduro en el consejo,
Archivo de sentencias infinitas,
Para églogas, en fin, cortado viejo;
Cuando cuenta cada uno
Su historia respectiva, el varon santo
Suelta sin escupir, terciando grave,
Un chaparron de máximas al canto:
Los dos no siempre quedan convencidos
De su filosofía en cuanto al fondo;

Pero, ¿lo dijo Blas?... punto redondo;
Le aplauden, como aplauden en el teatro
Á muchos Caniyitas más de cuatro.
    En la márgen opuesta,
Á tiro de ballesta,
Tendidos sobre piedras y zarzales,
Mantillas y pañales
De párvulos mamones;
Sábanas, calzoncillos y camisas
Con manchas, y remiendos y jirones,
Enaguas y otras prendas *de profundis*
Llenas de *mapa-mundis*,
Eran decoraciones
De tan bello escenario,
Y forman un conjunto alegre y vário,
Que acaso envidiaria
Más de un teatro hoy dia.
    Á nuestros dos cantores forman coro,
Al són de la paleta
Que azota á la banqueta,
Y al restregar la percudida ropa,
Las gargantas cerriles
De cinco lavanderas varoniles;
Coro tan arreglado
Que cada voz emigra por su lado,
Lo mismo que en el *Real*. ¡Qué paso llevan,
Oyéndolo las ranas,
Hácia donde las ceban
Pinini y el dulcísimo Juan Lanas!
    Callaron un momento
Las que los trapos lavan;
Y viendo que callaban,
Así su voz al viento
Soltó Pinini, lamentando mustio

La suerte mal cocida
—Otro dijera cruda—
Que persigue su vida;
Y así tambien, miéntras el sol se esconde,
Juan Lanas le responde,
Terciando, como siempre, Caniyitas,
Archivo de sentencias infinitas.

PININI.

¡ Cuál la suerte se ensaña,
Carísimo consorte,
En quien tan sólo cuenta
En el mar de la córte
Con su modesta caña
Y con su pobre anzuelo,
Aunque virtud y ciencia deba al cielo
Que suplan á gusanos y lombrices,
Para engañar la especie bullidora
Que debajo del agua vive y mora!

JUAN LANAS.

Dígalo yo, que un dia
Cuando favor tenía,
Á mi anzuelo se vino
Sin dar yo un sólo paso,
Y me hizo abandonar mi barbería,
Como pez un destino
De sueldo nada escaso,
Que codiciando estaban más de ochenta,
Gente, *otro sí*, de mérito y de cuenta.

CANIYITAS.

Los destinos son aves,
El favor es un fruto que les gusta,

Y el mérito espantajo
Que esas aves asusta.

PININI.

Yo, en la mano el sombrero,
¡ Oh insigne amigo mio !
Pasé papando frio
Casi un invierno entero
En escaleras, calles y antesalas,
Por pescar una plaza de portero;
Y cuando ya creia
Que la pieza al anzuelo se venía
Y me era favorable la fortuna,
Pesqué..... una tos perruna,
Que llegó á convertirse en pulmonía !
Me levanté en Agosto,
Cuando se asa la gente
Y alegre canta el grillo;
Y otra vez pretendiente
Corrí detras de un nuevo destinillo.....
¡ Y pesqué un tabardillo !

JUAN LANAS.

Yo, con el cebo de mi sueldo, ufano,
Pesqué al punto una novia
Natural de Segovia,
Rica, rubia, de busto soberano,
Y le ofrecí mi mano,
Que en seguida aceptó con placer mucho
Como soy hombre ducho
Le gusté de los piés á la cabeza,
Y eso que no es muy grande mi belleza.

CANIYITAS.

El hombre que pan tiene

Á la mujer conviene,
Aunque á más de bolonio,
Y de baja ralea,
Y largo bribon, sea
Feo como el mismísimo demonio.
Nobleza y hermosura,
Y virtud espartana,
Son cosas muy laudables; sin embargo,
Hacen el caldo del puchero amargo,
Y por ellas no fian ni cominos
En ningun almacen de ultramarinos.

PININI.

Acosado una vez de la gazuza,
Que ya en mí se hizo eterna,
Zambullíme cual rana en la taberna
Y bodegon antiguo *de la Manca*,
Sin llevar una blanca,
Pensando en escurrirme
Á manera de anguila,
Despues de prevenirme
Contra el hambre que el cuerpo me aniquila;
Porque, dígase al fin lo que se quiera,
No tiene el hambre espera.
Pesqué primero un plato
De conejo — áun sospecho que fué gato; —
Luégo, con gesto grave,
Apuré dos copitas de lo tinto
De Cariñena ó Pinto,
Que á mi sed indecible supo suave;
Y por tanto, no apuesto
Á si el líquido estaba ó no compuesto
De gato muerto, y cobre, y áun ¡quién sabe!
Luégo quise aceitunas sevillanas,

Y eran tales mis ganas
Que ni huesos dejé, las comí enteras,
Y eso que estaban todas *zupateras*,
Pues la cuenta me eché que se echa el pobre
Más vale reventar, que no que sobre.
  Por último, resuelvo
Atracarme de callos,
Que bien pudieran ser —yo no lo juro—
Pellejos de borricos y caballos.
Viendo yo que la Manca parecia
Detras del mostrador echando un sueño,
Abandono la mesa
Y, sin más, me despido á la francesa.
La Manca no dormia;
Llama, viene un señor de policía,
Y, aunque éste mi aire ve de caballero,
Me pesca y me conduce al Saladero,
Uniéndosele dos municipales.....
Y todo por..... ¡por míseros seis reales!
Dios quiere que, en mi oficio desdichado,
Siempre, en vez de pescar, yo sea pescado.

JUAN LANAS.

  Á mí en bailes, banquetes y conciertos
Me recibieron cuando en boga estuve,
Con los brazos abiertos,
Y mis faltas y enormes desaciertos,
Que yo mismo no abono,
Decian que eran *rasgos de buen tono.*
  Fióme un prestamista;
Muebles me adelantó un almacenista,
Sin temer un desastre;
Me empeñé con el sastre;
El dueño de un café, conmigo franco,

Me abrió una cuenta larga
Que hoy no puedo saldar con este oficio;
Pero prometo hacerlo el dia del Juicio,
Cuando pague diez pares
De magníficas botas,
Y dos docenas de camisas rotas,
Cada cual con más ojos que una criba
Y remendada ya de abajo arriba.
     Con esta *vita bona,*
Sirviéndome el destino de hipoteca,
Dicen que mi persona
Ántes flaca y enteca
Era entónces un rollo de manteca.

CANIYITAS.

   ¡Ay del hombre pacato y encogido,
De conciencia de mandria!
Vivirá, como mísera calandria,
Olvidado ó por nada perseguido.
   ¡Feliz el que halla modo
De llamarse bribon ó petardista!
Para él su país todo
Es tierra de conquista,
Que corre audaz y bravo;
Engorda como un pavo
Que se ceba al venir la Noche-Buena;
No conoce una pena,
Ni teme, ni se apura;
Y cuanto más engaña,
Y cuanto más araña,
En lugar de perder en estatura
Tanto más en el mundo crece y priva:
No, no es esta cuestion de perspectiva.

PININI.

Un dia, fastidiado,
Sin amorosa gula,
Declaré mi pasion á doña Tula
Mi porvenir creyendo asegurado;
Porque se me decia
Que en Móstoles tenía
Un molino de aceite,
Dos casas en Beceite,
Viñas en Peñaranda
Y tierras en Arganda;
Todas estas haciendas sin más censo
Que histéricos y crónicos catarros,
La faz llena de barros,
Lombrices que la comen,
Una tumefaccion en el abdómen,
Y acaso algunas otras frioleras,
Con sus cincuenta y cinco primaveras.
Fuímos á San Ginés, nos echó el cura
La bendicion nupcial; vi el cielo abierto,
Y hubo en la boda arroz y gallo muerto.
Á fines de un trimestre,
Saliendo á recorrerlas de la córte,
¡Ay! vi que las haciendas consabidas
Las tenía, en efecto, mi consorte;
Las tenía..... ¡perdidas!
Porque ántes de mi ansiado matrimonio
Ganádolas habia con un pleito
Un tal don Celedonio,
Sin que dejase para mí otra cosa
Que mi esposa..... ¡y qué esposa!
— ¡Sea todo por Dios! ¡Buena la hicimos!
— Exclamé; — ¡no echo pelo! —

Para darme consuelo,
Acosábame Tula con sus mimos,
Que me ponian malo
Cual si me sacudiese con un palo;
Y aunque ella horrible y vieja,
Y yo enclenque y rabioso,
En seis años, no más, al mundo *dimos*
Tres hembras, ¡ay de mí! que al mes perdimos;
Sin que el cielo mis súplicas escuche
Muriéronse las tres de coqueluche.
Siguióles Tula pronto,
Y yo quedé tan aturdido y tonto,
Que á lo mejor faltábame el cacúmen.....
Tal de mi negra historia es el resúmen.

JUAN LANAS.

Por mí la de Segovia
Con gusto deja los paternos lares;
Y llevándola al pié de los altares
De la córte de España,
Con dos ó tres amigos
Que de mi fausta union fueron testigos,
Comencé de casado la campaña.
Al principio gran lujo,
Teatro, mucho coche,
Por el Prado y Atocha mucho pío,
Y mucho corriqueo dia y noche.
Viendo tanto derroche,
Yo anunciaba á mi esposa un fin nefasto,
Y ella solia responder con brío:
—El dote, ¿es tuyo ó mio?.....
Á nadie debe nada lo que gasto.—
Un amigo, constante en protegerme,
Prometió á mi mujer pronto ascenderme

Tocando sin demora
Yo no sé qué resorte ó qué registro :
Como sus intenciones eran sanas
Y verdadero su interés : « Juan Lanas ,
— Me dije — de ésta cátate ministro ;
¿ Por qué tú has de ser ménos , voto á cuantos ,
Que tantos , y que tantos , y que tantos ? »
    En esto hubo una crísis horrorosa
En las altas regiones ,
Que á muchos empleados causó fiebre ,
Y á mí me arrebató mis ilusiones ;
Mi protector emigra como liebre ,
Muere de sofocones ,
Y yo de real órden..... ¡ Al instante
Me dejaron cesante !
    Al saber mis reveses ,
Furibundos me acosan los *ingleses* :
Mi amada compañera ,
Á la par que el metálico sonante
Derritiéndoseme iba como cera ,
Mostrábase más fiera ;
Y fingiendo una vez terribles celos
Cuatro puñados me arrancó de pelos.
    Amagándome espaldas y cogote ,
Á cada paso me gritaba : « Tuno ,
Holgazan , burro , borrachon , ingrato ;
¿ Qué has hecho de mi dote ?
¿ Qué has hecho , di ?..... Respóndeme ó te mato.
¡ Ay ! — despues añadia
Con trágicos sollozos
Y gesto y voz de arpía ; —
¡ Ay de mí , que, inexperta ,
Cándida criatura ,
Creí tu pasion pura

Y las protestas de tu amor, mentidas,
Cuando te las dictaban solamente
De esta niña inocente
Las diez y seis talegas ya perdidas!»
    Pero áun no concluí, por mi desgracia;
Oigan ustedes el tremendo ultraje:
Pretextando una carta de mi suegra
Y á Segovia un viaje,
¡Pif!..... de golpe y porrazo
Traidora huyóse á Francia
Con un picaronazo
Teniente ó capitan de cazadores,
Que en situacion estaba de reemplazo.
    Ya cerca de diez años han caído
Y nada de la prófuga he sabido;
Desde entónces acá vivo muriendo:
¡ *Salid sin duelo, lágrimas, corriendo!*

CANIYITAS.

    El que busque dinero
Al buscar su futura,
No juventud, modestia ni hermosura,
Vea y toque primero
Con ojos y con manos
De los maravedises la existencia,
Ó tema el caso que á Pinini apura:
Quien se fia en *se dice, se asegura,*
Quedar suele á la luna de Valencia.
La fortuna es veleta giratoria,
Que si á un lado se mueve
Anuncia dicha y gloria;
Si á otro, plagas mil el cielo llueve.
    La verdad de un adagio muy sabido
Que damos al olvido,

Juan Lanas con su ejemplo nos enseña :
¡Ay! *del árbol caído*
Todo el mundo hace leña.

———

En esto el sol, enternecido acaso,
Por no escuchar más lástimas, sepulta
Su disco en el ocaso :
En éxtasis las ranas
Que la ova espesa oculta,
Oyendo los percances de Juan Lanas,
De Pinini las cuitas
Y el raudal del saber de Caniyitas,
Que les chocaba un poco por lo nuevo,
Habian olvidado caña y cebo ;
De modo y de manera
Que en una tarde entera
Y un buen rato de luna,
No fué pescada..... ¡ni una!
Maldiciendo los hados enemigos,
Entrambos pescadores
Los chismes recogieron ;
Y atravesando trigos
Del nocturno fanal á los fulgores,
Su regreso emprendieron
Á Madrid, donde tienen la huronera;
La gorra atrás echada,
La capa casi, casi derribada,
Los ojos dormilones,
Saliendo las palabras á empujones,
Dando con Caniyitas mil *traspieses*
Y haciendo muchas eses ;
Porque de una panzuda, enorme bota,
Con ribetes y honores de pellejo,
Amiga inseparable del buen viejo

Cuya sangre alborota,
De tal suerte chuparon,
Que en la marcha apuraron
Hasta la última gota.
    El viejo, en tanto, repetido habia :
—« *¡ Qué tragos en la mísera existencia*
Se pasan ! » Y « *¡ Qué tiempos tan aciagos !* »
— *¡ Cómo ha de ser !* (Pinini respondia,
Con Juan Lanas conforme.) *Vengan tragos,*
Pues lo dispone así la Providencia ;
¡ Todos los pasarémos con paciencia ! »
    1860.

DETRÁS DE LA CRUZ EL DIABLO.

(IDILIO CAMPESINO CONYUGAL.)

    De soslayo metido hasta la ceja
El sombrero de teja,
Quitasol oportuno, si no bello ;
En casa el alzacuello ;
Chaquetilla de cúbica, algo añeja ;
Pantalon de lo mismo, remangado ;
De piel de cabra, cómodo calzado ;
Atada á la cintura
Con galon la sotana,
Y sin manteo ni otra vestidura
Que aumentase el calor de la mañana,
De un monte por la rústica espesura,
La vista en el Breviario
Por donde haciendo va su rezo diario,

Sólo y grave pasea
El párroco excelente
De la vecina aldea,
Á quien por bueno y sabio ama la gente.
   Pobre, porque á los pobres
Con generosa mano socorria;
Sencillo, porque apénas comprendia
La virtud evangélica adornada
Con la pompa del mundo,
Que es humo, sombra, nada;
Breve en palabras, pródigo en acciones
Que con sus bendiciones
Premia gozoso el cielo;
De santidad modelo;
Roca firme en su fe perseverante;
Á la ambicion y á la mentira extraño,
Cual pastor vigilante
El cura apacentaba su rebaño.
   Siguiendo á poco rato otra vereda,
Huella la blanda alfombra
Que á una verde alameda
Conduce, donde fresca y grata sombra,
Que del sol templa las ardientes llamas,
Árboles mil pomposos
Dan con sus troncos y crecidas ramas.
   Y allí, con tosco aliño
Que cubre mal su cuerpo delicado,
Aparecióse un niño
De seis años, azules claros ojos,
Alta frente espaciosa,
Color suave de temprana rosa,
Coronadas de rizos naturales
La sien y la mejilla virginales;
El cual, corriendo al cura, con espanto,

Y á la sotana asido
Como si de álguien fuera perseguido,
Trémulo exclama y anegado en llanto :

EL NIÑO.

Vén, señor cura, vén, que padre pega
Á madre, y madre llora.

EL CURA.

¿Quién es tu madre?

EL NIÑO.

¿Quién?..... La tia Melchora.

EL CURA.

¿Y tu padre?

EL NIÑO.

Es el tio
Inocente.

EL CURA.

¡Ah! ¡ya caigo! Iré, hijo mio.
¿Y sabes por qué causa la maltrata?

EL NIÑO.

¡No lo sabo!

EL CURA.

Y tu madre, ¿qué decia,
Al pegarla?

EL NIÑO.

«¡Dios mio, que me mata!»

EL CURA.

¿Y tu padre?

EL NIÑO.

« Llegó tu último dia. »
  Habia en el acento
Del niño expresion tal y sentimiento,
Que el ministro de Dios suspenso queda.
  Mirábase al villano
Como ejemplar cristiano,
  Hombre de bien, prudente, laborioso,
  Marido fiel y padre cariñoso.
  Deseando tener limpia la conciencia
Y dar al mundo ejemplo,
Iba una vez en la semana al témplo;
Y de la penitencia
Ante el severo tribunal, los ojos
Á la tierra bajando,
Postrábase de hinojos,
Y unos golpes de pecho se pegaba
Que al corazon más duro edificaba:
Á creer en hablillas,
Ya tenía, merced á los porrazos,
  Rota media docena de costillas.
  Al entrar en la iglesia,
Siempre con faz devota y pasos quedos,
Tomaba agua bendita;
Pero no con dos dedos
Como cualquier humilde cristianillo,
  Sino medio cuartillo
Con la mano derecha,
Que del rostro cayéndole á la ropa
Vez hubo que le puso hecho una sopa.
  Verdad es, que señales no conserva
Del singular ayuno
Que há largo tiempo observa,

Como no lo observó prójimo alguno,
Ni surcan su semblante hondas arrugas;
Pero muchos vecinos
Aseguran que come sólo hierba;
Otros, aunque sin datos, que lechugas,
Berzas y cebollinos :
Quién—calumniando su virtud ignota—
Supone que se atraca de bellota;
Y áun hay quien, con malicia refinada,
Diz que le vió roer pan de cebada;
Que para inventar menguas
Nunca en el mundo faltan malas lenguas.
Mas como no está magro,
Jura toda la gente
Que el bueno de Inocente
Engorda sin comer; que es un milagro,
Un milagro viviente
De abstinencia..... que pesa nueve arrobas
De las que llaman *bobas*.
Él, con vagas razones,
Que tiene apariciones
De santos asegura;
Pero sospecha el cura,
No sin dolor profundo,
Que pretende engañar á Dios y al mundo.
   Saliendo del espeso bosquecillo
En que anidaban pájaros cantores,
Por un prado de césped y de flores
Ancho, vistoso y fresco,
Llegábase á un retiro pintoresco
Al pié de una montaña,
Donde, entre agrestes peñas y raudales
De limpios y sonoros manantiales,
Asoma de Inocente la cabaña

De secos troncos y pajiza caña.
   La habitacion sencilla
En su interior parece una capilla,
En que el tio Inocente rinde culto
Á unos *nenes* de bulto,
Producto de sus manos pecadoras
Que en ellos ocuparon muchas horas,
Y de papel pintado
Que pegó á la pared con pan mascado.
Un nene, segun él, es San Antonio,
Alrededor del cual tienden su vuelo
Un murciélago, un buho y un mochuelo,
Que son las tentaciones del demonio.
Figura otro á San Roque,
Abogado bendito de la peste,
Con su calabazuela y palitroque;
Esculpida tan mal la efigie de éste,
Que, en vez de faz celeste,
El santo cara tiene de bodoque.
   Allí un altar de corcho sostenia
Bajo un vasillo verde, que no ardia,
De plomo una custodia
Con várias torceduras,
En medio de dos ángeles de barro,
Ridícula parodia
De los bellos que encantan las alturas;
Pues léjos de ser guapos,
Compararse pudieran á dos sapos.
   Y allí... pero dejemos
La descripcion prolija
De la cabaña, y con el cura entremos
Y el niño, que entró al par, de mala gana,
Del párroco agarrado á la sotana.
   Quien viese aquel asilo

Silencioso y tranquilo
Con ínfulas de ermita,
Diria que la paz en él habita.
Inocente repasa en voz sonora
De rodillas las cuentas de un rosario;
Recostada Melchora, aparte gime;
Parece que le oprime
Algun dolor agudo,
Pues la pobre á menudo
Ambas manos ligeras
Se aplica á las caderas.
Justo será decir que el buen marido,
Cuya virtud aspira á eternas palmas,
Lanzando un gran bostezo
Principio dió á su rezo
En cuanto vió venir al pastor de almas.
—¡Santos y buenos dias!—dijo el tio,
Recibiéndolo afable,
Y besando su mano venerable.
—¡Buenos dias!—el cura respondióle.—
¿Qué tal va, tio Inocente?

INOCENTE.

Así... tirando.

EL CURA.

¿Y Melchora?

INOCENTE.

Melchora
Anda un poco maleja;
Há tiempo que se queja
De cansancio y dolores;
Pero por más que toma
Lo que receta el sabio don Toribio,

La enfermedad no doma,
Con nada encuentra alivio.—
   Oyendo este discurso
Que en cólera la enciende,
La *enferma* hablar pretende;
Pero le pone coto
El cónyuge devoto,
Mirándola algo bizco
Sin que el cura lo vea,
Y dándola en un brazo tal pellizco
Que á la débil mujer, á quien espanta,
Ahogósele la voz en la garganta.

INOCENTE.

Á los santos, por eso,
Mis súplicas dirijo;
—El tio Inocente, prosiguiendo, dijo:
Y añadió, dando un beso
Á San Roque—en mi pena,
Á éste le he prometido una novena
Con dos misas, cada una de seis reales:
Él de Melchora curará los males.

MELCHORA..

¡Calla, bribon, taimado,
Trapacero, hombre endino!
Si á los bobos hasta hoy has engañado,
Habiendo al fin logrado
Que comulguen con ruedas de molino,
Supuesto que lo quieres
Yo les diré quién eres;
Sí, yo se lo diré, no me hagas muecas
Para que calle, zorro,
Ni retuerzas el morro,

Porque ya se acabó mi sufrimiento,
Y si no desembucho, aquí reviento.
Señor cura, usté sepa
Que mi marido há poco,
Por mor de la tia Pepa
La Chata, me pegaba como un loco,
Y si no viene su mercé, me mata,
Por mor, como ya he dicho, de la Chata.
Que al pelo de la ropa él no me toque,
Y en los cielos en paz deje á San Roque.

EL CURA.

¿Quién es la Chata?

MELCHORA.

La hija
Mayor del molinero,
Que paece una lambrija
Y tiene un ojo huero.

EL CURA.

¿Qué dice á todo esto el tio Inocente?

INOCENTE.

Digo que mi mujer miente y remiente.

MELCHORA.

Á ella le hace regalos,
Y á mí quisiera verme en cueros vivos;
Á su mujer á palos
Las espaldas le mide;
Á esa moza le da lo que le pide,
Y dia y noche pasa
Con ella en el molino, que es su casa:

¿ Qué estás hiciendo allí ?

INOCENTE.

    ¿ Qué estoy hiciendo ?
— Respondió el tio Inocente , á tropezones ,
Sus muecas redoblando y contorsiones ; —
La verdá..... estoy moliendo.

MELCHORA.

 ¡ Vaya ! ¡ vaya ! ¡ qué santo !
Se acabó, lo que es hoy todo lo canto :
Óigame usté su historia.
  Cuando el cura defunto,
— ¡ Dios lo tenga en su gloria ! —
Era Inocente sacristan , y el pillo
Tan largo de uñas era ,
Que atrapaba la cera
Del altar, y los cuartos del cepillo
Donde las limosnitas
Echaban pa las ánimas benditas.
  El párraco una vez cerca apostado
Lo cogió en el fregado,
Y siempre dende entónces
Lo llamó *malun puérun* ,
Y algunos, por sospechas , *rapavérun*.
  Como él de todo sisa,
Aguaba el vino puro de la misa ,
Y el vino que sisaba
Santamente despues se lo empinaba ;
Pues aunque se figuran que no bebe
Muchísimas presonas.....
¡ Señor, coge unas monas !
Pero lo que es comer, el probecito,
No le viene de casta ;

Para almorzar hay veces que le basta
Con dos cuartos y medio de un cabrito.—
　　Al llegar á este punto, echando fuego
De rabia por los ojos,
Como la grana rojos,
Saltó el tio :—¡Melchora, que te pego!
Ya sabes que soy manso
Lo mismo que un borrego;
Pero ¡ay de tus costillas si me canso!—
　　Melchora, que desprecia
Y ve con gran cachaza
La tempestad que arrecia
Y el rayo que amenaza,
Y que se juzga fuerte
Un escudo en el párroco mirando,
Declara á su marido guerra á muerte,
É intrépida prosigue de esta suerte :

MELCHORA.

　　Pues ¿y cuándo jué alcalde?
Nunca justicia amenistró de balde;
Y aunque son cosas á la gente ocultas
¡Yo sé que se ha comido tantas multas!
Despidió al pregonero
Y quitó al secretario,
Lo propio que al tio Hilario
Que llevaba diez años de montero,
Todos unos benditos,
Sin cometer delitos;
Y no oyendo razones,
Colocó, en su lugar, á tres bribones.
¡Dios los cria, señor, y ellos se ajuntan!
Entónces con cautelas y misterios,
Hicieron yo no sé qué gatuperios

Que al pronto los vecinos no barruntan,
Miéntras la hacienda escasa
De los cuatro crecia:
Ya, al postre, no faltaba quien decia
Malicioso: «Á fulano
¿Sabeis si se le ha muerto algun tio indiano?
¿Sabeis si le cayó la lotería?»
Mas nadie sospechaba de Inocente;
¿Quién sospechado hubiera?
Pues aunque él robó más que cualisquiera,
¡Robó tan santamente!..... —
    Aquí exclamó el marido, en un tonillo
Entre si canta ó llora:
— ¡Que te pego, Melchora! —
    Y cogiendo una vara
De fresno muy flexible,
Por sus palabras duras
Acaso le sentára
Un poco las costuras,
Si el sacristan entrando
Presuroso y sudando,
No hubiera dicho al cura: «¡Vengo muerto!»

EL CURA.

¿Qué sucede, Perico?

EL SACRISTAN.

Han robado la iglesia.

EL CURA.
    ¿Es cierto?

EL SACRISTAN.
        Cierto.

EL CURA.

¿ Qué falta ?

EL SACRISTAN.

Una patena.....

EL CURA.

Acaba pronto.

EL SACRISTAN.

Un cáliz, las mejores
Vinajeras, aquellas de las flores.....
Y á mí me falta el juicio..... ¡yo estoy tonto!

EL CURA.

No hay que afligirse, Pedro; en el garlito,
Si el cielo nos ayuda,
Caerá, no tengas duda,
El autor del delito.
Vamos, pues. Tia Melchora, ya hablarémos;
Inocente, hasta luégo. ¡Á ver qué hacemos!

INOCENTE.

Por mí, sumiso callo;
Ya pué Melchora levantar el gallo,
Y subiendo de tono
Tirarme de las greñas,
Que nido llamar suele de cigüeñas;
Desde ahora la perdono,
Repito que no chisto;
Más sufrió por nusotros Jesucristo.—
En esta confianza
Párroco y sacristan dejan la choza
Y la envidiable paz que allí se goza;

Mas ¡ay! que con su ausencia hubo otra danza.
　　Sacó unas disciplinas el marido,
De negro alambre y de cordel de azote;
Y viendo la intencion del hotentote
Melchora da un chillido,
Recógese las faldas
Á la pared volviéndose de espaldas,
Y pone por escudo
Al niño, que escurrirse hasta ella pudo;
Pero el tio, que tiene ímpetus locos,
Apartóle de allí de un soplamocos.
　　Para abreviar de su venganza el plazo,
Las disciplinas bárbaro enarbola;
Mas tanto con la furia se atortola,
Que al levantar el brazo
Derriba de un codazo
Fuerte, sonoro, seco,
El altar, que por dentro estaba hueco,
Y de cajon servia ó de alacena
Á vinajeras, cáliz y patena.
——¡Ah, bribon! te cogí, —— Melchora exclama.
——¿Cómo es esto, carape?——
El rústico responde;
Pero ella á todo escape,
Cual toro de Jarama
Que sale del encierro,
Corre, y ganando un cerro,
Con voces tan rabiosas llama al cura,
Que por poco no arroja la asadura.
　　El párroco recela,
Al sacristan despide
Y hácia la choza vuela
Unido con Melchora, que delata
Al que robó sacrílego la plata.

El cual con alegría:
—¡Milagro!—repetia;
—¡Milagro!—y sin dejar el estribillo
Que á los otros irrita y encocora,
Se estuvo milagreando un cuarto de hora;
Diciendo por contera
El milagro en cuestion, de esta manera:

INOCENTE.

Así que ustés salieron,
Dije á Melchora yo: «corazon mio,
Toma estas disciplinas
Y date un par de tandas de las finas,
Con entusiasmo y brío;
Miéntras pido á los cielos yo, en un verbo,
Con santas oraciones,
Descubra los ladrones,
Ó las cosas robadas á este siervo.»
Y no hubo más. En el istante mismo
Vinieron de esas lomas
Volando tres palomas
Que en el altar de corcho se posaron;
Y al decir mi mujer: «ya tengo cena»
Las tres se trasformaron
En vinajeras, cáliz y patena.»—
Saliendo el cura aquí de sus casillas,
Caer hizo al villano de rodillas:
—Sella—le dijo—sella el labio impuro;
Séllalo, miserable fariseo;
Hunde en el polvo oscuro
La torpe frente, en que grabada veo
La profunda maldad que hasta hoy cubriste
Con hipócrita manto,
Creyendo así engañar al cielo santo.

12

¡Ay de tí, si de vida
No mudas!... que ya miro
Tu pobre alma perdida
Bajar á los infiernos,
Y en sus negras regiones
Sufrir martirios bárbaros y eternos.
  Dios no premia, castiga
Al que en los labios tiene
La virtud como amiga,
Siendo su corazon sepulcro lleno
De vicios, de maldades y de cieno.—
  Melchora con el niño y el anciano
Partióse, por el santo de su nombre
Jurando no vivir con aquel hombre,
Que prometió matarla con su mano.
  Y el rústico devoto,
Que no quiere el subsidio
De su industria pagar en un presidio,
Mala viendo la cosa,
Resuelve poner piés en polvorosa,
Ó *tomar*—cual tradujo
Cierto escritor francés, que no era lego—
La villa de Don Diego.
  Discurrid, ¡oh lectores!
El fin de este Inocente desgraciado,
  —¡Qué iniquidad!—cual jabalí acosado:
¿No lo acertais?... Pues renegó, señores,
Y rotas ya sus religiosas trabas,
Contra nosotros sirve á Muley-Abas.
  1860.

GANGAS DE LA ÉPOCA.

(ÉGLOGA VENATORIA URBANA.)

PRIMERA PARTE.

El bueno de Mariano,
Sencillo provinciano,
Jóven, rico, y juicioso al par que apuesto,
De una ciudad del Norte
Vino en cierta ocasion á ver la córte;
Y como nada aquí que hacer tenía,
Andaba de jolgorio noche y dia.
   Una hermosa mañana
Se dirigió á la Fuente Castellana,
En hora en que no acude á la tal Fuente
Bicho ni alma viviente,
Excepto algun cesante alicaido
De barba sucia y rústica melena,
Con aire de alma en pena.
   Cambióse la mañana—era de Enero—
Y de sus cumbres Guadarrama aleve,
Ya que no lluvia ó nieve,
Con su soplo sutil, crudo y certero
Que endurece los barros,
Mandaba pulmonías y catarros
Que en apurados trances
Ponen al que lo reta por capricho;
Consecuencia: el paseo susodicho,
La verdad, ofrecia pocos lances.
   El mismo pensamiento

Debió ocurrir á nuestro amigo, cuando
Sobre los piés girando
Tornó la cara al sol, la espalda al viento,
Y encaminóse hácia Madrid silbando.
    Mas héte que á la vuelta,
Con un placer que se asemeja al susto,
Una muchacha vió de ojos de cielo,
Rubia, gallarda, esbelta,
En fin, cosa de gusto,
Barriendo el santo suelo
Con profusion de seda y terciopelo;
Y al verla, sin saber si es ó no fátua,
De admiracion quedóse hecho una estátua.
    Murillo, Rafael, insigne Apéles,
Canova, Miguel Angel, Praxitéles,
Vuestros cuadros y mármoles divinos
No valen tres cominos;
Para Mariano sois unos peleles.
    Vénus encantadora
Saliendo de la espuma en mar tranquilo
Que la levanta en vilo;
Diana, la cazadora,
Cruzando de los bosques la maleza,
Digna rival de Vénus en belleza;
Las hadas de los cuentos orientales,
Y la primera y última heroína
De las novelas todas que, á quintales,
Suda la imprenta en la nacion vecina,
Comparadas con ella en hermosura
Damas le parecian de estropajo,
Y áun alguna un demonio, un espantajo.
    De cien mil perfecciones
Su entusiasmo la dota,
Y discurre, y agota,

Y vuelve á imaginar comparaciones;
Pero es aquélla un tipo sin segundo,
Y nada hay en el mundo
Que le llegue siquiera á los talones.
   « Cuando cante, si canta,
Ó cuando hable—le dice su deseo—
Su voz será un gorjeo,
Una orquesta divina su garganta:
Si danza, danzará como una pluma
Que agita el aire blando,
Será una flor danzando,
Será... ella misma, en suma.
Y en su trato ¡qué afable y cariñosa!
Pura desde la pila del bautismo,
No tendrá su alma un átomo de prosa,
Ni un átomo de vil positivismo. »
   La acalorada mente
Un porvenir prométele risueño;
Contémplase ya dueño
De la preciosa jóven inocente,
Á cuyos piés rendia el alma esclava
Y que sus dulces sueños realizaba.
   Y tanto adelantó su fantasía,
Que ya creyendo á poco
Arrebatarle un beso, de amor loco,
El bendito de Dios se relamia.
Y más y más castillos
La propia mente fabricando, padre
—- Cuádrele ó no le cuadre—
Lo hacia de una turba de chiquillos;
Y ya con éste juega á la pelota
Y echa á rodar el aro;
Con aquél va á la escuela;
Uno, le enseña la camisa rota;

Otro, á llorar á gritos se las pela.
Estos cuadros futuros
Le proporcionan goces prematuros;
Y como cada vez más se distrae,
La baba sin sentirlo se le cae.
   Siguióla, pues, la pista,
Y discurriendo idilio sobre idilio,
Y planes sobre planes de conquista,
Mariano averiguó su domicilio;
Y averiguó que se llamaba Rosa
La blanca aparicion apetitosa;
Que su señor papá—que en paz descanse—
Fué un hombre muy decente,
—¡Como que fué intendente!—
Y su mamá, aquel Argos
Que vió de tiros largos
Acompañando á la gentil doncella,
Cuyo recuerdo fiel le hace cosquillas,
Es persona de muchas campanillas.
   Entró en la casa luégo,
Y aunque al principio torpe cual maruso,
Pues Amor le tenía tonto y ciego,
Sitio á la chica puso,
Y su tren de batir arrojó fuego;
Pero Rosa, á rendirse no dispuesta,
Dábale la callada por respuesta;
Hasta que al fin los bravos campeones
Contrajeron estrechas relaciones.
   Algo despues, no mucho, de este prólogo,
Para sí recitaba el pobre chico
El siguiente monólogo:
«¡Soy un alma de Dios; soy un borrico!
Yo, que la hubiera puesto
Debajo de un fanal, ó con dos velas

En camarin honesto,
Ó encima de un altar, como una cosa
Adorable, sagrada, misteriosa,
Ya la ódio, la detesto;
Ya rompo mis fantásticos fanales.....
¡Allí no hay más que instintos animales !
     » ¡ Señor! ¿ Si habré tenido
Una venda en los ojos
Y un copo de algodon en cada oido,
Para no ver ni oir lo que hoy produce
Mis querellas y enojos!
     » Nidos pensé que habria en su garganta
De ruiseñores dulces y parleros,
Mas no hay tales carneros :
Al hablar, no grajea,
No confites su voz, ni yemas vierte;
Parece que apedrea;
Cuando ayer sin pasion la escuché en calma,
Se me cayó á los piés, de pena, el alma.
Viendo que muchos tontos con cien *bravos*
Acogen sus horribles *galli-pavos*
En *soirées* ó nocturnas reuniones,
Canta sin fin, de vanidad convulsa;
Y si á las teclas llega, no las pulsa,
Les da de bofetones;
Como si les jurase eterna saña,
Furiosa las araña.
Un periódico luégo,
Con descaro inaudito
Dice que todo estuvo muy bonito,
Que Rosita cantó..... como ella sola,
Y de uno en otro, así, rueda la bola.
     » Que sepa una muchacha turco y griego
No es crímen, y áun es cosa muy laudable;

Pero que á todas horas hable y hable
——Miéntras á olvido el español relega——
En extranjero idioma
Hasta á su torpe fámula manchega,
Que se queda en ayunas,
Merece de la sátira el azote,
Sin que el sexo le sirva de reparo;
Yo á quien tal haga ó piense la declaro
Tonta de capirote.

»Rosa aprendió francés, y le enamora
Á tal punto, que piensa y come y viste,
Y del altar al pié, que es lo más triste,
Á Dios en francés ora :
La niña se figura de mal tono
Hasta su excelso trono
Subir en alas de oracion sencilla,
Compuesta en el idioma de Castilla,
El cual, segun mi abuelo,
Es el único que hablan en el cielo.

» Como de artista y genio se las echa,
Con la solfa el pincel temible turna,
Y lienzos embadurna,
Quedando siempre alegre y satisfecha.
Aquí, pega un brochazo,
Allá, un chafarrinazo;
Ya traza un edificio
Que aflige al que lo entiende;
Ya de entusiasmo llena y de coraje,
Intrépida la emprende
En pos con el paisaje;
Y de naturaleza
Ultraja de tal modo la belleza,
Que en vez de convidar á disfrutarla
Aquel conjunto frio, insulso, muerto,

Da ganas de vivir en un desierto.
   » Si á cualquiera retrata,
No se anda con escrúpulos de monja,
La Verdad acuchilla, insulta y mata;
Pero, siempre en acecho, la Lisonja
Original y copia comparando :
« ¡Él es — dice asombrada — si está hablando! »
¡Oh! si hablára, y tan bello su lenguaje
Fuera como el retrato de agua-chirle,
Habria que marcharse por no oirle.
   » Porque su educacion Rosa complete
La mamá se desvela;
Quiere que manejar sepa el florete;
Ya tira la pistola
Y *monta á la alta escuela,*
Y, cual buena española,
Todas las noches al Real concurre,
Y se deleita con placer extraño,
Y *dos veces al año*
En el desierto *Príncipe* se aburre;
Y no falta á los toros,
Ni — aunque tenga ya tísico el peculio —
Nuestras bellas montañas
Con elegancia desdeñando, en Julio
Á naciones extrañas
Deja de dar por nada un mal vistazo,
Para venir, despues de quince dias,
Á decir de nosotros perrerías,
Con aquella lindeza
De que *El África empieza*.....
   » Mi corazon de niño
Buscaba un corazon tierno y sensible,
Tesoro de virtud y de cariño,
Buscaba un ideal, un imposible;

Mas tambien, lo confieso,
No habiéndolo encontrado,
Se hubiese contentado
Con cualquiera mujer de carne y hueso,
Aplicada, hacendosa,
Fiel, sencilla y casera,
Para emprender la conyugal carrera;
¡ Pero si la tal Rosa
— Que sólo el viento del orgullo mece —
Ni siente ni padece!
¡ Cuánta, en este bendito
Madrid, con sólo su aire y su palmito,
Colgándose un guiñapo
Es capaz de pegársela al más guapo!
    »Ántes de conocerla
Á fondo como ahora,
Llamábala yo perla
De Oriente encantadora,
Vírgen de ojos azules,
Lucero de mis noches;
Y ella siempre de cintas y de tules,
De yeguas y de coches,
De trajes, aderezos y modistas,
De *buffets* suculentos
Me hablaba, y de las fáciles conquistas
Que tales elementos
Proporcionan á muchas,
Que serán de seguro buenas truchas.
    »Mi elocuencia amorosa
Á lo mejor cortaba — distraida,
Quizá, mi linda Rosa —
Con sus eternos *treses*,
Flotante, diferida,
Dividendos, acciones,

Láminas, intereses,
Cotizacion, cupones,
Y otras palabras cien y locuciones
De la bursátil jerigonza oscura,
Que hoy toda criatura
—No afirmaré que ladre—
Habla ya desde el vientre de su madre.
»La suya, con sentencias y consejos,
Clarísimos espejos
De la codicia vil, del ánsia de oro
Que la devora y la consume, borra
En su único tesoro,
En la hija que salió de sus entrañas,
Toda noble pasion é impulso noble,
Y en duro mármol la convierte ó roble.
»¿Qué candorosa chica
Al cabo no claudica,
Oyendo repetir eternamente
La coleccion de máximas siguiente?
«—*Hombre sin cuartos y mujer sin galas*
Son pájaros sin alas.
—*Más sustancia dan cuatro cañamones,*
Que veinte mil quinientas ilusiones.
—*Aténgome á la prueba,*
Que el viento plumas y palabras lleva.
—*El que tiene dineros,*
Como dice el refran, *pinta panderos.*
—*Aquel que no trae soga,*
De sed otro refran diz que *se ahoga.*
—*El amor pasa pronto,*
Más dura un rigodon, un wals, un tango;
El mundo es un fandango,
Quien no lo baila un tonto.
—*Se acaban los amores,*

Y quedan los dolores.
—En casa rica ó llena
Pronto se hace la cena;
En la que no hay harina,
Anda todo al revés, todo es mohina.
—¿Quién dice que los hombres son iguales?
Mentira; tanto tienes, tanto vales.— »

» Con esta educacion, que yo abomino,
Pues en plazos más cortos ó más largos
Frutos produce insípidos y amargos,
La mamá, palomino
Atontado, cabeza sin aplomo,
Entendimiento romo,
Pero que tiene y guarda
Su gramática parda
Que le sirve de norte y de gobierno
Para cazar un yerno
Buen mozo, de riqueza y casa grandes,
Presume que una pica pone en Flándes.
Y como es tan lechuza,
No saliéndole un novio á la doncella
Como se pinta en sus ensueños ella,
Capaz es de entregarla al moro Muza,
Si es hombre—de años verdes ó maduros-
Que no se deje ahorcar por cien mil duros.
¡Pobre del que se clave en el anzuelo
Y tenga que cargar con el mochuelo,
Creyéndolo una pesca de importancia!
Lo que es yo no le arriendo la ganancia.
» Ya conociendo la mamá-culebra
La frialdad con que mi amor se exhibe,
Mis visitas como ántes no celebra,
Y me ha echado tres veces el *quién vive,*
Así exclamando en tono de chorlito:

—¿Viene usted con buen fin, caballerito?.....
—¡Señora..... usted me ofende!.....
—Perdone usted, Mariano.....
—¡Qué prisa!
                    —¡No es en vano!
Usted sabe muy bien que la pretende
El Marqués del Jilguero.....
—Un venerable anciano.
—Es hombre que venero,
Y para mí sin duda venerable:
Por lo demas, su edad es aceptable;
Áun lo hallo fresco.....
                    —Sí, con la frescura
Del que está con el pié en la sepultura.
—Pues yo, fuera de várias cicatrices,
Efectos de guerreros rifi-rafes;
De que es un poco sordo;
De que tiene comidas las narices,
Y en fin, de que pudiera estar más gordo.....
—¡Señora, si está lleno de alifafes!
—Bien, ¿y qué?..... Yo esas cosas equilibro
Con su cuna y sus prendas; ¡es gran hombre!
¡Con decir que su nombre
Figura dignamente en el Gran Libro,
Y que tiene en el Banco de Inglaterra
Al pié de dos millones!.....
¡Mariano, ya usted ve, todos los dias
No salen tan bonitas proporciones!
—Señora, hablando en plata,
Eso es lo mismo que decir que estorbo.
—No, señor; pero tanto se dilata
La explicacion veraz de sus proyectos.....
—Por el cólera-morbo!
Mi honra, mi.....

—No se apure,
Tranquilícese usted , su honra no mancho ,
Y sentiré en el alma se figure
Que pretendo con maña echarle el gancho.
Pero como soy madre , le repito :
¿Viene usted con buen fin , caballerito?
—Sí —la voy decir ; ya estoy quemado :—
Vengo con fin honrado ;
La muchacha me gusta
Como al raton el queso ,
Y con ella contraigo matrimonio
Aunque rabie el demonio.....
Cuando ella tenga corazon y seso. »

—

Aquí de su monólogo llegaba
Mariano , cuando el sueño lentamente
Posándose en su frente
Los párpados ya flojos le entornaba.
Y yo , lector prudente ,
Para que más paciencia ,
Sufriéndome , y más tiempo no derroches ,
Voyme á dormir tambien con tu licencia ,
Pues de esta PARTE al término ya toco :
¡Vaya , adios ; buenas noches ,
Salud , y divertirse y gastar poco !
    ¡Ah ! Sabe que la madre de Rosita ,
Con red oculta y con reclamo artero
Cazó al pobre Jilguero ,
Cuya sangre infeliz ya tiene frita ;
Que él á la jóven desposada abruma
Con su amor trasnochado , que la apesta
Más que sus toses , flatos y reuma ;
Y en fin , que cual vampiros ó alimañas ,
Hija y madre le chupan las entrañas

Con ligereza suma :
¡Pronto el Jilguero quedará sin pluma!
    1863.

SEGUNDA PARTE. E

  Entre tantos jilgueros
Que, con picos parleros,
De rústica armonía
Llenaban el Retiro cierto dia,
Uno solo, infeliz, mal afeitado,
Con súcio tapabocas de á seis reales,
Sombrero apabullado
Cuya moda no habrá quien hoy recuerde,
Y capa con señales
De que no son las capas inmortales
Y de que todo, al fin, se gasta ó pierde,
Lo mismo que las botas
Por la suela, el tacon y el córte rotas,
La superficie contemplando verde
—Cual si tomase el fresco—
Del *Estanque chinesco*,
Murmuraba miserias de la vida
Con gestos y mirar de suicida.
  «¡Ay de mí! ¿Quién dijera,
Tres años há, que Rosa,
Aquella flor galana y olorosa,
Tanta espina tuviera?
¡Y que no me resuelva yo á eximirme
De la pasion brutal que me domina,
Cuando sintiendo el alma está la espina!
Sí, voy á zambullirme
En el agua corrupta del estanque;

Ya la copa he bebido hasta las heces;
Un valeroso arranque,
Y acaban mis dolores,
Y me engullen los peces
Que al sol muestran, saltando, sus colores.
   »Llámame mi consorte viejo fútil,
Momia que inspira horror, marido inútil,
Cruz de su matrimonio,
Y falso testimonio
Que levantó la fama á su albedrío,
Pues nunca libremente
Hubiera rebajádose á tal ente,
Á tan absurdo tio:
¡Este consuelo ofrece á mi abandono!
¿Acaso es culpa mia, ni yo abono
El flato que me aqueja?
¿Puedo yo reparar los desperfectos
De esta máquina vieja,
De esta armazon huesosa,
Ni dar á los afectos
En que mi pecho asmático rebosa,
El fuego aquel y varonil encanto
Que gusta á las mujeres tanto y tanto?.....
¿No juró de soltera, por su vida,
Que mi nariz comida
Y la color del rostro, yerta y lacia,
Le hacian suma gracia?
¿No hallaba en mi cabeza,
Huérfana de pelambre,
— ¡Señor, lo que es el hambre! —
Respetabilidad, *esprit*, nobleza?.....
¿Pues cómo goza dura
De este anciano en la negra desventura?
«¿ *Cómo?* » la estoy oyendo;

«¿ Cómo ? » dirá , « comiendo. » —
¡Tan vil es el lenguaje
Que escucho en mi abyeccion y vasallaje!
     » Casas y coches, treses y cortijos ,
Y otros bienes prolijos
Que formaban mi enorme patrimonio,
Se los llevó el demonio :
¡ Y áun hija y madre, á ratos,
Me preguntan con cínica insolencia
Por qué mentí opulencia ,
Siendo, no más , un triste pelagatos !
     » ¡ Yo me tiro al estanque ! ¡ Ya me gozo
En mi última agonía !
¡ Ya el aguá, turbia y fria,
Penetra por mi boca á borbotones !
Con júbilo feroz , de ella me apipo;
Me descoyunta el hipo;
Soy todo contorsiones ;
Buscan los dedos gafos donde asirse ,
Y entre ellos siento el líquido escurrirse ;
Turba mis ojos funeraria nube ,
Y yá invasora sube
La hinchazon por el pecho y me estrangula ;
No me salva la bula.....
¡ Se acabó !..... ¡ me asfixié ! mi cuerpo flota
Cual ligera pelota
Sobre el húmedo abismo.....
¡ Y gorjean los pájaros lo mismo
Que siempre , del follaje en lo profundo !
Haya un cadáver más ¿ qué importa al mundo ! »
     Discurso tal arranca
El delirio al Marqués , pues pierde el seso ;
Fatigado en exceso,
Áun quiere hablar, pero su voz se atranca ;

13

Desnúdase de tocas,
Es decir, de la capa y tapabocas:
Y tomando carrera,
Para salvar de un brinco la barrera
Que se opone á su intento,
Estas solas palabras echa al viento:
— Concluya la partida:
¡Una! ¡dos! ¡á las tres va la vencida!—
 Y con arrojo sumo
Á realizar se apresta la del humo,
Corriendo ya, sin pizca de ilusiones,
Como si alas llevase en los talones,
Cuando un amigo suyo, malagueño,
Á pocos pasos grítale risueño:
—¡Qué ocurrensia! ¡qué grasia!
¿Aprende uzté gimnasia?
Conviene el ejersisio,
Marqués, pero no tanto
Que le zaque de quisio
La zalú, y ze lo yeve al Campozanto.
¡Bah! levante la ropa
Y deje zu manía;
¿Qué trizte no zería
Zacarlo del eztanque hecho una zopa?
— ¡Es verdad!
   — Puez conose zu locura,
Obedesca y chiton.
   — ¡Ay, Jarabillo,
Mi mal no tiene cura.
—¿No?..... tendrá monaguillo.
— ¡Dichoso usted, que á broma
Hasta lo serio de la vida toma!
— ¿De reir no da gana,
Que intente un hombre convertirze en rana?

—Yo no soy hombre ya, soy un compendio
De miserias!

        —¿Y qué? ¿Y ezo le crizpa?.....
Zi uzté, amiguito, ez chizpa,
Otroz zon el insendio.
Otroz tienen, y en grande, el monopolio
Del dolor: zi *en octavo* hase *el rezúmen*,
—Y lo ez uzté—un volúmen,
Eyoz zon la obra entera, la obra en fólio.
—¡Buen consuelo de tripas!

           —¿Buen conzuelo?
Zaque uzté loz que tiene almasenados
Y juro, por el sielo,
Qué le han de bendesir loz dezgrasiados.
¡Eh! renunsie á zu eztúpida tragedia,
Indigna de un criztiano y hombre grave.
—¡Ay, Jarabillo amado, usted no sabe
De la misa á la media!—
    Y aquí tose de un modo lastimero
El Marqués del Jilguero,
Á quien no hay cosa ya que no constipe.
—Si este catarro crudo, si esta gripe,
Y este..... todo—prosigue enronquecido—
Contar las penas mias me dejáran,
Los mármoles más duros se ablandáran.
—Lo veo algo difísil; cabalmente
(Observa Jarabillo, con risita)
No hay mármol por aquí; pero corriente,
Ya que uzté dezahogarze nesesita,
El catarro aliviemoz,
Yo zé lo que lo aplaca:
¿Quiere uzté que tomemoz.....
—¿El qué?.....
        —Leche de vaca.

—¡Si la hubiese de burra!
—No evazivaz dizcurra.
—En fin, quizá un cuartillo.....
—Andando, pues, —repone Jarabillo. —
   En la casa de vacas, entre un sorbo
Y otro de leche dulce y espumosa,
Cuenta lo que el lector sabe de Rosa,
El Marqués, jadeante,
Á su meditabundo acompañante,
Que le oye con paciencia:
Así que hubo acabado;
—Marquéz, en el pecado
(Exclama) yeva uzté la penitencia.
—Yo no he pecado en nada.
                                    —¿No? ¿Quién mete
Un ansiano á cadete?
¿Cuándo ze apagó el fuego de una fragua
Con una gota de agua?
Porque fragua ez el pecho de una mosa
Que juventú, beyesa y bríoz gosa.
¿Ni qué leona hambrienta,
Con un huezo pelado ze contenta?
Que un memo lo prezuma..... ¡Vamoz! paze;
Pero que un hombre como uzté, dizcreto,
Con pretenzion rizible jaleaze
El endeble ezqueleto,
Detráz de una muchacha
Que, del veztido con el aire zólo,
—Y no ha de zer el aire muy manolo —
Zi quiere, al otro mundo le dezpacha;
Ezto, perdonemé, no ze consibe;
De milagro uzté vive.
—¿He obrado torpemente?
Confesaré mi yerro:

Mas, ¿quita lo cortés á lo valiente?
En vez de darme un trato horrible, perro,
¿No ha podido esa fiera
Tratarme bien, por compasion siquiera?
—¿Quién lo duda?
     —Yo un dia,
Estando mi riqueza ya en sus fines,
Dije á Rosa: «Hija mia,
»Me tienes que zurcir los calcetines.»
—Y eya, ¿qué rezpondió?
      —«No me rebajo;
»Nunca, gracias á Dios, cosí un zancajo;
»Oficios tan..... así..... tan..... ¡pues! son buenos
»Para gente de poco más ó ménos.»
Enfermo, y pido un caldo; mi voz flaca
Un ataque de nervios le ocasiona:
—«¡Vamos, está de humor el viejo chusco!
»Busque usted — me contesta — una fregona
»Que, pegada al fogon como un molusco,
»Se pase el dia entero
»Esclava del puchero,
»Y el cútis suave se le vuelva lija
»Á fuerza de fregar cada vasija;
»Que yo mi blanca mano
»Para el pincel reservo y el piano,
»Rindiendo á los dos párias,
»Cual otras á las artes culinarias.»
—¡Oh, Jilguero infelís!
     —Sé que taladro
El corazon de usted, mi dulce amigo.
—Proziga uzté.
    —Prosigo:
Una vez, delirante, cojo un cuadro
Original de Rosa,

—Que ella siempre ha tenido por gran cosa
Pensando que el producto
De obra tan estupenda,
.Por muy mal que se venda,
Ó ha de subir á cinco, á seis mil pesos,
Ó los marchantes son unos camuesos.
    Jarabillo, corrí de punta á punta
La poblacion, corríla por ensalmo,
— No miento — con un palmo
De lengua fuera de la boca, y, muerto,
De,mi chiribitil torné al desierto.
— ¿Y el cuadro?
                    —Uno habia dicho
Con punzante ironía,
Sin mirarlo siquiera:
«¡Qué lindo! en un apuro, bien podria
»Servir para tapar una gatera.»
Otro, con ironía más profunda,
Soltó un elogio-tunda,
Diciendo: «¡Es acabado!
»¡Qué perspectiva y árboles y ambiente!
»¡Qué color de paisaje!..... propiamente
»No parece, sino que lo han pintado.»
    Un caballero, en fin, caritativo,
Segun pública fama,
Y en cuyo rostro al vivo
Se ve de compasion la dulce llama,
Enterándose á fondo de mis males,
Me ofreció por el cuadro..... ¡Siete reales!
— ¡Fué una barbaridá!
                    — Cierta señora·
Buscaba profesora
De pintura y de canto
Para sus hijas..... pues, señor, me planto

En su casa corriendo,
Y á Rosa, que lo ignora, recomiendo.
« ¿ Está usted en su juicio?
» — La señora contesta, .
» Con la faz descompuesta,
» Sin saber que la jóven elogiada
» Conmigo está casada. —
» ¿ Por dónde se figura
» — Prosigue — esa mujer, que de pintura
» Y de música entiende,
» Cuando en las reuniones
» Á que ella concurria, hará un trienio,
» Sólo cuatro burlones
» En decir se empeñaban que era un genio? »
    Entónces, bondadoso Jarabillo,
Lo estéril conocí de la enseñanza
Mujeril que en la córte está en usanza,
Y con la cual, aprovechando un pronto,
La mozuela más tonta, pesca un tonto. »—
    De hablar el Marqués deja;
Resignacion el otro le aconseja,
Buen remedio, al alcance
 —Ya despues de comido, ya en ayunas, —
De todas las fortunas
En cualquier negro trance;
Pero al que apelan pocos
Por débiles, por necios ó por locos;
Y guerra declarando á las mujeres,
Cada cual se retira á sus quehaceres.
    En su casa el Marqués entra difunto;
Su fealdad sublime llega á un punto,
Que basta hermoso, á su lado,
Pareciera quizá un desenterrado;
Y, sin embargo, Rosa

Lo estruja contra el pecho cariñosa,
Y con amante exceso,
¡Horror! le estampa en la mejilla un beso,
Delante de Ricardo,
Rubio doncel gallardo,
Á quien Rosa profesa
Una amistad profunda..... algo francesa,
Y que en la casa, creo,
Es una especie..... así..... de Cirineo.
— El corazon — prorumpe — se me parte,
¡Oh dueño idolatrado de mi vida!
Perdona, esposo, mi esquivez fingida;
He querido probarte,
Y ver si tu firmeza
Era ó no superior á mi aspereza,
Pues en otros jardines recelaba
Que mi Jilguero — ¡necia! — ya cantaba.—
    Y ántes que se recobre
De su asombro el Marqués, cerrando el pico
Le dá de Puerto-Rico
Una carta sin sobre;
En cuya carta él ve que un su pariente
Estando en la agonía,
Ó cerca, á su favor testado habia,
Dejándole una herencia muy decente.
    — ¿Lo ves? — le dice Rosa — el cielo premia
Tu virtud! —
            Y él responde : — El premio admito,
Pero pienso gozarlo yo solito.
— ¡Cómo!
            — ¿Cómo?..... Comiendo,
Y será lo mejor, á lo que entiendo,
Aunque con voz me digas, tentadora,
Que mi nariz comida te enamora,

Y te hace suma gracia
La color de mi rostro, yerta y lacia.
¿No has trucado, bien mio?..... Yo retruco,
Y con mucho salero.
—Eres vil y cobarde.
                — ¡Quiá! soy cuco;
Y es el cuco más cuco que el jilguero. —
    Así el Marqués hablando, toma el tole;
Súbito su persona reverdece,
Y anda con aire boleril..... parece
Que va á bailar el *ole*;
Tanto, que en la escalera, un tal Clavijo,
Persona de confianza,
Así en tono de chanza,
—¡Viva lo bueno!—con placer le dijo.
    Mírense las doncellas y doncellos
En este matrimonio,
Á ménos que no quieran ellas y ellos
Dar que hacer al demonio;
Y que sin caridad, la mejor noche
Tras años de consorcio nada bellos,
Se los lleve..... y no en coche.
    1867.

FIN DE LA ARCADIA MODERNA.

LIBRO III.

—

GRANDEZAS DE LOS PEQUEÑOS.

GRANDEZAS DE LOS PEQUEÑOS.

Cabalgando en un burro
Cierto honrado labriego
— Ignoro si de Illescas ó pasiego —
Con aire nada curro,
Por una calle de Madrid pasaba,
Cuando hete que de pronto,
Fuese casualidad ó mañas viejas,
Resbala el burro tonto,
Haciéndole apear por las orejas
Y tendiéndole allí como una rana;
No sé si le quedó costilla sana.
Á formidable risa y á chacota,
Que de morir al pobre le dan gana,
El duro lance al transeunte mueve
En tal dia del siglo diecinueve.
¡Así fué siempre la malicia humana!
¡Siempre!..... entiéndase bien, con este *pero*.....
Que el prójimo reciba el daño entero.
    Si pinto aquí un hipócrita, el borracho,
La meretriz, el mercader que sisa,
El fanfarron de indómito mostacho,
El patriota de pega,

El que mata, el que adula y el que juega,
Á coro exclamarán : — ¡Presta un servicio
El que de ese bribon ataca el vicio! —
¡Todos aman la ley! mas yo no dudo
Que es la ley egoista del embudo.
Que mi sátira toque
Á Tirso, á Rufo, á Crispiniano, á Roque,
Á Petra..... ó al tio Lila,
Aunque el nombre de pila
Omita mi bondad ó mi prudencia.....
Entónces cada cual, hecho un infierno,
Me guardará rencor, rencor eterno,
Diciendo : — Más es él. — Voy á ser franco;
Esta es una razon de pié de banco.
Exceptuarme no intento; en mí, no rota
La ley se advierte que á los hombres rige,
El decirlo me aflige;
Tengo más faltas yo que una pelota;
Pero aunque éstas se cuenten por docenas,
¿Servirán de disculpa á las ajenas?
¡Las ajenas!..... ¡La mar!..... Entre la turba
De tanto pecador impenitente,
De pasiones raquíticas esclavos,
Milagro si se encuentra
Un carácter que valga dos ochavos :
¡Ay del que el suyo conservar intente!
Llévenlo á un manicomio, por demente.
    Confieso que no pinto yo querubes
Con celestiales cándidos equipos;
¿Iré, pues, á las nubes
En busca de mis tipos,
Ó la pluma que tengo prevenida
Ha de tomarlos tal como ellos suelen
Pasar en la comedia de la vida?

Si viejo es uno y lo retrato viejo
Cuando se precia de galan y mozo,
No diga que su gozo eché en un pozo,
No trine contra mí; siga el consejo
Que dió á una vieja presumida un vate
Al ver pedazos hecho el cristal limpio
Donde ella se miraba el rostro añejo:
« Arroje usted la cara, no el espejo. »

* * *

Lepe, lo que es á mí no me la pegas;
Te conozco muy bien, sé lo que vales,
Y aunque has soñado que á la luna llegas
Y en espléndido trono te acomodas,
No ofrezco siete reales
Por tus grandezas todas:
Cuanto más y más creces,
Tanto más y más bajo me pareces.
Y no lo digo, Lepe, con veneno,
Pues de bondad ingénita presumo;
Siempre fuiste, á mi ver, estatua de humo
En pedestal de cieno,
Palacio de papel, todo fachada,
Mucho por fuera si por dentro nada,
Que un epigrama al punto desharia
Con tocarlos tan sólo cualquier dia.
Para encumbrarte pronto
Sobre otros mil de mérito y de talla,
Imitas al enano audaz y tonto,
Que, al ver que en estatura le supera
Y en juicio quien le escucha,
Va y coge una escalera,
Y el último peldaño no bien pisa,
Con rara contorsion y necia risa

Que imbécil interpola,
Hace desde él ridícula mamola:
— ¿Te convences? (gritándole al de abajo)
Ni siquiera me llegas al zancajo.—
     Hidrópico de honores,
Aunque ayuno de honor..... ¡Cuántos sudores
Costado no te habrán los oropeles
Que á tu mollera ciñes,
Á falta de legítimos laureles!
     Náuseas tiene la villa
De ver tu nombre á tu alabanza unido
Por la gárrula y fácil gacetilla,
Que propaga el anuncio lisonjero
Escrito *por el propio cosechero.*
¡Que á Lepe le sacaron una muela!.....
Pues gacetilla al canto;
¡Que su primo Facundo se las vuela!.....
Venga la bendicion del Padre Santo,
Y circúlese al mundo
Que está un poco averiado el tal Facundo.
     « Despues de interesantes discusiones,
» Al fin constituyóse la anhelada
» Y trascendente Sociedad formada
» Para educar ratones,
» Por personas activas y de ciencia,
» Y á Lepe le tocó la presidencia.
» Con tan fausto motivo
» Se dirigió un telégrama expresivo
» Al universo mundo,
» Que ha causado un placer indefinible
» En todo corazon recto y sensible. »
     Y hacer punto redondo aquí me toca,
Pues no merece Lepe de mi boca,
Por más que lo que hablé le arrugue el ceño,

Ni el favor de un desden, que le honraria;
Para ser digno de él es muy pequeño.
    1866.

**

  ¿Qué diré de la *cursi* doña Rufa,
Vieja viuda del mártir don Saturio,
Individua entre séria y entre bufa,
Que da en la flor ahora
De recibir de noche en su tugurio
Cándidos trovadores trashumantes,
Músicos y danzantes,
Y lánguidas bellezas peregrinas,
Que parecen sardinas,
Con otras más humanas,
Redondas á manera de manzanas,
Exhibiéndose en prensa
En una sala — ¡oh dioses! —
Que nunca tuvo aspiracion de inmensa?
  No por mero deleite,
Ni porque luzcan otras cara y traje,
Prodigios de la voz ó del afeite,
Sino porque la crónica parlera
Que se encarga en Madrid de los *salones*,
Le regale una frase zalamera,
Por esto Rufa da sus reuniones.
Y por esto contémplase ella misma
Allá en sus sueños de jazmin y rosa,
Pisando victoriosa
De la inmortalidad el templo augusto,
Y murmuran sus labios : — ¡Ay, qué gusto! —
    1866.

**

  El político — *sic* — que se aproxima
Y caprichosa la fortuna mima,

14

Es el célebre Tirso Alcaravea,
Que una hueste feroz capitanea
De tres votos con b, fuertes Alcídes
Del parlamento en las revueltas lides.
Teatro de asombrosas concepciones
Piensa que es su cerebro y vivo foco
De inesperadas, grandes soluciones.
¡Qué! ¿No las ven ustedes?..... Yo tampoco;
Mas sepan, es un hecho,
Que á su ambicion el mundo viene estrecho.
Alma de Garibay, con quien no rifo,
Porque á lástima sólo y risa mueve
De tu extraña conducta el logogrifo:
¿Qué planes portentosos, dime, fraguas,
Viviendo eternamente entre dos aguas,
Cada una de las dos á cual más sucia,
Modelo insigne de pueril astucia,
Que tu gente celebra,
Y marchando en zig-zag como culebra?
    Político de peso
Te llama cada pavo
De los tres que en tí ven su jefe ó cabo.
No bien abres el pico,
El grupo de los tres, lilliputiense,
Exclama con asombros: — Á este chico
Le llegarian al tobillo apénas
El orador romano y el de Aténas. —
¿Cómo responderian á esta broma,
Si revivieran, el de Grecia y Roma?
    ¿Ó te llegaste á imaginar acaso
Que la gloria menguada
Por tu hueste raquítica labrada,
Haciendo de un payaso,
Ya un Tulio, ya un Demóstenes divino,

La Historia, noble y justa,
Respetará mañana?..... ¡Desatino!
La Historia es una dama un tanto adusta,
No andará con escrúpulos de monja;
Si tu nombre la mano de tu gente
En su libro inmortal grabó insolente,
Ella por cima pasará su esponja,
Y tus hazañas, y tu nombre, *etcétra*,
No dejarán más rastro que la letra
Que, con torpeza mucha ó con donaire,
Trazó un dedo en el aire.

    1866.

* *

Vi á usted, digna marquesa de los Robres,
En la iglesia pedir para los pobres;
Si no la hubiese visto,
Aquel muchacho listo,
Aquel heraldo inquieto
Que suele pregonar en las Españas
De la filantropía las hazañas,
Me lo contára — ¡Adios, santo secreto
Del bien! — en su periódico indiscreto.
Y de seguro usted no lloraria,
Porque en prosa ó sonoros consonantes
Añadiese que usted resplandecia
Por su rico aderezo de brillantes;
Y áun — es un suponer — *por su hermosura*,
Usando una retórica figura
Propia de mozos finos y galantes.
Mas el pobre que sufre no se cura
De que el consuelo que su mal recibe
Brote de mansa y escondida fuente
Ó de ostentoso y bramador torrente;
En su alma el bien la gratitud escribe;

Sus lágrimas la expresan tiernamente:
¿ Es de la vanidad claro tributo
Que su mérito acorta?.....
¿ Es de la compasion?..... Á él ¿qué le importa?
Mas yo, señora mia, lo sospecho,
Y por si no fué en vano,
Quiero decir á usted, en verso llano,
Que muchas veces la limosna, muchas,
No la da el corazon, la da la mano,
Y entónces el perfume desparece
Que ante Dios la sublima y ennoblece.
    1866.

★

   Descomunal poeta es Perinola;
Como es tenor descomunal el bobo
Que con mirada de celeste arrobo
Prodigios hace de cabeza y gola.
Para él la poesía
Consiste, mal pecado,
En fabricar mil versos cada dia;
Y la plaza surtir el condenado
Con frutos de su hueca mercancía.
   En el cielo, si acaso el cielo canta,
Remojando la péñola en arrope
Verá sólo el miope
Aquello que dos palmos no levanta
De la tierra el espíritu, en quien borra
Toda expansion, por él, larga modorra.
Él puebla el firmamento
De mundos de cristal y estrellas de oro,
Y áun su pico de loro
— Á la fábrica dando por cimiento
El aire que se extiende en el espacio —
Ya construye un palacio

De *diamante* y cien *piedras* relucientes,
Cómplices inocentes
De tan *pesada* broma, ó nos regala
Entretenidos fuegos de bengala,
Mostrando de esta suerte
Que es hombre en pirotecnia listo y fuerte.
En el mar, agua sólo encuentra y bruma
Con sus montes de espuma
Y sus sartas de perlas,
Menudas y redondas,
De esas que se deshacen al cogerlas;
Formando una de luces y cambiantes,
Íris, tules y blondas,
Segun los consonantes,
Que la pícara envidia algunas veces
Llamóle *mucho ruido y pocas nueces*.
Pues si la guerra ó la tormenta ruda
Inspira su cacúmen,
Despiértasele el númen
Y chaparrones de entusiasmo suda.
Para dar á su canto vida y nervio,
De sus casillas saca y mansedumbre
Al pacífico adverbio;
Y contra su costumbre,
El adjetivo, que modesto vive,
Un demonio parece si él lo exhibe.
Todo en sus versos furibundos brama,
Ronca, ruge, rechina,
Hierve, truena, se inflama,
Troncha, rompe, asesina,
Aulla, ladra, gime,
Azuza, acosa, oprime,
Armando un sonsonete
Con sus terminaciones

En *ante*, en *ente*, en *oso*, en *erra* y *ones*,
Que el cerebro más duro compromete.
Yo de personas sé — no eran chiquillos —
Que á Perinola oyeron una pieza,
Quedándose despues con la cabeza
Hecha una olla — histórico — de grillos.
   La Poesía en tanto,
Por Perinola viéndose ultrajada,
Diz que dice : — ¡ Castígale, Dios santo !
De doncella gentil y codiciada
Me convierte sañudo en odre inflada;
Y es lo peor del caso
Que quiera en el Parnaso
Este traidor alarbe
Repantigarse en paz y satisfecho :
¡ Máteme, pues, el fósforo; esto es hecho !
¡ Vengan seis cajetillas de Lizarbe !
    1866.

**

   Salió apénas del aula,
Donde charlado habia
Cual cotorra en su jaula,
No enteramente libre todavía;
Mas como nada ya su ambicion mengua,
Dijo el particular que aquí intercalo :
— ¡No, pues si yo me pongo, el cielo escalo ! —
Y era quien esto dijo todo lengua,
Cuyo mejor discurso causa tedio,
Pues mide tres kilómetros y medio;
Un hablador maldito,
Que cuando alguno al auditorio endosa,
Le suscita la idea temerosa
De lo eterno, lo inmenso, lo infinito,
Lo que hiciera clamar á Job : — Que no hable;

Es un sér imposible, inaguantable.—
    Por esto, pues, si se encarama en zancos
Al poder, de que el mozo está sediento,
Y dirige su voz al parlamento,
Oirán con gusto los desiertos bancos
Á este corre-ve-y-dile,
Pues no bien rompa á hablar, veráse al punto
De los legisladores el desfile;
Falta de urbanidad, para él, perversa,
En mi concepto, una ovacion..... inversa.
    Tipos como el del mozo
Que en brevísimos términos esbozo,
Siempre que de improviso
Los echa un empujon del paraíso,
Chillan y se revuelven y sulfuran,
Y cataclismos lúgubres auguran,
Como la fama cuenta
Del enano terrible de la venta:
Nadie extrañe que ponga cara fosca;
Su colerilla tiene cualquier mosca.
En verdad, es muy triste haber soñado
Ser, hasta cierto punto, hombre de Estado,
Y ver que al despeñarse de la cumbre
Presencia el espectáculo, sin susto,
Y áun con risa tenaz, la muchedumbre.
    1867.

⁎

    De aquella mentecata,
Que de su hogar, por el bullir externo,
Abandona el pacífico gobierno
Y en política sólo piensa y trata,
Creyendo en su delirio sin segundo
Que sin ella no marcha bien el mundo,

Valiera más no hablar; pero es forzoso,
Pues tiene pretensiones de coloso,
Y justo no sería
Eliminarla de esta galería.
    Para regir este rincon de Iberia
Su marido subió como la espuma,
Y si ántes fué Verónica su Egeria,
Hoy hostiga y abruma
Al que bien merecia un aparejo
Y á ciegas seguir suele su consejo.
— Junípero, es preciso
Colocar á Narciso.
— Mujer, es un bolonio.
— Es que estoy en un grave compromiso.
— Si quitamos por él á don Antonio
Tirantes, pobre padre de familia,
No habrá quien no lo afee;
Clamarán.....
    —El que venga atras que arree.—
Don Antonio Tirantes
Pasa, pues, al panteon de los cesantes.
    —Junípero, me carga y encocora
Ver siempre á la señora,
Digo, á la generala, en fin, aquella
Que presume de bella,
Cuando es tan antipática y horrible
Como mandada hacer, la Castellana
Atravesar ufana
Con el boató espantoso que acostumbra
Y en una carretela que deslumbra.
    —Es rica.
       —Así lo cuentan.
         —Y no mienten.
— ¡Á saber!..... Se murmura que su esposo.

—¡Dale, bola!

   —Un rumor.....

      —Es calumnioso.

—No es sastre—dicen—pero entiende en sisas.

—Acaba pronto, acaba.

—No sé de dónde salen esas misas.

En tanto yo, de mi modestia esclava.....

¡Es claro, como en tí no logro influjo!

—Está bien, está bien, gastemos lujo.

—Mira, no olvides que orgullosa vuela.....

—Comprendo, compraré una carretela,

Aunque viéndote en ella, hablen de sisas

Y me apliquen aquello de las misas.—

 Así, despues, intrépida acomete

Á otros mil, con palabra ó con billete,

Que rara vez resiste

El funcionario triste,

Á quien sin duelo apremia

Y acaso compromete

En forma femenil esta epidemia,

Para que limpien á uno el comedero

Y sirvan á un bribon ó un majadero.

Todo pasa; Junípero abandona,

Y no con placer mucho, la poltrona;

Vuelve á la oscuridad aborrecida

Por la amable matrona,

¡Ay! sin que á su caida

Suelte los vientos iracundo Eolo,

Ni haya conflagracion de polo á polo.

Ni el mar hoy rinde vasallaje al rio,

Ni éste á la fuente tributario llega:

Verónica perdió su señorío,

Su majestad de pega;

Y lo propio que ayer, con igual brío,

El globo, en tanto, sin cesar navega
Por el piélago inmenso del vacío.
     1867.

               ⚬°⚬

    De ofender á Emeterio aquí no trato;
Mas cuando oigo decir que un hombre es serio,
Y es amante del órden, y sensato,
Por fuerza he de acordarme de Emeterio
Y del órden, tambien, del cementerio.
Este varon famoso, de alma fria,
Un tiempo furibundo demagogo,
Hoy se persuadiria
Para dar á la patria un desahogo
Y á su estómago el pan de cada dia,
Exterminar sensata y seriamente
Á su primo, á su padre y á su hermano,
Y hasta el género humano,
Para todos creyendo un beneficio
Este flaco servicio.
¿Oye zumbar un cínife? Ya Europa
Es un sangriento lago,
Y ardiendo la contempla como estopa;
De culpa tanta merecido estrago.
¿El pueblo sus derechos ejercita,
Y sale á respirar el aire libre
Que falta en los tugurios donde habita?
¿Acompaña el dolor que le desvela
Ó la dicha fugaz que el pobre alcanza,
Con el alegre són de la vihuela?.....
Enciérrese la tropa en los cuarteles;
Señora policía ¡mucho ojo!
El pueblo se divierte
Y es un pecado grave,
Y para el órden síntoma de muerte.

¡Órden! ¿quién no lo pide y lo desea?
Mas si es el que se estila y nos agovia,
Pariente del que llaman *de Varsovia.....*
¡Mil veces y otras mil maldito sea!
No pretendo ocultar que soy miope;
Para el que no lo sepa, aquí lo escribo;
Porque quiero decir que mal concibo
Persona de órden, séria ni sensata,
De éstas que hoy pasan por la flor y nata,
Sin grande parecido al Monipodio
Pintado por Cervántes,
Agregando, á otras prendas relevantes,
Miedo á la libertad envuelto en ódio,
Detras de la careta ó de la capa
Que las morales úlceras le tapa.
La conciencia de goma
Del ínclito Emeterio
Amóldase á cualquiera gatuperio;
Escéptico en el fondo, sirve á Roma;
Con una mano pagará un tiberio,
Y despues de clamar que le horroriza,
Con la otra al pobre pueblo descuartiza;
Pone una vela á Dios y otra al demonio;
¿Será raro prodigio
Que hoy tema el soplo suave del favonio
Y se cale mañana el gorro frigio?
En esta cofradía tan amable,
Avisada, sagaz, fina y sapiente,
El más digno—evidente—
Es tambien el más cuco y más lagarto,
Los pueblos todos lo recuerdan harto.

1867.

Injusticia, y no floja,
Sería arrinconar en el olvido
Á Veremundo Perez de Lacoja
Que una Academia en su recinto aloja;
Escritor relimado y relamido,
De talento tan hondo
Que dicen, y es verdad, no tiene fondo.
    No encontrándola abierta,
Se arrimó várias veces á la puerta
Del templo aquel, ó llámese congreso,
Pidiendo la limosna del ingreso
Y el honor de que al fin supiese el mundo
Que existia un señor don Veremundo,
De prendas tan cabales
Que ya es uno de tantos *inmortales.*
    ¡Qué recepcion la suya!
Las letras exclamaron: «¡*Aleluya!*»
Y en su casa los jefes y la prole
Que los trapos de gala se echa encima
Y con júbilo inmenso baila el ole,
La fiesta celebraron
Con un banquete de abundancia prima,
Deleitando de noche á los vecinos
Una murga...... ¡qué horror, cielos divinos!
    Pero vamos al cuento, que no es cuento:
Ante ilustre concurso
Principio dió con tembloroso acento
El novel académico á un discurso,
En el que, con verídica modestia
—Pues no he de suponer que hipocresía—
Aunque en frase muy pulcra, así decia:
    —Permitid que una cosa aquí revele:
Yo no soy más que un mísero pelele
(Á cuya confesion es bien notorio

Que dió su asentimiento el auditorio);
Nunca hubiera soñado
Sentarme á vuestro lado,
Ascender á la cumbre
Que tanta sumidad insigne puebla,
De donde baja al vulgo toda niebla,
Es decir—me trabuco—toda lumbre,
Si vuestra bondad suma
—Cual tiene por costumbre—
Hecho no hubiera lo que fué preciso;
Favor de la justicia ó caso omiso.
Vuestra elección charola
La nulidad inmensa que disfruto;
Pule, como quien dice, á la española,
Este diamante en bruto,
Al que, de hoy más, verá la indocta gente
Como rival temible del *Regente.* —
   Así, por el estilo,
Esgrimió el incensario
Nuestro recipiendario,
Con golpes tan certeros y felices
Que rompió á la Academia las narices.
La cual, por medio de un señor muy grave,
Cogiendo el chisme en que el incienso humea
Y al público marea,
Desnarigó á su vez al compañero,
Que es uso en estos casos muy corriente
Desnarigarse amable y mútuamente.
   Dijo, que el individuo de que trata,
Natural de Betanzos,
Era la espuma y nata
De lo escogido en tierra de garbanzos;
Que adoraba lo viejo,
Lo rancio, lo que fué, lo que claudica,

Lo que el tiempo congela y momifica,
Abominando con feliz consejo
Lo que vive, y palpita, y anda, y siente,
En suma, la corriente
De ideas que este siglo, fiero coco,
Trae á la humanidad ateo y loco;
Azote lo llamó de la epidemia
De toda novedad; columna fuerte
De la sábia Academia,
Legisladora eterna del buen gusto
—Aunque digan le ha dado más de un susto.
Con esto, y lo restante que indicóse;
¿Quién al señor don Veremundo tose?
   1870.

No bastando el pseudónimo
Á Boliche el cobarde,
Para hacer de valor algun alarde,
El antifaz se pone del anónimo.
Águila soñó ser; el vuelo quiso
Dirigir sabe Dios á qué regiones,
Más á tanta ambicion era preciso
— Y para ahorrar caidas y chichones
Que divierten al vulgo maleante —
Alas tener y espíritu gigante.
¿Qué extraño que se aflija,
Que dé más de un disgusto á su conciencia
Y de rabia padezca horrible trismo,
Viéndose convertido en lagartija,
Desde que le ha enseñado la experiencia
Que entre soñar y ser media un abismo?
   Como lograr no pudo
La gloria locamente codiciada,
Clavó en otro objetivo su mirada,

Y al comercio menudo
De toda indignidad, con saña inmensa,
Un tenducho mezquino abrió en la prensa.
Cada columna del papel diario
En que es inagotable *articulero*
Y de sí propio admirador sincero,
Si no miente la historia,
Columna es mingitoria,
Donde con falta de aprension, que irrita,
La basura del alma deposita.
En esto no hay hipérbole ninguna:
La imprenta, esa tribuna
Que alzó al progreso Guttemberg divino,
Palanca que hoy remueve
El mundo y lo trasforma, audaz se atreve
Boliche—con perdon—sucio gorrino,
Á convertir en corrompida alberca
Donde á sus anchas gruñe su alma puerca,
Pues todo le hace mal, todo le estorba,
Y más lo que más honra al que su saña,
Tras la careta vil, tizna y araña.
Pero tocadle al pelo de la ropa,
Decidle que en su crítica no es recto,
Y en tigre convertís al bajo insecto;
Ninguno de él, si no de hinojos, hable,
Porque es indiscutible, inviolable.
    No espereis, no, que salga frente á frente,
Alzada la visera
Á combatir valiente
Lo que injusto y funesto considera.
Encúbrele el anónimo y le escuda,
Y del carcax que lleva este sujeto,
Carcax de envidia y de rencor repleto,
Coge y lanza la flecha envenenada

Y suyo es el honor de la jornada;
Porque ¿quién hay, quién hay que se rebaje,
Aunque de fijo le confunda y venza,
Hasta luchar con él, con un menguado
Que de su propio nombre se avergüenza?
Plausible es que se emboce
Y la cara se tape, ruboroso,
El hombre generoso
Que en su conciencia tiene el premio y goce
Del bien que en torno suyo ha derramado;
Esto es nobleza y proceder honrado.
Mas ceñirse la máscara insolente
Sólo para hacer mal impunemente;
Colocarse en la sombra cual ratero
Que la ocasion espía
De atacar por la espalda al viajero
Y la vida robarle ó el dinero,
Como Boliche el crédito y la fama
Al víctima indefenso de su trama,
Y aire darse, despues, de caballero,
Acá, para *inter nos*, esto se llama.....
Íbalo ya á soltar, más..... sonsoniche,
Que puedo indisponerme con Boliche,
Especie de señor de horca y cuchillo
Parapetado en su papel-castillo,
Viendo el cual, el que pasa dice quedo:
—¿Yo atreverme con él?..... ¡Jesus, qué miedo!
  1870.

*

¿Qué Alejandro, qué César osaria
Igualarse con Pedro de Centellas?
Impulsado de erótica manía
Sigue viudas, casadas y doncellas,
El nombre conquistando en esta via

De *Periquito entre ellas.*
Por él se mueren todas,
Ninguna le resiste;
La pálida y la triste,
La alegre y la morena, atortoladas
Ante su donosura y sus miradas
— Quiero decir, sus rayos —
Sufrieron cataclismos diferentes,
Mareos, accidentes,
Delirios, convulsiones y desmayos.
El dedo de las gentes
Señala al vencedor del sexo frágil,
Cuando lo ven sin tropas
Á sus grandes campañas marchar ágil,
Diciendo: — ¡Ahí va! — como si Pedro fuese
El caballo de copas,
Y de rabia y de celos todos juntos
Se ponen amarillos cual difuntos;
Ó bien historias refiriendo extrañas,
Reducen las hazañas
De este pobre pazguato
Al trasnochado amor de una jamona
Llena de hambre, de síncopes y flato.
    1872.

∗

No sé yo si derecho, fuerza ó arte
En clases várias dividió á la gente;
Pero consta que un grupo intransigente
Dijo un dia: — Formemos rancho aparte. —
Vástagos somos todos de la cepa
De nuestro padre Adan; mas si la fama
Á Fulana de Tal vuecencia llama,
Á su prójima llama la tia Pepa.
    La ilustre marquesita

15

Dé la *Montaña de oro*,
Supone que padece su decoro —
Dignándose mirar á la que habita
Rústica choza ó mísera garita,
Pues no de carne y hueso cree su casta,
Si no especial producto de otra pasta,
Y aunque de sangre colorada llenas
Afirma que es azul la de sus venas.
    Ahondar quiere la línea divisoria
Que del comun rebaño la separa,
Y en medios no repara:
Su lengua es pepitoria,
Caló particular, al que relieve
Dan el aire y extrañas contorsiones
De las altas regiones,
Donde, como en Tetuan, hay puntos ricos
En monas graciosísimas y micos.
Su mision en la tierra es importante;
Poner la cabellera, que enamora
Al círculo elegante,
En las manos de experta peinadora;
Dar que hacer y rabiar á la modista,
Que de su cuerpo la esbeltez exalta,
Prestándole á la vez lo que le falta,
Ó aquello de que está poco provista.
Ayúdale en la obra
El zapatero, que sudando, ajusta
Á la estrecha medida un pié que asusta,
Quitándole feroz lo que le sobra.
    Sus ímpetus soberbios
Paciente sufrirá quien no la iguala
En el nivel de la social escala;
Pero nadie la toque, ¡gasta nervios!
Comodin que le sirve á maravilla

Y de que usa y abusa la chiquilla.
Cuando á este sér de dulce *coram vobis*
Se le exalta la bílis,
No es poética Filis;
Decid *ora pro nobis*
Y que el cielo os ayude,
Pues suele ser un ángel que sacude,
Chilla, bufa y araña,
Convertido en frenética alimaña.
Pero vedla en el Prado, ¡ qué sonrisa !
Pasad á Recoletos,
Y si poetas sois, cosa es precisa
Que os inspire lo ménos diez sonetos.
Si á los conciertos vais, donde Beethoven,
Y Weber, y Mozart, con otros muchos
Encantan á señores ya machuchos,
Y á la vieja lo mismo que á la jóven,
Veréisla, de seguro, allí extasiada ;
Parece que se abisma
En los cielos su angélica mirada.....
¡ Qué chasco ! de sí misma enamorada,
Sólo piensa en sí misma
Y en el fútil muñeco
Que enfrente bulle descarado y seco.
    La gloria, el triunfo magno
De esta gentil doncella
Que obedece á su estrella,
Consiste en que se dígan, no al oido,
Los que de ella se ocupan, si no fuerte :
— Entretiene al marido
De Fulana de Tal; dos generales
Por ella tienen hoy un duelo á muerte,
Y son dos animales,
Pues la moza, con ínfulas de reina,

Para ninguno de los dos se peina.
Zutana, que colgado del *pescuezo*
Estrenó la otra noche un aderezo
De esmeraldas y perlas,
Que daba gusto verlas,
Con el cual presumió que iba á dar golpe
Y dentera á otras hembras infelices,
Se quedó con un palmo de narices.
La preciosa marquesa,
Como siempre magnífica y amable,
Que estaba con el suyo incomparable,
La dejó..... patitiesa.—
   1872.

                             **

   Comer para vivir; este consejo
Un filósofo dió del tiempo viejo:
Vivir para comer, dice don Roque,
Grandísimo bodoque,
Especie de pelota
Á quien la gente llama *cabezota,*
Porque, en verdad, la gasta desmedida
Y entre los anchos hombros medio hundida.
Yo aquí su inteligencia no discuto,
Mas el que ve su facha y ve su frente,
Sin poder contenerse, dice:—Bruto,
Irremisiblemente.—
    Él tiene el alza y baja
De todos los mercados madrileños;
Y amenizan sus sueños,
No celestes visiones,
Si no otros espectáculos sabrosos:
De Vich los suculentos salchichones
Haciendo mil piruetas
Con doradas chuletas;

Bailando los lanceros
Faisanes, como finos caballeros,
Con tiernos cochinillos
Y piernas de carneros,
Ó magros solomillos,
Representando, al par, escenas bufas
Con perdices, atun, jamon y trufas.
    Habladle de Beethoven, de Cervántes,
Del divino Platon, Lope de Vega,
Fidias, Goya, Murillo....., y si no os pega,
Ú os dirige miradas insultantes
De lástima y desden, remanga el bezo,
Y responde al sermon con un bostezo,
Ó con las yemas de los dedos toca,
Sin cesar, del estómago la boca,
Especie de piano
Que entiende este individuo chabacano.
    Jamás él hizo apuestas
Por cosas grandes, útiles, honestas;
¿Pero se trata de empinar el codo
Y de llenar la andorga?
Se calla, imbécil, y el que calla otorga,
Ó alegre se le rie el cuerpo todo;
Y de este ó de aquel modo
Apostará con otro barbarote
Á quién es más gloton, más hotentote.
    Por los toros se pirra;
Y si olorosa mirra
No quema este cabestro
Ante el gran Lagartijo ú otro diestro,
Á la arena echará con desparpajo
Pañuelos de valor y ricos puros
De la Vuelta de Abajo.
De corrobla en corrobla

Vive este hombre feliz; y aunque le acecha
Cólico fulminante con su flecha,
Él romperse podrá, mas no se dobla.
Como bravo artillero
Muere al pié del cañon, hay quien sospecha
Que este, hasta cierto punto, caballero,
Ha jurado morir muerte gloriosa,
Corona de su vida,
Celebrando una espléndida comida
Que le haga reventar, si no le hiere
Ántes, por otras ciento, el *miserere*.
    1872.

**

   Corro al teatro de los Bufos; lleno
Está de bote en bote;
Madrid, Madrid entero da su escote,
Aunque el cartel no anuncie que hay estreno.
Todo grande es allí; grande la escena,
Donde se ve luchar—como en la arena
De Roma, un tiempo, el gladiador valiente
Y el leon africano— con la musa
Del can-can nauseabundo inspiradora,
El público pudor, que no la acusa,
Y el desprecio viril, que áun atesora,
Sobre la infame descargar rehusa.
   Grande el autor se juzga, y de él me duelo,
Que por matar el hambre que le asedia,
En farsa que abortó levanta el velo
Con que un arte más noble y casto un dia
Supo cubrir lo que cubrir debia.
   Grande tambien, con superior grandeza,
Júzgase la infeliz que se destoca
Del manto virginal de su pureza,
Y cínica provoca

El popular aplauso y vil deseo
Con impúdica danza y contoneo;
Miéntras en un rincon, apesarado,
Hay quien duda — supongo —
Si la escena es escena, ó es mercado
De picante mondongo,
Donde, prévio el importe de derechos,
Se exponen piernas y lascivos pechos;
Ó, en fin, escuela de virtud,—¡quién sabe!—
Pues que la niña va y el hombre grave,
Y todos salen de ella satisfechos.

    1872.

***

    Existe un paraíso,
Un paraíso terrenal, se entiende,
Al ménos para el fatuo don Narciso,
Y de su cara lo descubre el gozo:
Este mortal feliz es un buen mozo.
Plácele en el espejo
Las perfecciones contemplar que acopia
—Segun piensa de sí — su imágen propia;
Pero no necesita de cristales,
Ni mirarse en el agua de una fuente;
Su vanidad le grita claramente:
—¡Oh, Narciso, Narciso, cuánto vales!—
    ¿Conocerle quereis? lo encuentro justo:
Por el corsé prensado, la tiesura
Denunciará del busto
Á este raro prodigio de hermosura.
Reparad con qué gracia caer deja
El sombrero hasta el arco de la ceja;
Ved cómo el puro de la Habana chupa
Y su gesto revela, con jactancia,
Que es todo un caballero de importancia,

Segun tambien la arguye
El torcido bigote
Que en rabo agudo de raton concluye:
Por último, os invito,
Si tales pormenores no son nuevos,
Á mirar de su cuerpo el meneito;
¿No parece que va pisando huevos?
  ¡Cuán útilmente emplea la jornada,
Por más que de holgazan le tilde alguno!
Sepa todo censor inoportuno
Que siempre está ocupado en no hacer nada.
¿Quién hallará en su traje hilacha ó mota?
Su habilidad agota
El cútis rasurándole el barbero,
Y él mismo se acaricia,
Se atusa el pelo, y entusiasta soba
Mil veces y otras mil su cara boba.
¿Qué pavo real presume
De gallardo y gentil como Narciso,
En quien toda belleza se resume,
Mirando á quien más vale — no me asombro
Por encima del hombro?
Tal vez piensa que darle quiere un beso
La indiferente moza,
Cuya falda, al pasar, su cuerpo roza,
Y él se relame de placer por eso;
Tal vez hecho jalea,
Á sí propio se adora y besuquea;
Lo que yo sé es que más de una elegante
Dijo al verle: — ¡Qué facha tan cargante!
¿Quién hombre le ha llamado?.....
Eso no es sal, ni es agua, ni pescado. —
  De Narcisos la raza
Abunda y de acabar no tiene traza:

El individuo que á ella pertenece
Principia por un simple badulaque,
El cual vegeta y crece
Hambriento, sin hogar y sin camisa;
Su raido gaban asciende á fraque;
Despues, su tosca planta alfombras pisa;
Hasta que al fin, por arte del demonio,
Quien comenzó bolonio.....
En lo mismo termina su carrera,
Brillando, empero, en elevada esfera,
Si caer, por ejemplo, supo en gracia
Á una momia de la alta aristocracia,
Ó logró por su falta de mollera
Un puesto en nuestra insigne diplomacia.
   Si á Narciso—una gloria verdadera—
No conoceis aún con estos datos,
Ó á mí para pintar no me da el naipe
Ó no entendeis vosotros de retratos.
      1872.

*_**

   Del cuarto estado, que interés me inspira,
Recorro los anales,
Y escápase un gemido de mi lira:
En él encuentro vicios garrafales.
Ejemplo Cármen sea:
La conocí en pañales
Diez y seis años há; ni era ni es fea,
Si tampoco un prodigio de hermosura,
Que, con sólo mirar, á un hombre coma;
Pero noto que asoma
La vejez en su calva prematura;
Que precoz arruguilla
Destruye la tersura
De la rosada frente y la mejilla,

Y que en los huecos de su boca, varios,
Hay ya muelas y dientes solitarios
Haciendo penitencia
Por yo no sé qué casos de conciencia.
     ¡ Desventurada niña !
¡ Flor que, avaro, ya pide el cementerio !
— Y aquí me pongo serio. —
No esperes que te riña
Y mi sátira agote
En tu horrible miseria el duro azote.
Decir tan sólo intento
Cuál es el pensamiento
Que dormida y despierta
Tus pasos todos por el mundo guia
Y tu ambicion febril mantiene alerta.
En el Rastro principia el mundo tuyo
Y en Lavapiés acaba,
En tu oficio mostrándote tan brava
Que, en verdad, no te adulas
Creyéndote la reina de las chulas.
Éste tu sueño fué, tu ideal éste
Desde que cierta bruja Celestina,
Que mate mala peste,
Abrió, contigo á solas,
Con discursos melosos y floridos,
Horizontes á tí desconocidos.
Desde entónces acá, vagando suelta
Sin lazo alguno que á tu hogar te ligue,
La más cínica moza y desenvuelta
En obras y lenguaje,
Te rinde vasallaje :
En figon, en taberna y merendero,
El bebedor primero
Ántes en sus entrañas que tú siente

El efecto infernal del aguardiente;
Y porque no se encalle
Su carro, el que recoge la basura
Ébria te levantó ¡débil criatura!
Cien veces del arroyo de la calle.
¡Mira tú qué grandeza
La que en tí, simplecilla mariposa
Que á la pérfida luz volaba ansiosa,
Todo lo grande por matar empieza!
    1872.

***

    Van á saber ustedes
Quién es el personaje que ahora pinto:
Se llama Recesvinto,
Oriundo de Paredes,
Y vive en una especie de covacha,
Calle de *Sal si puedes.*
Pasemos á la facha:
Su faz es macilenta,
Su ceño de tormenta,
Sus barbas, más que barbas, son rastrojos,
Y saltones sus ojos,
Donde brilla siniestra luz fosfórica;
Algun observador añadiria:
—Padece, de seguro, cesantía,
Y no así como quiera, prehistórica.—
Yo, en verdad, no lo sé de positivo;
Pero al ver su gaban arratonado
Y el sombrero de mugre charolado,
Dudo que esté en la nómina de activo;
Es más, diré si á mi conciencia escucho,
Que no come perdices, ni áun merluza,
Y debe ser cofrade há tiempo mucho
De la órden nacional de la gazuza.

Concurre el susodicho personaje
Con otros cinco ó seis de su pelaje
Á un *Despacho de vino*,
Título superfino
Con que ilustró su dueño el tabernáculo
En donde Recesvinto es un oráculo.
¿Por qué no se le deja
Desenredar de España la madeja,
Que sigue, aunque por tantos manejada,
Cada vez más y más enmarañada?
Él tiene el gran secreto
Que el político busca, y busca en vano,
De hacer feliz al pueblo castellano,
Á guerra y hambre sin cesar sujeto.
Dice uno:—Faltan leyes;—
Otros, que no son bueyes,
Si no gente de seso y de importancia,
Responden:—Lo que falta es su observancia.
Quién, que sólo el trabajo
Puede el país volver de arriba abajo;
Quién, que para evitarnos pesadumbres
Es de necesidad haya costumbres.
Recesvinto desdeña y compadece
Al que en presencia de tamaños males,
Le ocurre proponer remedios tales.
Pequeño se le antoja todo nombre,
No siendo—*verbi gratia*—inglés ó galo;
Segun él, en España falta un hombre,
Y palo, mucho palo, y siempre palo,
Con lo cual el bendito se figura
Que halló la consabida cuadratura.
   Alguno observará:—«La historia enseña
En su variado y útil repertorio,
Que aquí se ha repartido tanta leña

Como produce el ancho territorio
En sus valles y montes,
Sin aclarar los negros horizontes.
Sube el tirio y desnuca al adversario
Para volver al órden necesario;
Sucédele el troyano, y ¿ le da un beso?.....
¡ Qué ha de dar !..... ¡ Garrotazo y ténte tieso !.....
Si es Cárlos siete vencedor mañana
Al liberal incauto le rebana,
Que no ha de usar un método distinto;
Desengáñese usted, don Recesvinto.
     ¡ *Falta un hombre !* ¿Un Bismark? ¿Uno que mida
La talla del que un tiempo venció en Jena
Y murió confinado en Santa Elena?.....
¡ Napoleon ! ¡ Bismark !..... ¡ Sús ! Al proscenio :
Aquel que los belenes españoles
Entienda, es todo un genio
Que tiene cuatro pares de bemoles.
Lo blanco, aquí no es blanco,
Ni lo azul es azul, turbio ni franco;
Uno y uno son dos en todas partes,
La aritmética, al ménos, lo promete;
En España, uno y uno suman siete,
Ó doce, ó quince mil; y se equivoca
El que espera que salga de la boca
De arma segura el proyectil que mata,
Pues le suele salir por la culata.
¿ Qué harás, pues, diplomático profundo,
En este singular rincon del mundo,
No obstante tu saber y astucia toda,
Con los cuales difícil es que yerres,
Si piensas *haches* y resultan *erres ?* »
     Esto es una verdad que salta al ojo,
Mas al buen Recesvinto no le atrae;

Y aunque lo vea derrengado y cojo,
De su burro no cae :
Hoy, como ayer, de enojo
Á veces, amarillo,
Repite su estribillo
Despierto y cuando sueña :
¡Aquí hace falta un hombre! y ¡leña! ¡leña!
    Con ideas tan grandes,   .
Con este original cúralo-todo,
Figúrase el que lleva un nombre godo
Que una pica, no floja, pone en Flándes.
Cualquiera pensaria
Que Recesvinto es un maton demente,
Y no se engañaria;
Porque todas las noches, consecuente
Y la parte mayor de cada dia,
Mata..... el tiempo arreglando los negocios
De España, y áun del mundo, con sus socios.
    1872.

*
* *

    No olvidaré al insigne Cacaseno,
Señor de iniciativa nada escasa,
Profeta de lo malo y de lo bueno
Y testigo y actor de cuanto pasa.
¿ Llueve?—Yo lo anuncié--dice, y respira
Dando crédito él mismo á su mentira.
Pues señor, que no llueve á tres tirones!....
¡ Es claro, si no entró en sus previsiones!
    —Baja la Bolsa, amigo don Chanchullo,
Compre papel y dobla su fortuna,
Ocasion no vendrá más oportuna,
La confianza crece, no hay barullo. --
Compra papel su amigo,
Baja y baja la Bolsa, sube el trigo,

Y Chanchullo, de quiebra amenazado,
Vende el papel de prisa,
Quedando poco ménos que en camisa,
Y exclama Cacaseno sorprendido :
—Su desdicha me aflige :
Le está bien empleado ; ¿quién se embarca
En la revuelta charca
De la Bolsa á pescar?.... Ya se lo dije :
« Chanchullo, mire usted que no respondo,
Que hay celaje siniestro y mar de fondo.»—
     ¿Escribe para el teatro,
Y aplauden la obra nueva
En que otro escritor prueba
Que dos y dos son cuatro?
Pues le pone, hecho un ascua,
Como ropa de Páscua ;
Segun él, le ha robado el pensamiento,
El gran descubrimiento
Del siglo, que ignoraba
Que un dos, con otro dos, cuatro sumaba, -
Hasta que Cacaseno, con buen sino,
Á enseñárselo vino.
     El jardin que hoy adorna la plazuela,
El edificio improvisado y bello,
El sereno que vela
Y la fuente que surte al vecindario,
Mejoras son tambien que algun plagiario
Á quien él en secreto las expuso,
Aprovechó con lamentable abuso.
¿Por recios huracanes combatida
Ayer cayó una torre ?
Sus ojos presenciaron la caida.
¿En la Puerta del Sol hubo carreras ?
Por allí cabalmente transitaba

Cacaseno al notarse las primeras.
Así, de grado en grado, va subiendo
Al *summum* de la gloria, que soñaba,
Este sér estupendo.
    1873.

* * *

    Don Bartolo de Lémus y Furriña,
Presbítero cerril, tieso, róbusto,
Capaz de dar un susto,
Si airado el ojo guiña,
Al cabo más atroz de gastadores,
Tiempo há con mil amores
Cultiva del Señor la santa viña;
Yo confieso, despues diré el motivo,
Que me hace mucha gracia este cultivo.
Los primeros cristianos
Á su modo tambien la cultivaban,
Lo mismo los ancianos
Que los que apénas la niñez dejaban.
Soldados valerosos,
Con asombro y pavor de los tiranos
El Evangelio nuevo predicaban,
Y ántes que en sangre tintas ver sus manos
En los circos de fieras
Su sangre generosa derramaban
Destrozados por tigres y panteras,
Dando así, por igual, su ardiente celo
Mártires á la fe, santos al cielo.
    El presbítero insigne aquí pintado,
Entendiendo al revés su apostolado
De paz y mansedumbre,
Seguido de su terca *poquedumbre*
Se las echa tambien de gran soldado,
Y en busca de laureles inmortales

Se va por esos trigos y andurriales.
Si un prójimo le toca una mejilla,
En vez de presentarle la pareja
Le derriba una oreja
Ó le hunde una costilla,
Y consagra al difunto un *Padre nuestro*
Cuando el golpe es maestro.
Lleva enorme trabuco
Por cruz este pedazo de Nabuco,
Hisopo que, cargado hasta la boca,
Rocia al enemigo, y no con agua,
Si no con plomo y hierro de una fragua,
Que al pobre que le toca
Le deja gana de reir muy poca.
    Á los suyos comulga
Con la hostia de sus bárbaras pasiones
En forma de proclamas y sermones,
Donde Dios y los diablos danzan juntos:
¡ Cómo serán la frase y los asuntos !
— ¡ Muchachos! — á su gente, en voz de trueno,
Dice el hombre de Dios, hecho un veneno —
La Religion y el Rey, únicos ejes
Del social artefacto,
Destruir han jurado los herejes
Unidos con Satan por cierto pacto;
Mirad, mirad los perros
Subir como demonios á estos cerros
Para cascar la liendre
Al que el amor á Dios en su alma engendre.
Yo os juro, como soy Furriña y Lémus,
Amante de la paz y la concordia,
Que los miro con gran misericordia:
Así, hermanos, *oremus*,
Y si á pesar, no obstante, sin embargo,

16

Vuelven á sus ferósticos envites,
Les daré..... y no confites:
¡Católicos, perdon si he sido largo!—
   Luégo que su oracion concluye nea,
Enjúgase el sudor que le chorrea;
Empuña en pos un espadin tiñoso,
Monta en un caballejo
Torpe, tísico, viejo,
·Y—¡Viva Dios!—exclama resoluto,—
¡Viva el Rey absoluto,
Y leña á los camuesos
Que pidan libertad y otros excesos!—
   Ved, pues, cómo el católico Furriña
Cultiva del Señor la santa viña.
   1873.

**

   El grande Hernan Cortés quemó las naves,
Accion que inmortaliza su memoria:
Á Erostrato, por causas ménos graves,
Porque diga la historia
En su eterno relato
Que hubo un tal Erostrato,
Ocurrióle una idea del demonio,
La de incendiar el templo de Diana,
Maravilla que fué de la obra humana;
No lo ignoraba, no, mas ni por esas;
Redújolo el cernícalo á pavesas.
   Erostrato se llame, ó bien Canuto,
Preciso es confesar que su alma vive,
Y vive en pleno siglo diez y nueve
En el cuerpo rüin de más de un bruto,
Que á parodiar se atreve
—Acaso no tan sólo por capricho—
La hazaña del maestro susodicho.

—Libertad, igualdad, hermanos todos,
Los francos y los godos,
Los rubios y trigueños,
Los grandes, los medianos y pequeños;—
Poco ménos ó más así se explica;
Y despues que predica,
Apóstol del progreso,
Lo que ha de hacer feliz á este planeta
En que el hombre vegeta,
Para llevar á cabo
Aquellas santas cosas, que yo alabo,
Exclama acometido de hidrofobia:
—¡Viva el petróleo y el trabuco viva!
Miéntras no se degüelle á todo cristo,
Al de abajo, al de enmedio y al de arriba,
La humanidad no marcha, ya está visto.
No hay Dios; ¿qué ha de haber Dios? ¡Bravo dislate!
¿Quién habla de familia? ¡Disparate!
¡Viva la poligamia!
¿Y qué es la propiedad? Pasto del lobo,
Infamia, infamia, infamia:
Al ladron despojemos ¡viva el robo!
Para que no haya pobres nos precisa
Al prójimo quitarle la camisa
Y cubrirnos con ella,
Ó si se quiere, desnudar á un santo
Y sobre el cuerpo de otro echar su manto.—
Este varon tan puro, tan severo,
Que no cede, vacila, ni transije,
Y á las masas exige
Con los puños cerrados y aire fiero,
No virtudes, ni seso, ni templanza,
Si no sangre y venganza;
Este liquidador patibulario,

Arcaismó ambulante,
Fósil de un gran diluvio ya distante,
Que en vez de horror á hilaridad provoca
— Tales absurdos salen de su boca —
Fuése labrando así ruidosa fama;
Pero él — dicen — que el dedo no se mama,
Si no pegó á los suyos el gran chasco
Como otros que pedian un chubasco
Y modelos son hoy de hombres formales,
Es — á jurarlo con verdad me atrevo —
Porque no le han echado rico cebo
Que sus angustias temple estomacales;
Pero dan de barato
Que será, con el tiempo, muy sensato.
    1873.

¿ Quién conoce en Madrid á Carretilla ?.....
¡ Silencio general! ¿ Quién le conoce ?
Responda el que esta dicha tenga y goce :
¿ Sigue muda la villa ?.....
Daré sus señas : Carretilla es chico
De maldiciente casta,
En cuya faz de mico
Se descubre un feroz iconoclasta,
Que en las letras ni pizca sobresale
Y jura guerra á lo que brilla y vale,
Diciendo de sus pares á la oreja :
— Sí, señor ; ¡ se ha de ver quién es Calleja!
¿ Por qué del mundo mereció respeto
Y cariño el filósofo Anacleto ?
¿ Por qué el público premia con laureles
Al dramaturgo Juan y otros *peleles* ?
La estúpida costumbre
De repetir cual loros lo que oimos

De ellos en pro los que despues vinimos,
Y el hábito de verlos en la cumbre,
Matando van, señores, .
Nuestros fueros de libre-pensadores.—
　Con estas ó palabras semejantes
Carretilla se expresa
É inflama á los amigos circunstantes,
Aporreando en el café la mesa
Donde la gran conjuracion se fragua
Entre copiosas libaciones..... de agua,
Socorrido licor de todo genio
Que ni un ochavo gana en un quinquenio.
Aun sus nervios exalta y electriza
El *veni, vidi, vici*, que soñaba
Ántes de abandonar los patrios cerros
Para emprender la literaria liza,
Figurándose — ¡iluso! — que los perros
Se ataban en Madrid con longaniza,
Y que en literatura
No existiria hoy mismo, como antaño,
Para cada ilusion un desengaño
Y la calle tambien de la amargura.
　Manos, pues, á la obra : se conviene
Ipso facto en que es de ellos cada nene
Un Calderon, un Sékspir (1), un Rioja,
Un Lutero del arte
En que estos tres derraman luz no floja;
Y fundaron *El Cíclope*, que cuenta
Al año, cuando ménos, por lectores
Sus propios redactores,
Más el regente y corrector de imprenta;

_____

(1) Escríbese en inglés : *Shakspeare.*

Éxito singular que los anima
Á seguir batallando en prosa y rima.
Excusado es decir, por muy sabido,
Que ántes de bautizar· el grande engendro
Á sus pechos nutrido,
Disputaron el título atrozmente,
Quedando finalmente
En darle uno bastante por sí solo
El orbe á estremecer de polo á polo;
La Guillotina, *El Rayo*, *El Rompe-huesos*,
El Vampiro, *El Puñal*..... y otros excesos.
    El Cíclope, por cierto nada pío,
Machaca que machaca,
Todo lo que le estorba rudo ataca;
Pero era machacar en hierro frio;
Los ídolos, con traza de inmortales,
Seguian en sus firmes pedestales,
Perenne testimonio
De que en ellos ni el óxido, ni el sarro,
Ni el papelillo aquél, hecho un demonio,
Labraban su ruina, y de que, en suma,
Ni sus piés ni su cuerpo eran de barro.
Al pié de lo que estampa allí la pluma
En líneas formidables,
Figuraban las firmas respetables
De *Fulano*, de *Yo*, de *Aquel*, de *Un Quídam*,
Y de otros dos ó tres, en consonancia
Por su notoriedad y su importancia
Con los cuatro que cito : un caballero,
El de más chispa, se firmaba *Cero*,
Y áun de éste sospechóse, sin malicia,
Que se hacia favor más que justicia.
    ¿Qué honra fué por sus iras perdonada?
¿Qué nombre ilustre en el imperio godo

No cubrieron de lodo?
¿Á qué vida privada
La voz de Carretilla, disoluto,
No disparó su pella
De cieno, salpicándole con ella?
¿El concurso aplaudia sin esfuerzo
Comedia de un autor, de quien ufana
Estar puede la escena castellana?
El público era un bárbaro, un escuerzo:
¿Mostrábase cruel ó indiferente?
Entónces era sabio y era justo;
Y entónces, ¡con qué gusto
En el ilustre autor se hincaba el diente!
Su crítica, sin ley, pauta ni norma,
No quiso hacer jamás punto redondo:
«Fulano tiene fondo, mas no forma;
»Zutano forma tiene, mas no fondo.
»¿Cómo es posible — de otro murmuraban —
»Que un ente de narices tan enormes
»Y faltas de armonía,
»Capaz sea de hacer cosas conformes
»Á lo que exige el público del dia?»
Por contraria *razon*, porque era chato
Llamaban al gran *N.* mentecato,
Y aunque no los tuviese, los chavales,
Le encontraban defectos colosales,
De mérito dejando siempre exhaustas
Sus obras, ya por pitos, ya por flautas.
  No léjos de este grupo, en que escondido
Bulle ruin gusano, como en fruto
Ántes de tiempo y de sazon podrido,
Otro grupo, modesto, generoso,
Que en el trabajo y el dolor se prueba,
Oscura larva en sotabanco ó cueva,

Tejiendo va paciente
La limpia tela de su limpia historia,
Sin escupir la frente
Que con su beso acarició la gloria:
Amor al bien y dignidad notoria
Este grupo revela;
Al primero..... azotitos, y á la escuela.
　　1873.

FIN DE GRANDEZAS DE LOS PEQUEÑOS.

LIBRO IV.

EPIGRAMAS Y LETRILLAS.

EPIGRAMAS.

El avaro Pedro Araña
Perdió un hijo militar;
Lloralo á la faz de España,
Pero por más que oro apaña
Luto no quiere comprar.
    Y áun hipócrita y astuto,
Á todo el que, con razon,
Le recuerda aquel tributo,
Suele responder:——Yo el luto
Lo llevo en el corazon.

De embajador va Marcial
Á regiones apartadas,
Y por Dios, no lo hará mal,
Pues no conoce rival
En materia de embajadas.

Á Lenguada—hombre profundo,
Segun él—en un café
Preguntó un dia José:
— ¿Cuántas partes tiene el mundo?
¿ Á que no lo sabe usté?
    —Á que sí? (dijo Lenguada,
Con presuncion rematada :)

Aire, tierra, mar y fuego.—
Y José repuso luégo,
Sin detenerse:—Y cebada.

———

Jugando á la banca, Anton
Dobló un caballo en el *gallo;*
Dijo:—¡*Entrés!*—y don Simon
Exclamó:—Yo soy caballo;—
Y le sobraba razon.

———

Queriendo vagar un dia,
Bierros, poeta novel,
Fué á visitar á Miguel,
Crítico atroz de alma fria,
Que, por tinta, gasta hiel.
    —¿Á qué debo tanto honor?—
Dijo éste, y repuso Bierros:
—Vi el tiempo tan seductor,
Que me dije: «pues señor,
Voy á echar la tarde á perros. »

———

. De un solemne bofeton
Satisfaccion pide Estrada,
Y se la da Meliton
Con una buena estocada.....
¡ No es mala satisfaccion !

———

    — ¡ Fuego ! ¡ fuego ! ¡ fuego !—brama
Navarro, viejo impaciente,
Que, constipado en la cama,
Cuando una cosa reclama
Jamás lentitud consiente.
    Corre, creyéndolo frito,
La familia de Navarro;

Mas ve, con gozo infinito,
Que lo que pide el maldito
Es fuego..... para el cigarro.

———

Tomándolo casi, Abdon
Un beso pide á Consuelo,
Y ella cede á su pasion,
Pues le da, de un bofeton,
Á besar..... el santo suelo.

———

-Describiendo bailes dados,
Hoy refiere *La verdad*
Que la señora de Estrados
Recibe á los convidados
Con mucha amabilidad.
      Lo sospeché, francamente;
Que, aunque impulsos levantiscos
Dicen que esa dama siente;
¿Ha de obsequiar á la gente
Con trancazos y mordiscos?

———

De noche, en Diciembre, y tarde,
Retirándose á su casa
Un chusco, amigo de guasa,
Llamó en la de un tal Velarde
Dispuesto á dormir sin tasa.
      —¿Qué hay?—dijo en són de reproche
Éste, ya en el balcon frio;
Y aquél:—Nada, señor mio;
Pase usted muy buena noche
Y guárdese del rocío (1).

———

(1) El pensamiento de este epigrama está tomado de un *su-cedido* que el vulgo refiere.   (*N. del A.*)

Á los piés de un mal autor
Echaron coronas tres;
Fué justicia, no favor,
Pues la obra, que hace furor,
Está escrita con los piés.

—

—Doña Tecla, la de Yecla,
Es Tecla muy singular.
—¿Por qué?—Porque es una tecla
Que no se deja tocar.

—

Andrés, cuyo lujo espanta,
Es tipo de cortesanos;
Pero sobre todo encanta
La pulcritud de sus manos.
Y esto es lo raro en Andrés,
Pues te dirá, si á él te acercas,
Que tan sólo tiéne al mes
Dos onzas..... y manos puercas.

—

Ya á favor de Rosa arguyo;
Mentí, no es tacaña Rosa;
Es mujer tan generosa
Que no tiene nada suyo.

—

El mastuerzo de Canuto
Un hijo tiene estudiante;
Él dice que es un diamante,
Y añaden otros: *en bruto.*

—

Un hombre de gran descaro
Amenazó á otro sujeto
Con revelar un secreto,
Diciendo:—Yo soy muy claro.—

Y no mintió, por mi cuenta,
Pues, aunque alguno se asombre,
Está de ayunar el hombre
Que todo se trasparenta.

———

Dijo á Pepe un tal Rodajas,
Lamentando sus lacérias:
—¿Quiere salir de miserias?
Pues no se duerma en las pajas.
—¡Oh, será mi dicha suma!
(Respondió al punto José):
Señor, regáleme usté
Unos colchones de pluma.

———

—¿Sabe usted, doña Narcisa,
Lo que dice Lúcas Huerta?
Que por él está usted muerta.
—Sí, señor; muerta.... de risa.

———

—¡Ay! ¡Ay!—repitió Garay
En sus instantes postreros,
Y alegres los herederos
Dijeron:—¡Ha dicho que hay!—
Y era verdad, pues sin dolo,
Y con testamento en mano,
Así exclamó el escribano:
—Hay..... pero deudas tan sólo.

———

Despidiéndose Bautista,
Dijo á Fernandez Lamego:
—Vaya, *adios*, hasta la vista!—
Y Fernandez era ciego.

———

Mosca me llama Verdejo,

Que del vicio está lacrado,
Porque, cual mosca pesado,
Vida mejor le aconsejo.
    Mas he de ver si le halaga
Que una vez, con cara fosca,
Le diga : — Si yo *la mosca*,
Verdejo, tú eres *la llaga*.

———

    Aceptando una cartera
El político don Luis,
Jura que hace un sacrificio;
Y es verdad..... el del país.

———

    Por casar á Irene pronto
Con Fabio, doña Esperanza,
De él la dijo en alabanza :
— No tiene pelo de tonto. —
    Mas como ya ostenta Fabio
Gran calva, respondió Irene :
— Pelo de tonto no tiene,
Pero tampoco de sabio.

———

    Con sus obras detestables
Hace Blas gemir las prensas ;
No es lo malo que ellas giman,
Sino que giman *las letras*.

———

    Al bajar Inés de un coche,
¡ Cielo santo, lo que ví !.....
Pero eres, lector, curioso,
Y no te lo he de decir.

———

    Juan el pedante, al SIMPLON,
— Que de España está lejano —

En cuanto empiece el verano
Va á hacer una expedicion.
Yo su voluntad respeto,
Pero le diria así :
—Juan, hazla dentro de tí,
Y conseguirás tu objeto.

———

De honrada cuna y brillante
Que desciende jura Blas,
Aristócrata tunante :
Cierto, desciende bastante,
No cabe descender más.

———

Que esté raso ú enemiga
Tormenta furiosa estalle,
Ha de ir Lola por la calle
Enseñando hasta la liga.
De salud quiere hacer gala,
Y en efecto, la morena
Tiene una pierna muy buena.....
El doctor dice que mala.

———

Un chato muy presumido
Llamó á un hombre *narizotas*,
Y éste dijo : —¡Ya quisieras
Tener las que á mí me sobran!

———

Un envidioso murió;
Mas, por milagro, despierto,
El saber que estaba muerto
No fué lo que más sintió.
Tampoco, si mal no arguyo,
Fué el tener nicho mezquino,
Si no el ver que el del vecino

17

Era más ancho que el suyo.

—

—¡Anda con Dios, *vida mia!*.....—
Dijo un viejo á Lola bella;
Y estaba que se moria
El pobre por causa de ella.

—

Sabe que paño le quita
El sastre Félix Montaño,
Y con todo le da paño
Fraga, para una levita.
    —¡Qué tonto (dirán) es Fraga!—
Y yo respondo:—¡Qué tuno!
Pues si paño *sisa* el uno,
El otro hechuras *no paga.*

—

Olivenza—don Cenon—
Que por ser visto y medrar
Renegó, siendo un pelgar,
Obtuvo una posicion.
    Y tan alta, que Olivenza
En breve fué, por sus artes,
Visto desde todas partes.....
Como su poca vergüenza.

—

Juan dijo al hortera Anton,
Que acababa de extender
El debe con *el haber:*
—Suma, y el líquido pon.—
    Y creyendo obrar con tino,
Puso Anton, no sin deleite:
—Dos grandes zafras de aceite
Y diez arrobas de vino.

—

Con las obras que á destajo
Da cierto mozo á la prensa,
Á su gloria erigir piensa
Un pedestal, y no bajo.
Oiga la pura verdad,
Y téngala en la memoria:
No lo erige, no, á su gloria;
Lo erige á su necedad.

———

Dijo á un astur Nicolás,
Viendo cuánto resistia
Jugar á la Lotería:
— Pon, tontu, que cogerás.—
No fueron anuncios vanos,
Pues aunque el astur perdió,
De la rabia que le dió
Cogió..... el cielo con las manos.

———

Blas, con ojos de malicia,
Un cartel mirando estaba
Que un libro nuevo anunciaba,
Titulado *La Justicia.*
Leyólo, y no dijo *amén;*
Pero al ver: *Se vende aquí,*
Torciendo el gesto, habló así:
—Y en otras partes tambien.

———

Ahora acabo de saber
Que en los thés que da Sarasa
Hace su linda mujer
Los honores de la casa.
Aunque la nueva me place,
Mi gozo será mayor
Si quien los honores hace

Consigue hacer el honor.

Hoy, tras un año corrido
Sin verlo en parte ninguna,
Á Paredes las de Muna
Dijeron : — ¡ Hola , perdido ! —
Á cuya frase Paredes,
Por causa igual, á su vez,
Respondió con sencillez :
— Las perdidas son ustedes.

Dijo Zarasas prudente :
— Si algun dia busco esposa,
He de buscarla juiciosa ,
Y *casera* especialmente. —
Y en efecto , el buen Zarasas
Á poco halló compañera
En una mujer casera ;
Es decir, *que tiene casas.*

Á Juana, que es un carton
Bien algodonado á trechos ,
Dice Evaristo Morquechos
Que de pechos vió al balcon :
No diga : « la ví *de pechos* »,
Si no : « la ví *de algodon.*»

Académico á Barbála
Han nombrado, tal se suena :
Él, está de enhorabuena ;
La lengua, de enhoramala.

Rica, soltera y jamona,
La cubana doña Emilia

—Que es la bondad en persona—
Feliz vive en Barcelona
Con dos perros por familia.
    No alteran su humor jovial
Ni desengaños, ni yerros
Que ve en el trato social:
¿Por qué la voz general
Dice que está dada á perros?

    Porque libros á buen paso
Pare el fecundo Juan Patas,
Recibe elogio no escaso;
Más fecundas son las ratas
Y nadie les hace caso.

    Es pintor, no peluquero,
Más asombra su limpieza;
Siempre á la naturaleza
Pone traje dominguero.
    Y aunque la tal no es doncel,
Aseguran—¡cosa rara!—
Que la jabona la cara
Y la afeita con pincel.

    Haz de virtudes alarde,
Yo te llamaré canalla,
Pues hieres tras la pantalla
Del anónimo cobarde;
    Confundiendo, gran pollino,
Con audacia nunca vista
La pluma del periodista
Y el puñal del asesino.

    —Te voy á romper el alma—

Dijo á un músico Fermin;
Y, en efecto, el galopin
Le rompió con mucha calma
El alma..... del violin.

———

 Piensas, por tu juicio necio,
Que he de darme á Belcebú:
¡No le pones poco precio!
Ya te contentáras tú-
Siquiera con mi desprecio.

———

 Creyó con más tino que otros
Obrar un sereno zafio,
Á las horas que cantase
Su propio nombre juntando.
 Vió, pues, el cielo sin nubes,
Y abriendo de boca un palmo,
Así se estrenó en su oficio:
— ¡Las diez en puntu..... y Ciriácu

———

 La madre de una soltera,
Que estaba en la hora del parto
Por un desliz—y era el cuarto,—
Fué á llamar á la partera.
 Quien, con frases no fingidas,
Al punto exclamó:—¡Narices!
Pues si estos son los deslices
¿Cómo serán las caidas?

———

 ¿Es un artista profundo?.....
Ignoro lo que ser puede,
Pero siempre le sucede
Lo más extraño del mundo.
 El pobre—chanzas aparte—

Al pintar, cambia los frenos,
Y hace sorbetes muy buenos
Segun las reglas del arte.

—

Con cieno escribe Liron,
Mas nadie que va presuma
Por él al vulgar monton;
Le basta mojar la pluma
En su propio corazon.

—

Refiérese que de buena,
Sin dar en redes ni lazos,
La encantadora Gimena
Se está cayendo á pedazos.
Mas nadie sospecharia
Que á caer siempre esté pronta,
Y, en vez de quejarse, ria
Y engorde como una tonta.

—

Aunque es tuerta Mariana
Del izquierdo, los vientos
Beben muchos por ella,
Que los mata á desprecios.
El mortal que la guste
Puéde, pues, sin recelo
Afirmar que la ha entrado
Por el ojo derecho.

—

Preguntando fray Modesto
Á la cándida María
Los mandamientos un dia,
Le dijo:—¿Cuál es el sexto?.....
Y ella respondió al contado,
Despues de haber discurrido:

—Padre, de puro sabido,
Confieso que lo he olvidado.

———

—No hay tonta ninguna fea,—
Á una fea un feo dijo;
Y ella:—No puede afirmarse
De algunos feos lo mismo.

———

El mérito ponderando
De un Crucifijo, un prendero
Lo anunciaba de este modo:
Se vende un Cristo soberbio.

———

Á la devota Juliana
Dióle un atrevido un beso,
Y ella castigó el exceso
Con la humildad más cristiana,
    Diciendo:—Aunque me mancilla,
Imitar quiero al Señor;
Repita usted, por favor.....
Aquí está la otra mejilla.

———

Cierto avaro empedernido
Iba mil gracias á dar
Por un favor recibido;
Mas de pronto, arrepentido,
Escribió sin vacilar:
    «Un amigo..... no, un hermano
Ha sido usté en las desgracias
Que mi pelo vuelven cano;
Por todo lo cual, Mariano,
Le doy..... novecientas gracias.»

———

Refiere *El Siglo*, que estuvo

En la *soirée* de Centellas,
Todo lo más distinguido
En artes, armas y letras.
    Yo siento decir que es bola,
Pues el *salon* de la fiesta,
Mas que salon, por lo exiguo,
Parece una ratonera.

    Vió la Academia venir
El fin de la lengua fijo,
Y:—¡Vén! (á un mozo le dijo)
Ayúdala á bien morir.—
    Á esto el mozo respondió,
Con mucha modestia, á fe:
—Á morir la ayudaré;
Á morir bien..... eso no.

    Un andaluz fanfarron
En un corrillo juraba,
Que él un hombre se tragaba
Como quien traga un piñon.
    Oyólo Antonio, que es feo
Y de mala catadura,
Y le dijo:—Señor cura,
Trágueme usté á mí, y lo creo.—
    El andaluz, sin cortarse,
Contestó:—El cura, tio Antonio,
Zabe lo zombre tragarse;
¡Pero zi ozté ez un demonio!

LETRILLAS.

I.

Pues, señor, es mucho flujo,
Lujo gasta el cortesano
Si la reina gasta lujo;
Y por ser un artesano
Más que aquéllos — va de risa —
Venderá hasta la camisa;
  Que estorninos y pardales
Todos quieren ser iguales.

Quieren dos, con ánsia ciega,
Una breva codiciada;
Méritos el uno alega,
El otro no alega nada,
Mas del ministro es sobrino,
Y éste se calza el destino;
  Que estorninos y pardales,
A mí ver, no son iguales.

Presentó un escritorzuelo
En el Príncipe un mal drama,
Que silbaron sin consuelo
Como á toro de Jarama,

Y ese tal se maravilla
De que aplaudan á Zorrilla;
Que estorninos y pardales
Todos quieren ser iguales.

La señora tiene ahora,
Y es casada, cierto trato;
Nadie toque á la señora,
Que es de vidrio su recato,
Y hable mal toda la gente
De la pobre que está enfrente;
Que estorninos y pardales,
Á mi ver, no son iguales.

La chiquilla del vecino
Áun no dice : *máma, pápa,*
Y anda en busca de padrino
Por si un novio lerdo atrapa,
Pues ha visto que otras muchas
Se casaron ya machuchas,
Y estorninos y pardales
Todos quieren ser iguales.
1843.

II. *

Llegan de *estrangis*
Vinos acá,
Que siempre cuestan
Un dineral.
Ya de Burdeos,
Ya de Champañ (1),
Dicen : «¡Qué aroma!

(1) Escríbese en frances : *Champagne.*

¡ Qué suavidad ! »
Mas si esos vinos
De aquí serán ,
Esa es harina
De otro costal.

———

Porque don Cándido
Se pone frac ,
Por hombre rico
Le hacen pasar.
Él se conforma,
Tono se da ,
Y en todas partes
Venle brillar.
Si pavo come
Ó ayuna el tal ,
Esa es harina
De otro costal.

———

Catad filósofos
Á Luis y á Juan ,
Porque son raros
Hasta en andar.
Á nadie miran ,
Con nadie van,
Hablan con énfasis,
Y visten mal.
¿ Tendrán talento ?
¡ Por Barrabás !.....
Esa es harina
De otro costal.

———

Modestia suma
Gasta Roman

Si de sí mismo
Comienza á hablar.
Esto, señores,
No es novedad:
Si así se porta
Por escuchar
Que otros le alaben
De firme, ya
Esa es harina
De otro costal.

—

Mídense hoy dia
Con un compás
Los que á las aulas
Á cursar van.
Sobresaliente
Nombran á Plá,
La misma nota
Sacan cien más.
Si hubo entre tantos
Un holgazan,
Esa es harina
De otro costal.

—

Don Bernardino
Junto á él dirá
Que no es Zorrilla
Más que un patan.
Tiene su orgullo,
No es de extrañar,
Pues hace versos
Como el que más;
Pero que todos
Valgan un real,

Esa es harina
De otro costal.

———

— ¿ Me quieres, Blasa ?
— Te quiero, Blas.
— ¿ Mucho? — Muchísimo
Y tú á mi? — Igual.
— Pues si eso es cierto.....
— ¿ Lo dudas? ¡ Ah !
— ¿ Qué he de dudarlo?
Mas.....— Ese mas.....
— ¿ Cuándo es la boda ?
¿ Cuándo? — ¡ Bah, bah !
Esa es harina
De otro costal.

———

Que de política
Quiera yo hablar,
Es una cosa
Muy natural.
Pero que venga
Cualquier Adan,
Y me eche mano
Con mucha sal
En estos tiempos
De libertad.....
Esa es harina
De otro costal.

———

Una morena
Así..... tal cual,
Me robó el alma
Tres dias há.
Pero es, señores,

Fatalidad;
Tambien las rubias,
Sin reparar,
Me gustan mucho.....
Si me las dan,
Aun siendo harina
De otro costal.
1846.

III.

No falta el médico un dia
Á tomar el pulso á Juan,
Porque sus males le dan
Dinero, si no alegría.
Pero si áun con vida estando,
Va el médico desfilando,
Y entra y sale el padre cura,
Y éste calla, aquél murmura
Al redor, sin intervalo,
            ¡Malo!

Te casaste ha dos veranos,
Y Gil, que de bueno pasa,
Permite entrar en tu casa
Al par tirios y troyanos.
Creerás que él pierde la pista,
Porque hace el corto de vista,
El cojo, el memo y el mudo;
Pero mira que es agudo,
Y si alza una vez el palo,
            ¡Malo!

Es de soldado valiente
Callar la gloria ganada

Con la punta de la espada,
Ó referirla prudente.
Mas si dice : — « Á mi presencia
« Caen las torres de Valencia;
« Yo me trago los cañones
« Lo mismo que cañamones,
« Y hasta los cielos escalo.....»
      ¡Malo!

—

Aunque en público no beba
Vino el insigne Anacleto,
Para achisparse en secreto
Eso ni quita ni prueba.
Mas no lo tomeis á risa,
Preguntadlo á su camisa;
Y si ostenta un rojo oscuro
Que resiste al jabon duro
Y tambien al jabon ralo,
      ¡Malo!
    1844.

IV.

Á gentes de poco seso
Que tragan cualquiera bola,
Un parlanchin atortola
Cuando suelta la sin-hueso.
Por sabio pasa el camueso;
Mas, á no ser muy indulgentes,
Conocen al fin las gentes,
   Que aunque se vista de seda
La mona, mona se queda.

—

Desmejorada está Anita,
Que es un serafin del cielo;

Los ojos siempre en el suelo,
Jamás del templo se quita.
Pero, con ser tan bendita,
Hay lengua desvergonzada
Que dice, viéndola hinchada:
   Aunque se vista de seda
La mona, mona se queda.

   Extraña cierto corneta,
Y es en cornetas extraño,
Que su mujer tenga ogaño
Los cascos á la jineta.
Si áun de niña fué coqueta
De padre y muy señor mio;
¡No sabe el macho cabrío,
   Que aunque se vista de seda
La mona, mona se queda?

   Á solas habla Clemente
Con su novia, que le escucha:
Entónces, con todos lucha,
Y no hay hombre más valiente.
Pero que se le presente
Allí súbito un raton,
Y veréis por qué razon
   Aunque se vista de seda
La mona, mona se queda.

   Despues de casarse Pablo,
Entre cuñadas y suegros
Hizo merienda de negros
De su capital el diablo.
Bien merecia un establo
Quien á tal chusma engordó;

18

En cuanto á parientes, vió,
  Que aunque se vista de seda
La mona, mona se queda.

———

Poco ménos que al camino
—¡Imposible me parece!—
Andaba ayer quien hoy crece
Y es bolsista de lo fino.
Exámínese con tino
Si perdió su antigua maña;
Y clamará toda España,
  Que aunque se vista de sedu
La mona, mona se queda.
  1844.

V.

  Tengo un vecino,
Caro lector,
Lo más gastrónomo,
Lo más gloton.
Este individuo
Se llama Coll,
Y es oriundo
De Mataró.
Pesará tanto
Como el cebon
Que hoy en la *Puerta*
Rifan *del Sol.*
No prueba el agua,
Ni come arroz,
Y las legumbres
Le dan horror;
Pero su buche
Llena de rom

Y otros licores
De fuerza atroz.
Por desayuno
Siempre engulló
Un par de libras
De buen jamon.
Con una polla
Le basta ó dos,
Cuando las doce
Marca el reloj.
Y de las cinco
Si escucha el són.....
¡ Aquí, escopeta,
Te quiero yo !
Fuentes y platos,
Y tenedor,
Y servilletas,
Y cucharon,
Y hasta la fonda
Que habita Coll,
Temen, no en vano,
Que este señor
Los acometa
Sin compasion.
Aunque hasta el dia
No reventó,
Yo, por si acaso,
Repito: *¡ Ay Dios!*
¡ Cuántos se mueren,
Sin tener tos !

———

Hace seis siglos
Que, sin razon,
Cesante el pobre

Frutos quedó.
Seis siglos dije;
Que á su dolor
Siglos eternos
Los años son.
 Alambre fuese
Volviendo en pos;
Piernas más gordas
Gasta un gorrion.
Polichinela
Ya por su voz
Parece..... ¡y ántes
Era un fagot!
Las telarañas
Alguien contó
Que hay en su boca,
Desierto *dock*,
En el cual no entra
Ni un cañamon
Que le recuerde
Tiempo mejor.
Tan débil anda,
Que ayer cayó
Y en la mollera
Se hizo un chichon.
Huelga su estómago
Trabajador,
Y es que el oficio
Se le olvidó.
En cambio el hambre,
Gran zapador
Que á todas horas
Grita: « *aquí estoy* »,
Con herramientas

—Y no de boj—
Mina que mina
Su complexion.
No escupe Frutos
Cosa mayor;
Nunca del pecho
Se resintió;
Yo, sin embargo,
Repito : *¡Ay, Dios!*
¡Cuántos se mueren,
Sin tener tos!

———

Con grandes ínfulas
De trovador,
Escribe coplas
Un tal Pichon,
Al agua, al viento,
Y al mar, y al sol,
Y á cuantas cosas
Hizo el Señor.
Mas lo que inflama
Su corazon,
Es Magdalena,
Moza de pro.
Aunque es la niña
Sorda á su amor,
Y calabazas
Le da en monton,
Cantando él sigue
—Porque es feroz—
Con más paciencia
Que el mismo Job.
Á ella, su lira
Suena á perol,

Á él, como trino
De ruiseñor.
Cada obra en verso
Que la endilgó,
No es canto, es una
Lamentacion,
En donde alternan
El *¡¡ah!!* y el *¡¡oh!!*
Y con el *¡¡cielos!!*
La *¡¡maldicion!!*
Ella, se rie
Del ababol,
Y engorda, engorda,
Que es un primor.
Él, como un naipe
Fino quedó,
Y más horrible
Que un caracol.
Dicen que tiene
Sano el pulmon;
Que no le pide
Calmante rob;
Yo, sin embargo,
Repito : *¡ Ay, Dios !*
¡ Cuántos se mueren
Sin tener tos !

————

Doña Etelvina
De Girasol
Treinta y tres años
Ayer cumplió.
Es mujer brava
De condicion;
De su hermosura

Se halla en la flor.
Pudo casarse,
Pero juró
Morir con palma......
¡ Qué abnegacion!
Fué un tiempo su ídolo
Walter Scott;
Ahora parece
Que es Paul de Kock.
Aprende música,
Y el profesor
De pecho afirma
Que sube al *do*.
Seis meses hace
No da leccion,
Antojos tiene,
Pierde el color,
Inapetencias
Tambien sintió,
Y se va hinchando
Como un tambor.
Su abdómen crece,
Crece veloz,
Y es un milagro
Si no estalló.
Que no está hidrópica
Jura el doctor;
Ni asno vicioso
La dió una coz,
Ni la picada
De un escorpion
Á tal efecto
Contribuyó.
Mas yo de mucho

Dudando voy,
Y á pesar de esta
Declaracion,
Por lo que ocurra
Contesto: *¡ Ay, Dios !*
¡ Cuántos se mueren
Sin tener tos !
1866.

VI.

Fabricio, es la verdad pura,
No fábula que discurro;
Yo he visto volar á un burro
Y subir á grande altura.
Es un milagro de ayer
Que observarás con frecuencia;
Ten un poco de paciencia:
¿ Juras que no puede ser ?.....
   Vivir, para ver.

———

Esa niña tan adusta,
Educada para monja,
Que en la soledad se esponja
Y de los hombres se asusta,
Dicen que dará que hacer
Muy pronto á los comadrones,
Por algunas tentaciones
Del pícaro Lucifer :
   Vivir, para ver.

———

En la tierra de Pelayo
Es ya, y á la historia apelo,
Cada actor un reyezuelo,
Cada poeta un lacayo.

Librea se han de poner
Los vates y uncirse á un yugo,
Porque les den un mendrugo
Que no se pueda roer :
    Vivir, para ver.

    El Conde aquel estirado,
Cuya fortuna fué breve,
Que siempre miró á la plebe
Con desprecio y desagrado,
Faltándole qué comer
Hoy se casa, por dinero,
Con la hija de un carnicero,
Plebeya á más no poder.
    Vivir, para ver.
1858.

VII.

    Un mal romance,
Cuatro coplejas
Piden vigilias
Al que es poeta;
Que si no emprende
Con la epopeya,
Es porque flacas
Juzga sus fuerzas.
Pero un cernícalo,
Cuya cabeza
Es una especie
De chimenea,
Que humo, y no poco
Tan sólo alberga,
Coge la pluma
Y en hora y media,
De papel fino

Gasta una resma,
Entusiasmándose
Con un poema
Que, segun dice,
Con gran modestia,
Hunde á la Iliada
Y hunde á la Eneida.
   ¡ Y anda, salero !
¡ Y anda, morena !
Tú, que no puedes,
Llévame á cuestas.

   Ayer mañana
Vi en la *Gaceta*
Los nombramientos
Que aquí se expresan :
Auditor, uno
Cuya sordera
Con la del mármol
Forma pareja.
Dos *corredores;*
Los dos cojean,
Y áun, por su culpa,
Gastan muletas,
Segun refieren
Las malas lenguas.
Vista, un cegato,
Ciego de véras
De ojos, y ciego
De inteligencia.
Y, en fin, *de España*
Grande á un babieca
Que sólo tiene
Grandes miserias,

Y grandes ganas
De salir de ellas.
¡ Y anda, salero !
¡ Y anda, morena !
Tú, que no puedes,
Llévame á cuestas.

———

Siendo realista
Rufo Calleja ,
De los más ternes
El año treinta,
Chupa que chupa,
Medra que medra
Y al són prorumpe
De una vihuela :
—— ¡ Vivan los frailes
Y las *caenas !*
¡ Paz á los blancos,
Al negro, leña ! ——
Vuelven los tornas,
Y él, con presteza ,
Canta rascando
Las mismas cuerdas :
—— ¡ Vivan los negros !
¡ Viva la Pepa ! ——
Y miéntras otros
Con sangre riegan
El árbol libre
Y ayunan miéntras ,
Él á ministro
De España llega.
¡ Y anda, salero !
¡ Y anda, morena !
Tú, que no puedes,

Llévame á cuestas.

—

Un literato
Que bebe y juega,
Pide y no paga,
Toma y no presta;
Que á su consorte
Trata á baqueta,
Zurra á los hijos,
Zurra á la suegra,
Y, en fin, no tiene
Partida buena,
Quiere en las obras
Que da á la imprenta
Que todo el mundo
Santo le crea;
Y, ejemplo dando,
Con piel de oveja
Se cubre el lobo,
Y áun se las echa
De moralista
Y anacoreta.
Por eso exclama
Su clientela:
—¡Qué guapo mozo!
¡Qué alma tan bella!—
¡Y anda, salero!
¡Y anda, morena!
Tú, que no puedes,
Llévame á cuestas.
1867.

VIII.

Viendo que su prima

La mujer de Perez
—Divorciado de ella
Como de la peste—
Puso hace seis años
Almacen de muebles ;
Que pelecha y gasta,
Come, goza y bebe,
Aunque jura y jura
Que el comercio muere,
Se metió á prendera
Con tan buena suerte
Que los parroquianos
En su tienda llueven.
Yo no sé si compra,
Yo no sé si vende,
Sé que alquila todo,
Todo lo que tiene ;
Y , por de contado,
Que estos alquileres
Y estos visitantes
Y teje-maneje
Ya le dieron fruto
Á los pocos meses.
Unos, dicen « gana » ;
Otros, dicen « pierde »,
Pierde lo que nunca
Recobrarse puede.
¿ Quién está en lo cierto ?
Yo repito siempre :
Dime con quién andas,
Te diré quién eres.

———

Poco he de contaros
Del Baron del Fénix ;

Sé que es una púa
Buena para un peine,
De estatura bajo,
Elegante, imberbe,
Ojeroso, y cara
De convaleciente.
En Lhardy de espera
Lo hallaréis perenne,
Ménos cuando intrépido
Sale á correr liebres,
Ó por la Carrera
Ó islas adyacentes.
Como las costumbres
Observar pretende, .
Sube á los palacios,
Baja á los burdeles,
Donde estudios hace
De lo que sucede,
Cuando no lo ha urdido
Su feliz caletre.
Y el honor de aquélla
Y la fama de éste,
Con su lengua de hacha
Corta, raja y hiende,
Siempre entre rufianes,
Y entre chulas siempre,
Y otros individuos
Que, en verdad, prometen:
Dime con quién andas,
Te diré quién eres.

———

Yo no la conozco,
Mas por quien no miente
Sé la vida que hace

La devota Irene.
Como el mundo es malo
Y en su red envuelve
Á las almas puras,
Bellas é inocentes,
Busca quien la ampare
Y quien la consuele
Entre aquellos cuya
Santidad trasciende,
Dando y recibiendo
Celestial deleite
En los ejercicios
Á que la someten.
Si es casada, y prole
Y marido tiene,
Otras los asistan,
Otras los contemplen;
Miren si en la olla
Los garbanzos cuecen,
Y la ropa vieja
Zurzan y remienden;
Miéntras ella es toda,
Preces y más preces,
Y éxtasis divinos
Que sus ojos tuercen,
Y á mi ver, la pintan
Admirablemente:
Dime con quién andas
Te diré quién eres.
1873.

IX.

No sé cuándo, ni quién dijo un dia:
— Los dioses se van; —

Yo á los dómines digo : — Con ellos
    Debeis emigrar; —
No hay más arte que el arte, no escrito,
De hacer á los hombres sentir y pensar.

    Don Pedancio es un pozo de ciencia,
    No lo he de negar;
Tiene fama de sábelo todo,
    Y áun más, mucho más;
Lo que ignora es el arte supremo
De hacer á los hombres sentir y pensar.

    —El cantar por receta es muy sano—
    Pedancio dirá;
Y esperando tal vez ruiseñores
    Le nace un pardal
Ignorante del arte divino
De hacer á los hombres sentir y pensar.

    Os dirá : — Dioses, Césares, Reyes,
    No un simple mortal,
Elegid para el épico alarde,
    Y un metro á la par
Que condene á modorra infalible
Y no haga á los hombres sentir y pensar.

    Cuando os hable de un himno de guerra,
    De modo bramad
Que haya ruido y más ruido, y las nueces
    Se puedan contar;
No ensayeis democrático estilo
Que á todos nos haga sentir y pensar.

    Lo sencillo á las odas no cuadra;

Ropaje les dad
De aire y niebla, á la vez naufragando,
Perdida en un mar
De palabras sin fin, una idea
Que no haga á los hombres sentir ni pensar.

———

Mucha miga y sustancia otros piden
Que tenga el cantar,
Cual si fuese embuchado extremeño
De lomo y de pan;
Pero ¿puede comida tan fuerte
Hacer á los hombres sentir ni pensar?

———

¿Cómo quieren que un pájaro vuele
Y aspire á cantar,
Si le cortan el pico y las alas
Al pobre animal?
¡Oh poeta! Sé libre, si intentas
Hacer á los hombres sentir y pensar.

———

Si comprendes el bien, la belleza,
La santa verdad,
De pedantes el yugo maldito
No sufras jamás.
¡Oh poeta! Sé libre, si quieres
Hacer á los hombres sentir y pensar.
1870.

X.

La marquesa de Pelusa,
Aristócrata española,
Afirman que es por sí sola
Capaz de poblar la Inclusa.
Y áun en su casa hijos besa

Que ciertamente ha parido,
No siendo el padre marido
De tan fecunda marquesa.
　　De acusarla nadie cuida
Por esto, de liviandad,
Que en la *buena sociedad*
Es una cosa admitida.
　　Mas una vez, sin *etcetras*,
La hija de un quidam resbala,
Y el mundo, que lo propala,
Le dice las cuatro letras.
　　No alabo de ésta los yerros,
Pero sí repito yo:
Por un perro que mató
La llamaron mata-perros.

　　Si no mienten mis informes,
Á fuerza de infamias muchas
El avaro don Gil Truchas
Hizo caudales enormes.
　　Al que de hambre se moria
Nunca le dió ni un ochavo;
De su vil riqueza esclavo,
Otro Dios no conocia.
　　La gente, airada con él,
Le puso varios apodos,
Y él se reia de todos,
Sabiéndole todo á miel.
　　Mas ya es otro el panorama;
Un dia regaló á un pobre
Cuatro monedas de cobre,
Y su esplendidez se aclama.
　　Liras oye, no cencerros,
Desde aquel dia en su pro:

Por un perro que mató
Lo llamaron mata-perros.

———

Conozco yo un buen patricio,
Género que hoy escasea,
Cuya vida por su idea
Fué un perpétuo sacrificio.
  Al contrario de otros nenes,
Y no de premios goloso,
Renuncia de su reposo
Tambien hizo y de sus bienes.
  Honrado, oscuro y modesto,
Siempre en várias coyunturas,
Las duras, no las maduras,
Lo encontraron en su puesto.
  Hubo en Madrid una gresca,
Y él quedóse como estaba;
El que entónces se estrenaba
De patriota, turron pesca.
  Y aunque sofocos ni encierros
En la vida padeció,
Por un perro que mató
Lo llamaron mata-perros.

———

El autor Pedro Canario
Es un autor de los que
Entrar suelen con buen pié
En el mundo literario.
  Las primicias de su ingenio
Tuvieron gran ovacion;
Era un Lope, un Calderon,
Era un Inarco Celenio.
  Con este salvo-conducto,
Obras juzgan admirables

Sus abortos miserables,
Y áun de su musa el eructo.
  Por alguno de igual pasta
Bien dijo el hombre que dijo:
—Fortuna te dé Dios, hijo,
Que el saber poco, te basta.
  No espere Canario puerros
En vez de laureles, no;
Por un perro que mató
Lo llamaron mata-perros.
  1873.

XI.

    En Recoletos
    Ayer estuve
    Tomando en calma
    Ciertos apuntes.
    Vi generales,
    Ministros, duques,
    Damas de rango,
    Doncellas *cursis*,
    Mas con un lujo
    Todos, que aturde
    Al que curioso
    No los estudie.
    Pasó don Cosme,
    Varon ilustre
    Que á los *ingleses*
    La sangre pudre,
    Porque le piden
    Y él no da lumbre.
    Pasó, arrastrando
    Sedas y tules,
    Con su hija Laura

Doña Virtudes,
Que sólo comen
Tristes legumbres,
Y esas las deben,
Segun se ruge.
Pechera rica
Mostraba Itúrbide;
Camisa, há tiempo
Su piel no cubre.
Yo en mi cartera,
Por esto, puse:
No es oro todo
Lo que reluce.

—

Entre otras várias
Gentes de fuste,
Pasó el banquero
Próspero Antúnez.
Los envidiosos
Decian: — Se hunde. —
Otros juraban:
—Aunque diluvie,
Y peste y guerra
Todo lo trunquen,
Tiene su casa
Cimientos útiles
Contra esas y otras
Vicisitudes.—
Yo nada dije,
Mas no hay quien dude
Que dió hace poco
Bailes no lúgubres,
Y en sus banquetes
Llenaba el buche

Más de un hambriento
Bípedo implume.
Todo era indicio
De que, en resúmen,
Iba en bonanza
Marchando el buque.
Mas hoy la quiebra
Me anuncia Nuñez
Y el suicidio
Del pobre Antúnez.
Yo en mi cartera
Pongo este apunte:
No es oro todo
Lo que reluce.

———

No he visto un hombre
Como Santurde;
Si fuese cómico
Fuera de empuje.
Mírenlo ustedes
Cuando salude;
Casi empalaga
De puro dulce.
Sus ojos rien
Vivos y azules,
Como los ojos
De los querubes.
Los de su esposa
Tambien descubren
Que vive á gusto,
Que no se aburre;
Así es que envidian
Los transeuntes
El yugo blando

Que á los dos unce.
Pero en su casa
¡ Qué negras nubes !
Es un infierno
Que huele á azufre.
Él, hecho un tigre,
Por nada gruñe ;
Pega á los gatos
Y á su Gertrúdis,
Y áun á su prole
Bárbaro tunde.
Yo en mi cartera,
Por esto, puse :
No es oro todo
Lo que reluce.

1873.

FIN DE LOS EPIGRAMAS Y LETRILLAS.

POESÍAS VÁRIAS.

Á UN MAL MÉDICO.

Doctorcillo del demonio,
¡ Huye de mí! ¡ *Vade retro!*
Antes me coja un novillo
Que verte junto á mi lecho.
  Pues aunque amable sonrias,
Temblando en tus ojos negros,
En vez de esperanzas bellas,
Horribles sentencias leo.
  Extrema-uncion con levita
Me pareces, si te encuentro;
Por eso, cuando te miro,
Me quito al punto el sombrero.
  Desde que entraste en la córte
No hay nadie que diga necio :
— Tenemos tal epidemia ; —
Si no..... — Á fulano tenemos.—
  Ni ya pregunta ninguno,
Hablando de tus enfermos :
—¿ Qué tal están? ¿ Cómo siguen?—
Si no..... —¿ Cuándo es el entierro?—
  Trabucas las medicinas,
Y hasta las partes del cuerpo;

Así son los resultados
Á tus cálculos, opuestos.
     Un dia mandaste á un pobre
Un caldo por el pescuezo,
Y á otro una lava..... (¿comprendes?)
Por donde todos comemos.
     Y siempre que tus recetas
Producen frutos perversos,
Lo pagan los asistentes
Ó los cambios atmosféricos.
     Así, al oir que murmuran,
Exclamas torciendo el gesto,
Si hace calor: —¡Los calores!—
Si hace frio: —¡Son los hielos!—
     Serán distracciones tuyas,
Mas dicen que al bello sexo
Le sueles tomar el pulso
Del tobillo por el hueso.
     Más gente has matado tú
Que toros el Chiclanero,
Y cuando enfermos no tienes
Te vas á matar el tiempo.
     Paréceste, en ocasiones,
Al director de correos,
En que pacientes despachas
Por la posta..... al cementerio.
     Nunca se te ve en las óperas,
Aunque sabe todo el pueblo
Que deliras por el arte
Que comienza en el solfeo.
     Mas lo que muchos ignoran,
Es que siempre tus conciertos
Fueron preces de difuntos
Y ayes de agonía fueron.

Los bailes que á tí te gustan,
— ¡ Vaya un gusto del infierno ! —
Son el *baile de San Vito*,
La *Tarantela* gimiendo.

Los que á tí un poco se acercan,
Por no contagiarnos luégo
Cuarentena rigorosa
Purgan en los lazaretos.

Cada letra de tus fórmulas
Es un ataque de nervios,
Un cólico cada punto,
Cada coma un dolor fiero.

Son, si aconsejas al prójimo,
Por lo malos, tus consejos,
Contribuciones directas,
Sistemas..... de los infiernos.

¿ Quién, dime, te dió el diploma,
Batalla con privilegio?
¿ Fué algun tribunal de pestes,
Ó algun tribunal de médicos ?

Huye, pues; si yo postrado
Cayere un dia, primero
Que á tí llamaré al verdugo
Y á quien sepulte mis restos.

1845.

LAS OBRAS DE MISERICORDIA.

Son catorce, y sentiria
No poderlas practicar,
Que me precio de cristiano

Tan bueno como el que más.
    Debo, segun la primera,
Los enfermos visitar,
Y juro cumplirla siempre
Con la mejor voluntad.
    Pero juzgo necesario,
Ó soy un orangutan,
Que el paciente llamar quiera
Á esta notabilidad;
    Que si he de ir yo delante,
Venga el dinero detras,
Ó me den un turroncillo
De baños ó de hospital;
    Pues que la ciencia de Hipócrates
No aprendí para ayunar,
Y ver morirse de risa
Los codos de mi gaban.
    Si faldas tiene el enfermo,
Es tanta mi caridad,
Que juro tomarle el pulso
Y no exigirle ni un real;
    Y las diversas regiones
De su cuerpo examinar,
De los piés á la cabeza,
De la frente al calcañal.

———

    Dar de comer al hambriento
Es la segunda..... ¿Quién da?
¿Tengo yo, acaso, tahona?
¿Trigo acaparé jamás?
    Desgañítense el cesante
Y el antiguo militar,
Y rabien los exclaustrados,
Y las viudas pidan pan;

Mucho más fácil me fuera
Torcer el curso del mar,
Convertir en progresista
Al autócrata Colás;
   Tener de Lope de Vega
La inmensa fecundidad,
Ó la chispa de Quevedo,
Ó de Rostchil el caudal,
   Que ser misericordioso
En este punto, pues hay
Tan espantosa gazuza,
Que en la vida se vió tal.

   Y comenzando por mí,
Temiendo estoy, voto á san,
Que mañana la patrona
Me embargue el modo de andar;
   Porque soy huésped sin renta,
Y tal mi bolsillo está,
Que pienso está más vacío
Que el Tesoro nacional.
   Ayuno tanto, que á veces,
Creo se me va á llenar
De telarañas la boca
En toda su cavidad.

—

   La tercera pasarémos,
Pues juzgo no faltará,
En el vino que se vende,
Agua al más pelafustan.

—

   Manda la cuarta — y aquí
Me ha parecido escuchar
La voz de mi zapatero
Ó el sastre de Barrabás—

Vestir al mísero prójimo
Que veamos hecho un Adan;
Mas es lo peor del cuento
Que me hallo en primer lugar.

Y temiendo estoy el dia
En que á un *inglés* sin piedad,
Le pague lo que le debo
Mi pobre espina dorsal.

Y otro el sombrero me quite,
Y éste se lleve mi frac,
Y aquél, con mis calzoncillos,
Me robe la honestidad.

———

En la quinta se dispone
Al peregrino albergar.....
¡Como no llame á otra puerta
Que la mia, fresco está!

Descanso yo en una alcoba
Tan espaciosa y capaz,
Que es una vaina, donde entro
Á manera de puñal.

Y es la cama tan mullida,
Que si á examinarse va,
Sólo comparar con ella
Podemos al pedernal.

Allá cuando canta el gallo,
Suelo á veces despertar
Con un pié junto á Vallecas
Y una mano en Alcalá.

Pues las tablas son tan frágiles
Que al ir á moverme... ¡chás!
Crujen, se rompen y bailo
Tan bien como Petipá.

———

Redimir á los cautivos
Dice la sexta; mas ¡ay!
Arrastro yo una cadena
Que bien pesará un quintal.

En el Argel de unos ojos,
De una boca en el Oran,
En cuerpo y alma cautivo
Estoy cuatro dias há.

¡Cuatro dias! y presumo
Que más constante galan
No se encuentra en estos tiempos
De Madrid á Bogotá.

No haré poco si redimo
Una deuda colosal
De café, cigarros, botas,
Y cien artículos más.

———

Por fin, nos manda la sétima
Á los muertos enterrar.....
¡Cuando se entierra á los vivos
Por un *quítese usté allá!*
Si dice un hombre : *la cosa
No va bien , porque va mal ,*
Le cazan..... lengua, detente,
Que hoy es pecado el hablar.

Entierren los pasteleros
En pasteles viejos ya,
Difuntos que un dia pueden,
Ladrando, resucitar.

Dé sepultura el avaro
En arcones de metal,
Á todos nuestros monarcas
Desde don Pelayo acá.

Entónese el *de profundis*

20

Y entierren la castidad,
Virgen, cuando Dios lo quiso,
Mártir en la época actual.
   No sé si podré cumplirla;
Mas lo que puedo afirmar
Es enterrar mis pesares
Alguna vez en Champan.

   Las corporales, son éstas,
Y pues vamos á pasar
Á las otras, dejarémos
Tambien el romance en *a*.

   ¡Enseñar al que no sabe!.....
¡ Ahí es un grano de anís !
Para ello bueno seria
Que yo fuese otro Merlin.
   Pues si digo lo que siento,
Quien más sabe por aquí
Sabe que no sabe nada
Y que es un chisgarabís.
   Miento, hay hombre que se cree
Más grande que Thiers ó Pil (1),
Porque llamó en el Congreso
Á un ministro, *zarramplin*.
   Y hay hombre que se compara
Con Calderon ó Solís,
Porque destrozó en romance
Unos Salmos de David.
   Niñas de sesenta y pico,
Que saben en fresco *Abril*

(1) Escríbese *Peel*, en inglés.

Trasformar al crudo *Invierno*
Con los polvos de carmin;
   Y tan profundas en química,
Que pudieran recibir
La borla con el abrazo,
Y áun explicar en latin.

———

   Yo daré buenos consejos
Á quien los quiera, que, al fin,
Donde no hay otra moneda
Bien se puede ésta admitir.
   Aconsejo á los ministros
Ó al Gobernador civil,
Que mande á Orates seiscientos
Poetastros de Madrid.
   Aconsejo á los gandules
Que se ponen á escribir,
Porque saben hacer letras
—Muy gallardas, eso sí,—
   Que al prójimo no persigan
Con sus versos baladís,
Que parecen granos de opio
En eso de hacer dormir;
   Y al filántropo de pega,
Que no perciba monís,
Y si ha de mirar por otros
No mire tanto por sí.
   Y aconsejo á las casadas,
Que en la doméstica lid
Sufran la cruz del marido,
Galante sea ó cerril;
   Y humildes lleven la carga,
Pues lo han prometido así,
Que el quitársela de encima

Fuera la ley infringir.
　　Y digo á los *andaluces*
Que, por salchichon de Vich,
No vendan lomo de gato
Y costillas de mastin.

———

　　En la tercera se manda
Al que yerra corregir;
Y lo veo algo difícil
En el siglo del candil.
　　Pues ya hasta los *correctores*
—Que es cuanto hay que decir—
Nos espetan cada errata
Que estremece á Chamberí.
　　Hay *cajista* que, en lugar
De poner *voy á París*,
Cuelga á Cándida un milagro,
Y me la manda *á parir;*
　　Por casta, *cesta*, y á veces
Por decir *Mehemet-Alí*,
Me meto allí, sin que nadie
Sepa dónde, ni á qué fin.

———

　　Perdonar manda la cuarta
Las injurias..... ¡ ay de mí !
La diplomacia no tengo
De Guizot ni Metternich.
　　Y es pedir peras al olmo
Que, si es un tuno, á don Gil
No le diga yo en sus barbas :
—*Usted es un puerco-espin.*—
　　Aunque con el *córte cuatro*
Me derribe la nariz ,
Ó me rompa una clavícula

Y haya una de San Quintin.

—

Salto la quinta; y la sexta,
Que es con paciencia sufrir
Flaquezas de nuestros prójimos,
Observaré por San Luis.
Y á las prójimas suplico,
Á esas de garbo gentil
Que atraen como el reclamo
Á la incauta codorniz,
Que sufran flaquezas mias,
Pues, por ser yo tan sutil,
Son las flaquezas más flacas
Entre los hijos del Cid.

—

Rogar por vivos y muertos
Mandan las Obras, por fin,
Y me conformo, pues siento
Que me canso de escribir.

1846.

_____

MIS AMORES.

Puesto que el turno inclemente
Á leer me obliga, señores,
Voy á relatar fielmente
La historia de mis amores.
Casaca anhelo completa;
Me resuelvo, estoy de saca;
Ya me aburre la chaqueta,
Ya me agarro á la casaca.
Pero, ¿y la novia?... Esto busco;

Hallarla no es imposible,
Pues si bien no soy muy chusco,
No es mi facha tan horrible.

De sus ojos una bizca
Oblícuo lanzóme un rayo,
Y por quererla una pizca
La quise..... así..... de soslayo.
   —No es tu cariño derecho—
Me dijo un dia, muy fiera,
Clavando un ojo en el techo
Al par que el otro en la estera.
   Yo, de su vista traidora
Contemplando lo torcido,
Le contesté:—Agur, señora,
Busque usted otro marido.
   No quiero ya tener trato
Con mujeres que, taimadas,
Parece miran el plato
Cuando miran las tajadas.
   Y dudo, al ver esa faz,
Si amor ese pecho encierra,
Porque un ojo dice *paz*
Y el otro amenaza *guerra.*—

En Puerto-Rico nació
La segunda novia mia,
Más gitana que el caló,
Más dulce que la arropía.
   Pero de genio tremendo,
Y al mismo tiempo tan llano
Que siempre andaba pidiendo
Como fraile franciscano.
   Yo, que no soy un Remisa,

Ni tampoco un Salamanca,
Me cargué, y más que de prisa
Renuncié á su mano blanca.

Pues confieso no me explico,
Aunque haya razon que sobre,
Cómo era de Puerto-Rico
La que estaba en puerto pobre.

Una noche, en su tertulia,
Con palabras halagüeñas
Me conquistó doña Obdulia,
Paniagua, por más señas.
—Si un día el hambre me acosa
(Dije para mi vestido)
Con permiso de mi esposa
Le manduco su apellido.—
Era mi pecho una fragua,
Y vi un porvenir lozano,
Porque, al fin, con pan y agua
Ya no se muere un cristiano.
Pedí á la novia en Segovia
Con la humildad de un cordero.....
Pero el padre de la novia
Me pidió pan y dinero.
Resuelto á suicidarme,
Le dije : — Venga un trabuco,
Aquí voy á destrozarme,
No hay remedio, me desnuco.—
Y en mi boca lo encajé,
Y ya iba el tiro á salir ;
Pero, al fin, no me maté.....
Tan sólo por no morir.

¿ Hay desdichas más atroces ?

Veo ya, segun las trazas,
Que sólo sacaré coces,
Ó á lo ménos calabazas.

Á una coja amé despues,
Mas dudar mucho me enoja
Si quien es coja de piés
Sólo será de piés coja.

Quise en pos, de un general
La viuda, nada raquítica;
Mas siempre andaba la tal
Á vueltas con la política.
Ella era firme, yo duro;
No cejaba, y con descaro,
Si ella decia: « Está oscuro »,
Yo contestaba: « Está claro. »
Gesticulaba furiosa
Ella con pico de urraca,
Y entre enojada y mimosa,
Me habló tambien de casaca.
Pero siendo la otra al uno
Opuestos en opiniones,
La dejé en tiempo oportuno
Por no andar á mojicones.
Siendo sólo su marido
— Á esto puso mala cara —
Cuando hubiese precedido
El abrazo de Vergara;
Pues nunca reina amistad
En negocios semejantes,
Si ántes no firman la paz
Las partes beligerantes.

Alta, linda y bien portada.

Fué la sexta, aunque algo seca;
Discreta..... ¡no digo nada!
Lo es ménos mi biblioteca.
　　Iba ya á casarme, pero
Me dijeron:—¡Que te ahogas!—
Era hija de un droguero.....
Y tenía muchas drogas.

　　En mi sétima conquista
— Por hallarme sin calcetas —
Prendéme de una modista
De la calle de Carretas.
　　Eso sí, moza de sal,
Limpia lo mismo que un templo;
Mas veleta, sin igual,
Presumida, sin ejemplo.
　　Con la gente que traia
Á la cola, creo yo
Que bien España podria
Poblar á Fernando Póo.
　　Más de cincuenta sofiones
Sólo por ella he sufrido;
He dado cien bofetones
Y otros cien he recibido.
　　En mi cuerpo hay mil señales
De más de un bárbaro arpegio,
Y con tantos cardenales
Parece un sacro-colegio.
　　Ella no se corregia,
Y dije: — ¡Afuera calcetas! —
Porque vi que yo andaria,
De otro modo, en calzas prietas.

　　Unas cojas, otras mancas,

Unas tuertas , otras sordas ,
Negras unas , otras blancas ,
Guapas, feas, flacas, gordas,
     He tenido más queridas
Que golosos un destino,
Más que leyes las *Partidas*,
Más que gotas de agua el vino.
     Y si no me caso al vuelo,
Por fuerza me vuelvo loco ;
Yo con nada me consuelo,
Me contento con muy poco.
     Dirán que mi genio es raro.....
Mas como encuentre una chica ,
Me uno á ella, sin reparo,
Si es bella, jóven y rica.
     1843.

———————

EL CABALLERO SIN TACHA.

     Madrid le conoce ;
Madruga á las doce,
Durmiendo, hecho un bolo,
Diez horas *tan sólo*.
Se pone la bata,
Y al criado maltrata
Con términos soeces
Y á palos á veces,
Porque este cristiano
Llamóle *temprano*.
     El criado petate
Le da chocolate

De puro Caracas,
Y leche de vacas.
Y va el peluquero,
Que, armado de acero,
Y experto en la liza,
Le afeita, le riza,
Le atusa, le soba,
Le peina y le adoba.
    Hácia él van llegando,
Gruñendo y brincando
Con gran desentono,
Tres perros y un mono;
Y el dueño excelente
Les da para el diente
De carne una presa
Y el pan de su mesa,
Que niega al mendigo
Sin casa ni abrigo.
    Despues que el mastuerzo
Le sirve un almuerzo
De pollo y ternera,
Con rico Madera
— Que nunca le falta —
Al tílbury salta;
Y no hay calle angosta
Que no cruce en posta,
Rompiendo acá un brazo
Y allá un espinazo.
    Tambien tiene citas,
Apuestas, visitas,
Ó algun desafío
Camino del rio.
En ciencias, no se hable;
Es hombre notable,

Pues todo lo ignora,
Y al mundo enamora;
Razon que le augura
Fortuna segura.
     Así que de buena
Pitanza se llena
Comiendo por cuatro,
Concurre al teatro;
Ya en él echa un sueño,
Ya pone mal ceño;
Para él son peores
Comedias y actores,
Y trajes y orquesta,
Pues todo le apesta.
     Despues que en la orgía
De noche hace dia,
Ó la honra atropella
De casta doncella,
Y un rey ó una sota
Los cuartos le agota,
El sueño le llama;
Se enrosca en la cama
Como un cocodrilo.....
Y ronca tranquilo.
          1855.

AL MAR Y OTRAS COSAS.

¡Salud, espejo del cielo,
De las pasiones imágen,
Ancha alfombra de esmeralda,

Archivo de tempestades,
  Y otras mil comparaciones
Con que te aturden los vates!
Aquí estoy..... porque he venido,
Y vine..... por antojárseme.
  No te habia visto en mi vida,
Y cuando te vi ayer tarde,
Me quedé..... como me estaba,
Ni más chico, ni más grande.
  Que aunque te admiro de véras,
Para mi es tan admirable
La hormiga de los caminos,
Ó la humilde flor del valle.
  Por eso, al verte, no siembro
Los lindes de este romance,
Ni de puntos suspensivos,
Ni de asombros garrafales.
  ¿Qué tienes, pues, que á los hombres
Les causas esparavanes?
¿Mal genio? Conozco gentes
Que lo tienen de vinagre.
  ¿Gran fondo? ¿Á qué pecho humano
Hasta hoy ha podido hallársele?
¿Mucha agua? Al vino le sobra,
Y ya no lo extraña nadie.
  ¿Inconstancia? ¡Ya quisieran
Las mujeres imitarte!
Tú al ménos has sido siempre,
En tu inconstancia, constante.
  Si es porque comes tesoros
Con apetito insaciable,
Más come cualquier gobierno
De las presentes edades.
  Así, ¡oh mar! en vano esperas

Que me altere ó que me espante,
Abriendo un palmo de boca
Y unos ojazos sin márgen.

Otros objetos me ocupan,
Que el ver desde este paraje
Olas que vienen al trote,
Olas que marchan á escape.

Hay un pedazo de playa,
—Mejor pudiera llamarse
Pedazo de paraíso,—
Que me seduce y atrae.

Por él vagan como sombras,
Pero de hueso y de carne,
Unas niñas como soles,
Iman de las voluntades.

Envueltas las miro en sábanas
Y en batas que agita el aire,
Como si fuesen banderas
De fuertes inexpugnables.

Y así debe ser, que hay ojos,
Entre aquellos ojos, tales,
Que nos matan si no miran,
Y si miran nos deshacen.

Esas, pues, niñas hermosas,
Aguardan para bañarse,
Que el sol á dormir se vaya
Y la luna se levante.

Y unas se lavan, en tanto,
Los breves piés virginales,
Que afrentan á las espumas,
Por lo blancos y lo suaves.

Y otras juegan con las conchas
Menudas y desiguales,
Que en la arena va dejando

El vaiven del oleaje.
   Ésta salta, grita aquélla,
Quién pellizquitos reparte,
Y quién cosquilla atrevida,
Que, pues les gusta, á miel sabe.
   ¡Qué risas y qué algazara!
¡Qué taparse y destaparse!
¡Qué chillidos, si se acerca
Algun hijo de su padre!
   Ya, por fin, el rubio Febo
Emigra á paso de ataque,
Y al mar se arrojan las niñas,
Que las besa al arrojarse.
   Y no contento con esto,
Tiende sus brazos amante,
Y las estrecha arrullándolas.....
¡Bien sabe lo que se hace!
   ¡Oh, quién se volviera entónces
Ciudadano de los mares!
Con ser siquiera merluza,
Ó sardina, contentárame.
   No os metais, no, mar adentro,
No os suceda algun percance,
Pues hay en él sepulturas
Y hay escollos formidables.
   Peces quizá, que, por daros
Muestras de cariño cafre,
En vez de besos dulcísimos,
Dentelladas os regalen.
   Y olas habrá que, amorosas,
Tal posesion disputándose,
Riñan entre sí con furia
Y de la orilla os arranquen.
   Id con precaucion, doncellas,

Para que el agua no os pase
De los tobillos, y luégo
Venga el *requiescant in pace.*
    Doncellas, idos con pulso,
No os metais donde no os llamen,
Que á veces un gusto breve
Dolores cuesta muy graves.
    Doncellas, medid los pasos,
Pues mejor es que os alcance
Una mirada indiscreta,
Que el que un ballenato os zampe.
    Os cercan muchos peligros,
Y es una cosa muy fácil
Que os reciba la mar vírgenes
Y os eche á la playa mártires.
    Yo, que no os pierdo de vista,
Pediré al cielo que os guarde,
Que de ese arenal enjuto
Ni media vara os separe.
    Y no temais que imprudente
Lo que descubra delate,
Que no soy de policía,
Ni lo seré, aunque me sajen.
        Playa de Castellon de la Plana, 1848.

MALA ESTRELLA Y PEOR VISTA.

No acabo nunca,
Si á hablar me pongo
Contra mi suerte;
Mas vaya un poco.

Ellas, me engañan.;
Ellos, sin coto;
Y en nada atino,
La yerro en todo.
¿ Hace buen dia?.....
Voy de jolgorio,
Y al cuarto de hora
Llueve y me mojo.
¿ Huyo del agua
Y un coche tomo?
Rómpese el eje,
Y ¡paf! al lodo.
Si quiero vino,
Lo busco moro,
Y me lo miden
Siempre católico.
De buen pescado
Siento el antojo;
¿ Pido merluza?
Me encajan cóngrio.
Quise á una gorda,
La pobre, pronto,
Quedó cual ánima
Del Purgatorio.
En un fideo
Puse los ojos,
Y á los seis meses
Era ya un bombo.
El que trabaja,
— Cuenta un filósofo —
Frutos, al cabo,
Coge sabrosos.
Yo echo les bofes,
Detesto el ocio,

21

Y cojo....., callo
Lo que yo cojo,
Que no me gusta
Ver triste al prójimo.
    Soy, por desgracia,
De vista corto,
Y así me llevo
Chascos de á fólio.
—Fulano (digo)
No prueba el mosto,
Se le conoce
Con ver su rostro.—
Y me contestan,
Que en un arroyo
Lo han encontrado
Sucio y beodo.
    Hombre que el vulgo
Llama coloso,
Se me figura,
Distante ó próximo,
Que no levanta
Más que un górgojo.
    Cuando ayer noche
Fuí á un oratorio,
Golpes de pecho
Se daba un mozo
Más demacrado
Que San Pacomio,
Siendo delicia
De los devotos.
Yo dije: — Ó peras
Dan ya los olmos
(Dios me perdone
Si me equivoco),

Ó ese es un pillo
De tomo y lomo,
De aspecto humilde
Y hechos diabólicos,
De las familias
Honradas coco;
En suma, el mismo
Don Juan Tenorio,
Con piel de oveja
Y alma de lobo. —
    Lo que á otros risa
Cáusame lloro,
Por lo que observo
Que hay en el fondo.
    Creyendo que era
Mi amigo Hipólito,
— ¡Miren ustedes
Si seré topo!—
Á su consorte
Ciego me arrojo,
Entre mis brazos
Casi la ahogo;
Y aunque, inocente,
Le di el sofoco,
Ella exclamaba:
— ¡Quite usted, mónstruo!—
    Se estrena un drama,
Bárbaro aborto
De olvido ú mofa
Digno tan sólo;
Y cuando espero
Que el auditorio
Silbe, ó se duerma
Si es generoso,

El nombre pide
Con gritos roncos,
Del que á las letras
Cubre de oprobio.
  Saludo á un sabio,
— Tal lo supongo, —
Luégo salimos
Con que es un tonto.
  Cierta mañana
Viendo á Sempronio,
Dije á un amigo:
— ¡Qué hombre tan probo!—
Y hoy lo vi atado
Codo con codo,
Porque lo ajeno
Quiso hacer propio.
  ¡Oh, qué benditos!
¡Oh, qué dichosos!.....
Tal piensa el mundo
De matrimonios,
Que por dechados
Pasan de todos.
Mas yo con esto
No me conformo,
Y hasta presumo
Que, estando solos,
Ellas ariscas,
Ellos despóticos,
Andan mil veces
Á soplamocos.
  De cuando en cuando
Voy á los toros,
Y me espeluzna
Tanto destrozo;

Miéntras el público
Brama furioso,
Porque los bichos
Se le hacen flojos.
   Vuelven algunos
La espalda al *pópulo*,
Como quien dice :
— No te conozco. —
Yo, que las cosas
Juzgo de un modo
Tal vez risible
Por lo estrambótico,
Pienso que muchas
Gentes de tono
Hoy andarian
— Sin aquel bobo,
Que de sus medros
Fué andamio sólido, —
Limpiando botas,
Comiendo bodrio.
   En fin, hagamos
Punto redondo;
Y si mis juicios
Han sido erróneos,
Causa legítima
Tengo en su abono:
Soy, por desgracia,
De vista corto.

1867.

Á ELISA

ABANDONADA POR UN CUALQUIERA.

Elisa, enjuga tu llanto,
Concede tregua á tus ánsias,
Qué si hoy un hombre te deja
Cien te buscarán mañana.

Poco ó nada con él pierdes,
Con Dios bendito se vaya,
Pues de necios y de amantes
Siempre hubo cosecha larga.

Ya sé, ya sé que el mancebo
Tiene figura gallarda,
Los negros ojos rasgados,
Breve el pié, la mano blanca.

Pero todo su atractivo
De admiracion no me embarga,
Porque bien considerado
Más tiene cualquiera estatua.

Y, vive Dios, me da pena
Que desperdicies tus lágrimas
Por quien — siendo estatua viva —
No podrá nunca apreciarlas.

Ya sé, ya sé que á su boca
Nunca faltaron *palabras*,
Y que en amor y en política
Suele vencer quien más habla.

Mas yo — con perdon sea dicho —
Opino por la contraria :
Más vale un amante mudo
Que mil amantes-urracas.

Mírate, pues, al espejo,
Y recoge esa guirnalda
De flores, que en tu arrebato
Arrojaste despechada.
  Trenza el brillante cabello,
El pié monísimo calza;
Y la mantilla española
Echando en la airosa espalda,
  Verás como á los fulgores
De tus ardientes miradas
No queda una mariposa
Que no se queme las alas.
  Á quien te diga : — ¡Te quiero! —
Respóndele : — Muchas gracias ;
Eso me dice mi madre,
Y mi madre no me engaña. —
  Á quien te enamore en verso
Despídele en prosa llana,
Que pasion en consonantes
Pasion es muy rebuscada.
  Á quien desgaste las piedras
De tu calle paseándola,
No le mires, pues de cierto
La ley de vagos le alcanza.
  Á quien sufra con paciencia
En Diciembre las escarchas
Y en Agosto los calores
Á la reja de tu casa,
  No le hagas caso..... por simple ;
Pues ninguna ley nos manda
Que cacemos pulmonías
Ó que nos pesquen tercianas.
  Si te dan algun billete,
Recíbelo..... y santas pascuas ;

Pues no hay daño en tal recibo,
Ni peligros en tal dádiva.
    Pero si exigen respuesta
Procura siempre aplazarla,
Que en el comercio de amores
Más vale *cargo* que *data.*
    ¡Áun lloras, paloma mia!
¡Áun rueda una perla clara
Por tu mejilla, que roba
Su bello color á el alba!
    Pues no aguardes á ese ingrato,
No vendrá..... ni Dios lo traiga:
¡Cuántos, como él, me recuerdan
Estas verdades amargas!
        Dijo la zorra al busto
        Despues de olerlo:
        —Tu cabeza es hermosa,
        Pero sin seso.—
        Como éste hay muchos,
        Que aunque parecen hombres
        Sólo son bustos.
    Olvídale para siempre
Si has entendido la fábula;
Olvídale, y con el tiempo
Verás que perdiendo ganas.
    Que la belleza del cuerpo,
Cuando vale poco el alma,
Es como prado sin flores,
Es como fuente sin agua.
    No se te vayan los ojos
Tras las apariencias vanas
De los vanos oropeles
Con que algunos se engalanan.
    Que bajo hermosas cortezas

Frutos amargos se guardan,
Y lo que mucho promete
Á veces suele ser nada.
    Muchos te amarán, Elisa;
¿ Quién que te ha visto no te ama?
Pero ¿ cuántos amar saben
Del mundo en la escena falsa ?
    Te dirán que eres divina,
Como la azucena cándida,
Que va la dicha contigo,
Que miel tus acentos manan;
    Que eres serafin celeste,
Con unos ojos que matan,
Con un..... *etcétera ;* ¡necios
Los que esa elocuencia gastan !
    La pasion que es verdadera,
Aquella pasion que arranca
Hondos gemidos al pecho
En la noche solitaria ;
    Aquella pasion sublime
Que nos seduce y abrasa,
Que es antídoto y veneno,
Que desespera y halaga ;
    Que muere con Abelardo
De un claustro en la horrible calma,
Que sucumbe en el desierto
Con la existencia de Atala.....
    Esa pasion no se explica
En ningun idioma ni habla ;
Sólo comprenden sus frases
Las almas privilegiadas.
    Tal es el *amor,* Elisa ;
Así no llores mudanzas
De esas pobres criaturas

Que por el mundo se arrastran.
    Tú del cielo recibiste
Con la perfeccion humana
Un vivo rayo del fuego
Con que los ángeles aman.
    ¡ Oh !..... y bien mereces que un hombre
Digno de tí á tus piés caiga,
Uno en cuya frente brille
La pureza de su alma.
    1848.

UN VISTAZO AL PRADO.

    ¡ Qué horrible verano !
    ¡ Cuál rabian los canes !
    Las casas son hornos,
    Sartenes las calles.
    En busca de fresco,
    Sudando á raudales,
    Dirígese al Prado
    Madrid por la tarde.
    Los carros del riego,
    Con agua abundante,
    Do quiera improvisan
    Lagunas y baches.
    Doncella de quince,
    Por no salpicarse,
    Remángase, y deja
    Las ligas al aire.
    Á poca distancia
    Político grave

Resbala en el lodo,
Y ¡paf! sobre él cae,
Y áun ve que la gente
Celebra el percance.
   — ¡Si no hay policía! —
Murmura un cesante.
— ¡Psit! ¡Cosas de España! —
Responde un petate,
Que ha visto..... pintados
París y Versalles.
 Y cruzan los coches,
 Y pasan á escape
Jinetes en potros
De estampa admirable;
Ó bien á remolque
De algun rocinante,
Viviente milagro
De huesos sin carne,
Que acaso en pasteles
Despues nos regalen.
El Prado convida
Con varios solaces:
Parece una feria;
No faltan chalanes.
Alumbra comercios
El gas, ambulantes,
De cintas y lazos
De sedas y encajes.
Acacias pomposas
Dan fresco agradable,
Y exhala perfumes
Su verde follaje.
Arriba y abajo,
Detras y delante

Alternan vestiglos
Con lindas deidades.

Camila se acerca,
Miradla un instante;
Decidme si Vénus
Salió de los mares
Así..... tan desnuda
De honor y de traje.

Esotra es Virtudes,
Que lenguas infames.....
¿Por qué, inocentilla,
Te fuiste á Getafe?

Hay rosas tempranas,
Hay flores que nacen;
Su aroma y matices
Los ojos atraen;
Y entre ellas se escurren,
Con miras fatales,
Reptiles que fuman,
Lagartos con fraque.
Á toda paloma
Que viene á este valle
Le sigue los pasos
Audaz gerifalte,
Que garras torcidas
Esconde en los guantes,
Ó viejo Cupido
Con cien alifafes.

Aquí se saludan :
— ¡Jesus! ¡Doña Cármen!
— ¿Pues no es Ceferina?
— ¿Qué tal? — De remate.
— Lo siento infinito;
Agur, y aliviarse.—

Allá veo un grupo
De finos amantes,
Que charlan sentados
En sillas de alambre.
Oyendo del mozo
Las férvidas frases,
Más roja se pone
La tal que un tomate,
Y áun dícele : — Mira,
Que mira mi madre. —
El rumbo observemos
De aquella elegante ;
Asombra su lujo ;
¿ De dónde le sale ?
Se suena que..... pero
Más vale callarse.
Pues la otra cuitada,
Por un miriñaque
Ayuna lo ménos
Dos meses cabales.
De un arpa, ya inútil,
Al són lamentable
Los párvulos danzan
En otro paraje,
Y saltan la cuerda,
Y juegan al ángel,
Ó entonan *al álimon*.....
¡ Edad envidiable !
En tanto, acometen
Mamones voraces
De recias nodrizas
El pecho gigante.
Petardos las cercan
De todos pelajes ;

Soldados, barberos
Y horteras audaces,
Que, al ver una falda,
Cual fósforos arden.

Y allí andan revueltos
Las letras, las artes,
Fulleros, políticos,
Lucrecias y Laïs.
Y allí se dan citas,
Y allí son las paces,
Y allí calabazas
Tambien se reparten.

Por fin, á las once
Parece que barren
Aquel delicioso
Magnífico oásis.
Comienza el desfile,
Y, aunque es algo tarde,
Las casas son hornos,
Sartenes las calles.

1861.

FÁBULAS Y MORALEJAS.

EL RICO Y EL SABIO.

Un siglo hará, murióse un opulento,
Lo enterraron, y... ¡agur! se acabó el cuento
De gusanos plagóse el cuerpo frio,
Y ya nadie se acuerda de aquel tio.
    En la siguiente aurora
Á un pobre sabio le llegó la hora,
Y del gusano vil tampoco libra,
Que el cuerpo le manduca fibra á fibra;
Quiere roer su nombre... ¡intentos vanos!
La gloria no la comen los gusanos.
    1845.

GLORIA Y GARBANZOS.

Una gallega — de Betanzos era —
Al hacer un potaje, en que se esmera,
Vió una corona de laurel — ¡qué ultraje! —
Símbolo de la gloria de Fernando,
Por el suelo rodando,
Y embocó la mitad en el potaje.

Sirviólo satisfecha al medio dia...
¡Cuál los ojos abria,
Comiéndolo, Fernando, gran poeta,
Á quien aplaude el público y respeta,
Y cuyas piernas son, gracias al hambre,
Sutiles como alambre,
Pues ni para unas sopas su bolsillo
Le daba alguna vez al pobrecillo!
   Por eso dijo con sonrisa extraña,
Su ultraje no sabiendo,
Y con ánsia engullendo:
—¡Más rico no lo come el Rey de España!—
   ¡Qué bien hizo la moza de Betanzos!
Pues refiere una historia,
Que si sola es insípida la gloria
Sabe á cielo con pan y con garbanzos.
   1845.

LA CLAVIJA, LA CUERDA
Y EL PUEBLO.

De una hermosa guitarra
Quejábase una cuerda á su clavija
Con triste voz que el corazon desgarra:
—¿Por qué me estiras tanto,
Sin reparar mi llanto
Y mi acerba congoja?
Afloja un poco, afloja,
Y con dulce sonido
Del tañedor regalaré el oido;
Pero si aprietas más, fuerza es que estalle
Y que luégo me arrojen á la calle.—

Dijo, y sin que esto nada le remuerda,
Asuste ni corrija,
Siguió apretando la feroz clavija;
Mas ¿qué sucedió al fin?... saltó la cuerda.
Tambien es cosa fija,
Que el pueblo más sufrido y más callado
Salta cuando le aprietan demasiado.
1846.

EL AMO Y EL PERRO.

En un casucho humilde
De un pobre lugarejo
Dormia un perro viejo,
Al dueño siempre fiel.
El dueño, que á dos pasos
Tambien durmiendo estaba,
Con tal furor roncaba
Que tiembla la pared.
Nada el silencio turba,
Ni el más ligero roce;
Pero á eso de las doce
De pronto se turbó.
El can se pone alerta,
La parda oreja estira,
Los ojos con que mira
Encarnizados son.
Gruñidos sordos lanza,
Y en pos de los gruñidos
Desátase en ladridos
Corriendo acá y allá.

22

Su dueño amostazado
Le riñe, le amenaza;
Mas no llevaba traza
El otro de callar.
    Y cuanto más el hombre
Regaña y se enfurece,
Más el ladrido crece
Y rabia del mastin.
Hasta que aquél, sin duda,
Tentado de los malos,
Sacúdele seis palos
Que valen por seis mil.
    El animal herido
Tan inhumanamente,
Desfallecer se siente
Y se echa en un rincon.
Despues de tal hazaña
Tornó á su cama el dueño,
É incautamente al sueño
De nuevo se entregó.
    Entónces dos ladrones
Con gran cautela entraron
Y allí le saquearon,
Sin perdonarle un real.
El perro sufrió mucho
Y fué su vida corta:
¡ Que el que mejor se porta
Pierda en el mundo más !
    1845.

LOS EXTREMOS.

Todo extremo es vicioso y á el mal lleva;
Por si alguno lo duda, ahí va la prueba.
   El triste don Raimundo
Un libro repasaba,
Cuyas líneas apénas alumbraba
De un gran velon el rayo moribundo.
Despabila el pobrete, pero en vano;
Ya no ve ni los dedos de su mano,
Hasta que, sin deleite,
Miró al velon y le faltaba aceite.
Toma entónces frenético una alcuza,
Y echa, y echa sin tiento;
Así el velon, sediento,
Más aceite sorbió que una lechuza.
   La consecuencia de esto al ojo salta,
Murió la luz ahogada y con zozobra;
Que, así como por falta,
Suele pecarse alguna vez por sobra.
   .1846.

LA JUSTICIA.

Sintiéndose un nogal ya casi muerto
Y lleno de dolores
En la mitad de un huerto,
Se dijo un dia: — Engordaré de cierto,
Si robo el jugo á las vecinas flores. —
   Su intento vil á practicar empieza,

Perdiendo á pocos dias
Las flores su belleza,
Pues todas van doblando la cabeza
Sobre el tallo gentil mustias y frias.
    Una, en cuya mirada el valor arde,
— ¡Ay (dijo) perecemos
Por tí, ladron cobarde;
Mas tú las pagarás temprano ó tarde; —
Y respondió el nogal: — Allá verémos. —
    De la gruesa raiz al tronco fuerte
Sube jugo abundante
Que libra de la muerte
Y presta bríos al nogal gigante,
Insufrible de orgullo con su suerte.
    Viéndolo un dia el dueño tan robusto,
Clamó, desarrugando
El ceño, que era adusto:
— Mañana mismo derribarle mando
Para hacer una cómoda á mi gusto.—
    Pasó, no obstante, un año, y ya tranquilo
Descansaba el nogal, cuando á él avanza
Un hombre con un hacha, cuyo filo
Cortó á su vida el hilo:
Tarde ó temprano la justicia alcanza.
  1855.

DON HORMIGO Y SU HIJA.

    El padre de una hormiga— don Hormigo -
Acérrimo enemigo
De toda ocupacion pesada ó leve,
— ¡Cuánto hay de esto en el siglo diecinueve!

Mandaba trabajar más que podia
Á la hija que tenía,
Miéntras él, de una en otra comilona,
Se pasaba una vida regalona.
    La hormiga se quejaba,
Pero la pobre nada adelantaba;
Y cuanto más remaba dia y noche,
Tanto más de su padre era el derroche.
 Ya una vez se atrevió á decir al viejo:
—Señor, mirad que perderé el pellejo,
Pues con las cargas que al granero bajo
No podria un robusto escarabajo.
¡Ay de mí, desdichada!
¡Ya nada os satisface, nada, nada!
Antes, sólo traia
Un grano de cebada
En cada viaje que al rastrojo hacia;
Ahora, dos acarreo; carga suma
Que me rinde, me abruma;
Ya mandais que sean tres, con voz que aterra,
Y esto dará, señor, conmigo en tierra.—
    Don Hormigo, al oir tales razones,
Exclamó:—¿Cómo es eso? ¿qué me dices?
Vé, pues, aunque te rompas las narices,
Ó te sacudo un par de puntillones.
La triste hormiga obedeció llorando;
Mas ¡ay! que al ir á casa regresando,
Bajo el peso cruel que la sofoca
Reventó echando sangre por la boca.
    Tenga siempre el que manda esto presente:
Á la nacion más rica y floreciente,
Si con pesadas cargas se la hostiga,
Le pasará lo mismo que á la hormiga.
    1846.

EL LOBO Y LOS PERROS MUERTOS.

Víctimas de la peste
        Que hubo en un pueblo,
Murieron cierta noche
        Más de cien perros.
Fuese allá un lobo,
Y á no pasar de prisa
        Los zampa todos.

Si levantado hubieran
        Ellos la frente;
¿Qué hubiera sido al punto
        De aquel aleve?
Aplica el caso:
Para un pueblo cadáver
        Basta un tirano.
1850.

LAS GOTAS DE AGUA.

El mar embravecido
        La orilla azota,
Lanzando sobre un árbol
        Miles de gotas;
Que al suelo llegan
Del aire al soplo leve
        Todas deshechas.

Ayer, al mar unidas,
        ¡Cuán formidables!

Hoy, al mar no sujetas,
Deshechas caen.
Si union les falta,
Los partidos más fuertes
Son gotas de agua.
1843.

NO FIARSE DE APARIENCIAS.

Un niño de cara astuta,
Bellísimo, sin disputa,
Y por lo blanco un armiño,
Maltratar quiso á otro niño
Cuyo semblante se inmuta.
Fué el caso, que del jardin,
El ayo, con sabio fin,
Dió al más feo la manzana
Al parecer más lozana,
Y al más guapo la más ruin.
Éste, envidioso, porfia;
Y el ayo, que los oia,
Entregó con faz gozosa
Al guapo la más hermosa
Por la fea que tenía.
Sin despojarla de piel,
Á su hambre cada uno fiel,
En la suya el diente clava;
Cual hiel la hermosa amargaba;
La ruin era pura miel.
Á poco, el de la pendencia
Lloró oyendo esta sentencia

Del ayo, severo y frio:
—*Muchas veces, hijo mio,*
Nos engaña la apariencia.
1852.

MANÍAS.

Cierto infeliz maniaco
Estaba junto á un rio
Tomando el sol de estío
En rara ocupacion.
Ya una criba metiendo,
Ya la criba sacando,
El agua iba cribando
Con entusiasmo atroz.
El agua, que sin dique
Por una parte entraba,
Por otra se colaba
Como era natural.
Pero él, cuando más pura
Y limpia la creia,
El ademan hacia
De echarla en un costal.
Asi pasó cien siestas
Sin conocer su yerro,
Sudando como un perro
Cansado de correr.
Al fin, viéndole un dia,
Le dijo un transeunte:
—Permita le pregunte:
¿Qué oficio es el de usted?

—Mi oficio es cribar agua.
—¡Vaya un hermoso oficio!
Usté ha perdido el juicio
(El otro replicó).
Eso es gastar el tiempo
Buscando un imposible,
Y es cosa muy sensible
Pudiendo usté servir
Para coser zapatos
Ó acarrear sarmiento.
    Aplícate este cuento,
Escritorcillo ruin.
        1842.

LAS DOS TORRES.

    Una torre elevada y altanera
Á otra humilde, y en parte destruida,
Insultaba cruel de esta manera :
—Vecina, por mi vida,
Has hecho brava suerte,
Pues no bien construida
Ya te amenazan síntomas de muerte.
¿Mas qué ha de suceder á quien no cuenta
Una fortuna, como yo, opulenta?
Que yo, de noble clase,
Que yo, asentada sobre firme base,
Yo, sólida y hermosa,
Al tiempo desafie..... ¡es otra cosa!
¡Pero tú!..... ¡ja! ¡ja! ¡ja! ¡pobre hija mia!
Tu suerte aciaga el corazon me parte;

Mas ya que no me es dado consolarte,
Permíteme, á lo ménos, que me ria.—
　Y en pos soltó, sin compasion ni duelo,
Tal carcajada, que se oyó en el cielo.
　La otra, á quien nadie en su afliccion socorre,
Apénas responder pudo á la torre:
—Celebra, pues te halaga la fortuna
Sin lágrimas ni penas,
Las desgracias ajenas,
Y la mia, que es negra cual ninguna;
Mas ten por entendido
Que torres muy soberbias han caido.—
　Dijo la pobre, y encogióse de hombros,
Cuando estallando un huracan violento,
Arrancó á su enemiga del cimiento
Y su grandeza convirtió en escombros.
　Tú, que vives feliz, rico y contento,
No atormentes á nadie en su caida,
Que hay muchos huracanes en la vida.
　1852.

QUIEN MÁS SUBE, MÁS SE EXPONE.

　Subió un muchacho á un álamo crecido,
Y otros dos desde abajo se burlaban,
Porque al chico miraban
De elevarse hasta el fin arrepentido.
Bajó, pues, el primero avergonzado,
Y el segundo, más ágil, más osado,
Como ligera pluma
Trepó más alto con presteza suma;

Pero al poner el pié en una aspereza,
Resbalóse y cayó — por maravilla,
Sin romperse siquiera una costilla —
Tambien con gran presteza.
    Entónces el tercero,
De intrepidez mayor haciendo alardes,
Trató al uno y al otro de cobardes
En tono pendenciero,
Y dijo, aligerándose de ropa:
—Me reiré de los dos desde la copa.—
    La ambicion del rapaz cumplióse al cabo;
De vanidad henchido como un pavo
Á la cima del árbol se encarama;
Pero á tan débil rama asirse quiso,
Que desgarró la rama,
Y exhalando en el aire un grito ronco,
Se estrelló de improviso
La desnuda cabeza contra un tronco,
Perdiendo al punto el infeliz su vida:
Tema, quien mucho sube, una caida.
    1846.

FIN DE LAS POESÍAS VÁRIAS, FÁBULAS
Y MORALEJAS.

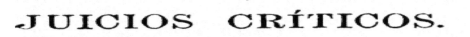

JUICIOS CRÍTICOS.

SÁTIRAS.

La primera edicion de las *Sátiras*, publicada en Alicante al comenzar el año 1849, contenia doce composiciones en tercetos endecasílabos, cinco de las cuales no figuran en el presente volúmen. Los motivos de esta omision han sido : uno, segun digo en la página xv del Prólogo, la falta de tiempo para corregir debidamente las poesías suprimidas ; y otro, las oportunísimas observaciones que, mezcladas con elogios no escasos, hizo, particularmente respecto de una de ellas y versos de algunas otras, bajo el pseudónimo de EL BACHILLER SANSON CARRASCO, mi siempre llorado amigo Francisco Zea, con su sinceridad característica, y con aquel exquisito gusto, que ya en su breve y dolorosa vida revelaban en él un consumado hablista, un gran poeta y un crítico de primer órden. Dócil yo á sus insinuaciones, que siempre me parecieron acertadas, no sólo he suprimido aquella sátira, si no cuatro más, corrigiendo en las restantes de la primera edicion varios defectos, que ó él no vió, ó no quiso ver su fraternal cariño al autor de la obra. Habiendo, pues, desaparecido los fundamentos de la crítica de Zea, su reproduccion en este lugar sería ociosa.

Muchos otros artículos laudatorios de los que se escribieron acerca de las *Sátiras* llegaron á mis manos ; pero el extravío del paquete que los contenia, al regresar yo de Alicante á Madrid, me impide reproducir aquí algunos de ellos. Solamente conservo, entre otros papeles, cuyo

arreglo hace más de treinta años estoy dejando *para
mañana*, unos cuantos *sueltos*, así de periódicos de la córte
como de provincias, y la mitad, ó sea la primera parte
del artículo dedicado al libro en el *Avisador de Algeciras*,
correspondiente al dia 22 de Agosto de 1849, por el jóven
escritor D. Antonio Arias Calvente, á quien yo no conocia,
y de quien no he vuelto á tener noticia desde aquel tiem-
po, en que solia honrar con sus producciones las columnas
del semanario titulado *Los Hijos de Eva*, que con Don
Agustin Mendía, mi compañero de destierro, publicaba
yo en Alicante.

Hé aquí cómo se expresaba el escritor nombrado:

I.

Uno de los nombres con que más legítimamente se en-
vanece nuestra moderna literatura, es el del autor de las
poesías que hoy anunciamos. Dotado de una imaginacion
ardiente y muy fecunda, el Sr. Ruiz Aguilera, apreciabi-
lísimo escritor en todos géneros, ha recogido preciosos
laureles en todos ellos, durante su gloriosa carrera, y no
poco han contribuido á sus merecidos triunfos los dos to-
mos de *poesías* que ha publicado recientemente en Ali-
cante. De uno de ellos, los ECOS NACIONALES, nos ocu-
pamos ligeramente en uno de nuestros anteriores núme-
ros: sobre el otro vamos á apuntar algunas breves reflexio-
nes, remitiéndonos, por lo tocante á su mérito literario, á
los ejemplos que presentarémos.

La *Sátira* es acaso el género más difícil y uno de los
más bellos de la poesía, teniendo ademas un objeto moral
que la hace tan útil como el apólogo. La dificultad de su
composicion pruébalo el pequeño número de escritores que
en ella han sobresalido, y la escasa cantidad que hoy ad-
miramos perfectas, entre las muchas que han visto la luz
desde los tiempos de Horacio hasta nuestros dias. Por lo
que toca á su belleza y á la utilidad de su objeto, se hallan
suficientemente probadas por el tributo de admiracion

rendido por los hombres sabios de todos los países á las pocas que, decimos, han tocado los límites de la debida perfeccion, y omitirémos por tanto el encarecerlas.

España es, sin disputa, de las naciones modernas, la que más ricos y abundantes frutos puede presentar en este ramo de literatura: semejante asercion no podria ser desmentida ni áun por el autor inmortal del *Facistol*, injusto, como todos los de su nacion, al hablar de nuestras glorias. Los nombres de Quevedo, Argensola, Jovellanos y bastantes otros que pudiéramos agregarles, son títulos poderosos que podrémos alegar cada vez que se trate de negar nuestra supremacía sobre los Parnasos extranjeros en el género favorito de los Persios y Juvenales. Faltábanos, empero, una *coleccion* completa y *exclusiva* de *Sátiras*, como las teníamos en abundancia, de todas las demas clases de poesías, y el Sr. Ruiz Aguilera se ha encargado de suplir esta falta. Mucho debe la literatura á tan estimable poeta.

Ninguno, en efecto, podia llevar á cabo empresa de tan difícil monta, mejor que el que con tanto acierto la ha desempeñado. Gracia natural, espíritu filosófico, erudicion exquisita y perfecto conocimiento del idioma en que se escribe, son las dotes indispensables de un buen poeta satírico, y todas concurren abundantemente en el Sr. Ruiz Aguilera, cuya facilidad y agudeza en el género festivo sólo son comparables con la grandeza y sin igual ternura que desplega en los asuntos majestuosos y elegíacos. Á él se pueden aplicar con mucha justicia los dos versos que estampa Lope de Vega en el *Laurel de Apolo*, hablando de D. Francisco Gomez de Quevedo:

> Espíritu agudísimo y suave,
> Dulce en las burlas y en las véras grave;

y á fe que no se ofenderia de esta aplicacion el ilustre ingenio á quien fueron dedicados.

La coleccion de *Sátiras* que tenemos á la vista es de lo más notable y sobresaliente que hasta ahora en tal género se ha escrito. Cada una de ellas es una obra distinta, y esto prueba lo fecundo del ingenio de su autor, que jamas se repite de unaà en otras, cosa que casi parece imposible y que forma uno de los mayores méritos de la *Coleccion*. Castizo es el lenguaje, poética la elocucion, y ricos, fáciles y armoniosos los versos de todas estas *Sátiras;* claro y excelente su objeto moral; preciosos por su agudeza los rasgos originales en que abundan. Partidario, á lo que se ve, del saludable eclecticismo que tiende á unir las escuelas llamadas *clásica* y *romántica*, entresacando un género nuevo, rico con las bellezas de entrambas, y libre de los defectos de una y otra, el Sr. Ruiz Aguilera ha sacado mucho provecho de la lectura de los satíricos clásicos, no apartándose de ellos, sino en la parte ya más perfeccionada por el buen gusto moderno, que ha inspirado al autor nuevos y muy hermosos rasgos.

LA ARCADIA MODERNA.

Cuando sentados en los duros bancos del colegio leiamos, llenos de fastidio, las enojosas páginas de la retórica, sólo un deleite suavizaba la ruda tarea de clasificar y reducir á clara nomenclatura el inmenso fárrago de figuras, tropos, reglas, corolarios y advertencias que constituyen aquel indigesto catecismo de la ortodoxia literaria. Todos los que más ó ménos tiempo hayan estado sujetos al potro de la retórica, habrán tenido por único consuelo de su afan aquella parte del libro en que, expuestas ya las reglas, y cansado tambien el autor de los trasudores y congojas que causa la legislacion poética, se permite descender á la práctica, y expone los sistemas de versificacion, las categorías, clases y familias del metro, nós presenta ejemplos de los géneros literarios, de las estrofas, de las medidas, de los errores y bellezas, de la virtud y el pecado. Este sistema de moralizacion literaria por el ejemplo produce saludables efectos.

Entónces recorremos con curiosidad entusiasta el pequeño Parnaso, que, más bien que un apéndice del libro, es para nosotros un necesario complemento. Nos deleitamos en la lectura de los modelos académicos que se ofrecen á nuestra inocente contemplacion, y con la fe propia de la edad rendimos ferviente culto á aquellos ídolos que la autoridad nos impone y ante los cuales deponemos humildes nuestra flaca razon.

¡Qué infantil entusiasmo! ¡Qué adhesion sistemática ó irreflexiva! Llenos de misticismo literario, fanáticos con inocencia, prosélitos con fervor, nos identificamos con aquella poesía, volamos con las tórtolas de Francisco de la Torre, aspiramos los deliciosos tomillos de Melendez, bebemos en las claras fuentes de Villegas, enarbolamos el cincelado tirso de Boscan, bebemos en la copa de Anacreonte, triscamos còn la ternerilla y la mansa cordera de Jáuregui, y á cada són de la terrible campana reglamentaria del colegio nos parece oir el clásico cencerro de las cabras de Melampo ó de las ovejuelas de Batilo.

Despues pasa el tiempo, llega el fin de curso, los exámenes: nuevos estudios nos ocupan, le ponen á uno en la mano un abultado tomo de física, un grueso volúmen de lógica y un manual de química. ¡Adios idilios candorosos, églogas honestas é inocentes! ¡Adios regodeo pastoril, y bandurria y cencerro sonoro! ¡Oh dulces prendas!..... Desapareció el otero, el césped florido, el honesto triscar, el sabroso departir, el discreto juego, el cadencioso sonar de rabeles y panderetas. Encenagóse con los precipitados químicos el manso arroyuelo que esmalta la pradera; las esmeraldas y rubís del césped florido se desvanecen ante la aridez del silogismo; tras del recental jugueton viene el análisis fisiológico; truécase el cayado en palanca cua-

jada de proporciones y números; se disuelve la cancion
bucólica en un mar de fórmulas, y en vez de cantos, en-
dechas y conceptuosos madrigales, la ingrata y áspera
musa del arte lógico pone tan sólo en nuestra boca, delei-
tada aún con los antiguos dulzores, la amarga estrofa del
ejercicio dialéctico : *Bárbara, Celarent, Darii, Ferio, Ba-
ralipton.*

o°o

¡Cuántas ilusiones desvanecidas! Despues adquirimos
reflexion y cordura. Tal vez nuestras inclinaciones nos lle-
van otra vez al campo literario; pero al entrar en él con
la arrogancia del bachiller, encontramos otra decoracion,
otro suelo, árboles más robustos, aguas más turbias, ho-
rizontes más extendidos, paisajes más animados y pinto-
rescos. Entónces el arte bucólico, de que ántes fuimos sin-
ceros apasionados, se nos presenta con toda su falsedad y
extraños oropeles. Adquirimos exacta nocion de lo bello, y
desterramos lo convencional; se despierta en nosotros el
puro sentimiento de la naturaleza, ajeno ya á toda siste-
mática falsificacion.

El arte bucólico del siglo XVI, arte propiamente infantil,
desarrollado en un período de verdadera juventud para las
letras, patrocinado por el platonismo italiano, de una par-
te, y por la retórica tambien italiana, inspirado en el estu-
dio de lo antiguo, obra colosal del siglo precedente, cons-
tituye un sistema poético falso á todas luces y puramente
convencional. No responde, como otros géneros, á ninguna
razon histórica ni social. Aislada, sin vida propia, ilumi-
nando por reflejo como la luna, la poesía pastoral aparece
en España con Boscan y Garcilaso. Tiene numerosos pro-
sélitos, sí; pero ni adquiere robustez, ni tiene trascenden-
cia de ninguna clase. Hace importantes servicios á las le-
tras, porque cultivada por autores de ingenio, establece
un método de versificacion, depura la lengua, autoriza y
da fijeza á una porcion de locuciones poéticas; pero nada
más.

Como el sentimiento de la naturaleza en que se funda es

extraviado y falso, resulta que este género no tiene los ca-
ractéres de invariabilidad y fijeza que tiene el drama
español Calderoniano por ejemplo, fundado en un ver-
dadero y exactísimo sentimiento de la humanidad.

Hoy, las tentativas de los pocos poetas que beben las
amargas aguas de la Castalia moderna son infructuosas
para darle vida. El tosco espectáculo, la rústica y grosera
catadura de los Anfrisos del dia, quitan al más aficionado
á lucubraciones pastoriles los deseos de soplar la envejeci-
da gaita del amable Garcilaso.

No: ya los poetas no pierden el tiempo — que tambien
es oro entre poetas — en rumiar la insípida hierba de aque-
llos céspedes aljofarados. Nuevos y más bellos espectácu-
los se presentan á su contemplacion, elementos más fe-
cundos reclaman el lento trabajo de su fantasía, y les pre-
ocupan y afectan fenómenos morales de más trascenden-
cia y aplicacion á la vida, que las cuitas de una pastora y
las impertinencias platónicas de un cabrero. Y si alguna
vez los poetas modernos se resuelven á dejar la ciudad
bulliciosa y el mundo compacto y múltiple de las capita-
les, buscan la naturaleza en su más sencilla y primitiva
expresion, desnuda de artificios, limpia de retórica.

En ella verán como excrescencias, como líquenes inme-
diatamente adheridos, los hijos inseparables y pegados
siempre á la fecunda madre, sencillos como ella, rústicos,
primitivos, esencialmente naturales, unidos á ella por la
tierra, por el barro y el musgo, que parece ser la sustan-
cia elemental de la madre y del hijo; verá al labriego y al
pastor, rústicos, brutales, incultos de cuerpo y de espíri-
tu. Su lenguaje es bárbaro, su razonar torpe, sus apetitos
ciegos y sin freno, su sentimiento sencillo, pero rara vez
expresado en claros ni graciosos términos. Si el poeta
quiere retratar lo que ve, no recelará, como algunos espíri-
tus tímidos y extraviados á la vez, envilecer su musa, ni
degradar su procedimiento poético. Siendo real, no dejará
de ser poeta. Descendiendo de la serena region del idea-

lismo, no se verá obligado á ser grosero. Su inspiracion, léjos de padecer extravío, adquirirá robustez, porque alimentándose con las puras emanaciones de la verdad, se completará con ella, con esa verdad que los poetas temen alguna vez; pero que es indispensable mitad de la poesía.

Pocos habrán penetrado tan rectamente como D. Ventura Ruiz Aguilera ese armonioso y sagrado consorcio de la verdad y la belleza. Ni al ser realista en los *Ecos nacionales*, ni al ser humorista en la *Arcadia moderna*, ha dejado de ser poeta eminente, al mismo tiempo que heria con singular delicadeza y exquisita ternura la más sonora fibra del sentimiento humano en las *Elegías*.

El libro que ofrece hoy á sus innumerables admiradores nos muestra una nueva faz de su vário númen y riquísima fantasía, nos señala una nueva manifestacion de los medios poéticos de que dispone. Rico en inventiva, apasionado y tierno en sentimiento, enérgico y conceptuoso en la frase, gráfico y siempre correcto en la expresion, Aguilera nos demuestra en su *Edad de oro*, ademas de estas cualidades, elegante causticidad, discreta malicia, jovial aticismo, humor sereno y afable, sátira noble y decorosa.

Su humorismo no es hijo de prematuros y punzantes desengaños, ni se expresa en tono amargo ni atrabiliario. Es esa picante sonrisa del bondadoso Sterne, que declama contra las miserias y fealdades de la humanidad, mas por el filantrópico deseo de corregirlas, que por el mero deseo de censurarlas.

De las cinco composiciones que forman *La Arcadia moderna*, la más directamente encaminada á patentizar lo absurdo del mundo pastoril, la más chispeante de gracejo y vivo dialogar, es la titulada *Pastores al natural*, que empieza: *Largo, flacucho, de color de muerto*. Aquí la humanidad campesina aparece con toda la desnudez de sus incultos hábitos, con todo el desaliño de sus poco poéticas personas, y expresándose en su propio lenguaje.

El feroz Mamerto, el salvaje Canuto, el ridículo Zancaslargas, y sobre todo la Amarílis de la compañía, la fosca, barbuda y roñosa Nicolasa, son tipos dibujados con admirable verdad, tan individuales y característicos, que permanecen en la memoria del lector como esas fisonomías de los deformes enanos y pequeños monstruos del gran Velazquez, cuya imágen de tal modo se graba en nuestra mente, que más bien que creaciones de un arte sublime, parecen personajes de la vida, á quienes hemos visto y tratado.

Magistral por la concepcion y la forma es tambien la composicion titulada *Otra edad de oro*, en la cual el poeta coloca al lado de la «venturosa edad y siglos dichosos» el período de hierro ú oxidado zinc que simboliza los tiempos modernos. Se observa en esta obra el singular contraste que forman nuestros hábitos y nuestra sociedad con aquella era feliz que existe tan sólo en las acuarelas del siglo pasado, en las porcelanas de Sévres, en los relamidos cuadros de Watteau y en los paisajes romancescos de Nicolás Poussin.

Comparad aquellas confusas nociones de la propiedad, aquel socialismo feliz, con las prolijas teorías de lo *tuyo* y lo *mio* tan opuestas hoy al plato comun de aquellos dias, y, sobre todo, á aquel indigesto comer de bellotas; comparad la penetracion y astucia de hoy con la inocencia de entónces, el uso de terribles armas que hoy impera con aquella paz octaviana, en que

> Toda garra y colmillo se escondia,
> Ya fuera diplomacia ó cortesia,
> Como esconde sus uñas un tunante
> Bajo la piel hipócrita del guante.

En la composicion *Percances de la vida*, aparecen tres escépticos de brocha gorda, Pinini, Juan Lanas y Caniyitas, vividores impertinentes, que en el rio revuelto del mundo aspiran á pescar una ganga matrimonial, un empleo ú otra prebenda cualquiera. Laméntanse, miéntras tienden la caña sobre las sucias aguas del arroyo «ex-cristalino», de los infinitos sinsabores y disgustos que respectivamente han sentido á consecuencia de sus infructuosas pesquisas en busca de la fortuna. El uno, maldice los síncopes de doña Tula ; el otró, cuenta las impertinencias y despilfarros de la de Segovia ; y Cauiyitas, profundo filósofo, resume el pensamiento de los dos cándidos pescadorcillos en una concisa disertacion sobre la virtud, eu que sienta el exacto principio de su secta esencialmente conservadora y estomacal. Nobleza, virtud y hermosura, son, segun él, cosas excelentes y de gran estimacion ;

> Sin embargo,
> Hacen el caldo del puchero amargo,
> Y por ellas no fian ni cominos
> En ningun almacen de ultramárinos.

Como complemento de este egoismo urbano, de esta cínica malicia, que tiene por teatro la ciudad, vemos la proterva rudeza, la grosera hipocresía y la sordidez de la aldea en el idilio campesino *Detras de la cruz el diablo.* Los vicios de la ciudad, refinados y cultos, son perniciosos y repugnantes; pero en el campo, la brutalidad y la sencillez los hacen más graves, porque la falta de luz y ciencia se opone á la reaccion y al correctivo.

El hipócrita de la ciudad es un sér repulsivo, y más ridículo que terrible ; pero el del campo, personificado por el Sr. Aguilera en la sombría figura de *Inocente,* es un sér tan bruscamente malvado, de perversidad tan cruda, que hace comprender á qué grado de extravío llega el corazon humano cuando á los errados instintos se añade la falta de cultura.

¡Y anatematizan la ciudad los que áun sueñan con la apacible tranquilidad doméstica y social del campo ! ¡Oh, si la ciudad es mala, el campo es peor! Desechad la ridícula farsa poética del «tranquilo hogar», do la «feliz cabaña», de la «inalterable paz campesina.» Á toda esa impertinente retórica os contestarán con elocuencia la estadística criminal y el *Inocente* del Sr. Aguilera.

o^oo

En los *Mayorazgos* hallamos la sátira ingeniosa de una antigua preocupacion, de antiguo muy arraigada en nuestras costumbres, y al mismo tiempo solemnemente consignada en nuestras leyes. El diálogo cómico de Cástor y Pólux, disputándose el derecho de primogenitura dentro del *Cosmos femenino interno*, basta á poner de manifiesto lo absurdo de un sistema sobre el cual podrian disertar largamente filósofos y juristas, sin llegar á una solucion satisfactoria.

Tambien profundamente realista la composicion *Gangas de la época*, censura con mucho gracejo la educacion que hoy se da á las señoritas, y nada hay más chistoso que la desilusion del buen provinciano, que habiéndose enamorado de su ídolo en la Castellana, se lamenta despues hallando una *tonta de capirote* en la que se le figuró

Vénus encantadora
Saliendo de la espuma en mar tranquilo,
Que la levanta en vilo;
Diana, la cazadora,
Cruzando de los bosques la maleza,
Digna rival de Vénus en belleza.

Pero una enumeracion prolija y enojosa de cada una de las partes del libro no basta, ni con mucho, á dar una idea aproximada de su extraordinario mérito. Los que aman las cosas bellas y no han extragado su gusto con la lectura de los ridículos engendros que en la novela, en la poesía y en el teatro lastiman hoy el sentido comun y el decoro literario, encontrarán sin igual deleite en la *Arcadia moderna*, libro de amenísimo entretenimiento, que respira la más delicada cultura, áun remedando el bárbaro lenguaje de los pastores de ogaño; correcto de estilo, urbano y ático en sus desahogos humorísticos, y semejante en el conjunto á esas regocijadas y al par melancólicas páginas de la antigua musa castellana, en que una picante filosofía y una serena represion de las humanas flaquezas se unen en admirable consorcio, deleitando con noble cortesía, corrigiendo con jovialidad comunicativa y generosa.

B. Perez Galdós.

Enero de 1868.

LA ARCADIA MODERNA.

I.

El influjo de los enciclopedistas se había convertido en destructor ariete, y el siglo XVIII, infestando con su aliento á todas las regiones de la inteligencia, destruyó la obra de los siglos anteriores.

El siglo XIX, al comenzar, creyó que la reparacion era su destino, y se afanó en la obra de la reparacion. Algunos trabajos, entre ellos el *Genio del cristianismo*, tuvieron la pretension de llenar este objeto; otros, abrigaron esa esperanza; el espíritu de sistema apareció; abriéronse diferentes caminos; opuestas escuelas nacieron, y el siglo XIX, en medio de todos, ciego y desatentado, hacia ineficaces esfuerzos, y un dia llegó en que desmayaba, creyéndose condenado á no realizar el cumplimiento de su destino.

Una voz terrible se levantó entónces, que fué la primera en decir: «no es tu destino reparar, el mundo pasado cayó y edificar es preciso.» Esta voz encontró eco en todas las esferas, y la ciencia, la política, la filosofía y el arte dieron señales de nueva vida, y abriéndose paso entre escuelas, sistemas, partidos y fracciones, eligieron por norte la *realidad*, y á la realidad se encaminan.

Concretándonos á la poesía, ya se hace notar su paso dejando á un lado el romanticismo y á otro el clasicismo.

Que un poeta gima, que haga aparecer sus lágrimas en sus versos, que muestre su risa, ó bien nos dé un prisma para contemplar el mundo, enhorabuena; pero si lo hemos de aceptar, si lo hemos de compadecer, si con él y como él hemos de llorar ó reir, dénos asunto que lo merezca, forma adecuada al asunto, y que su interés sea nuestro interés, que á donde vaya su mente no le esté vedado entrar á la nuestra, que su sentimiento pueda en nuestro corazon tener cabida, que tal como él ve y contempla la naturaleza y el mundo, podamos verlos y contemplarlos por su medio.

Cuando el poeta cumple con estas condiciones, el mundo le escucha: cuando, por el contrario, el poeta erige para sí un santuario, y á él lleva su musa y se encierra en él, ocultándose al mundo, el mundo le desdeña.

Hé ahí por qué la poesía hace muy pocos años parecia destinada á morir, y en nuestras sociedades se ha oido hablar de versos, y no se ha prestado más atencion á ellos que la que se presta á los asuntos cuyo objeto es distraer un tanto nuestro espíritu, como pudiera hacerlo cualquiera juguete en cuya obra interviniese más ó ménos la inteligencia.

Cuando Víctor Hugo escribió su *William Shakspeare*, empezó así : «la poesía acaba, exclaman ciertas gentes»; y Víctor Hugo, en esa obra, toma á los *genios*, Homero, Esquilo, Dante y Shakspeare, y hace su apoteósis y los presenta al mundo despues de haberles dado el culto de las antiguas deidades.

Víctor Hugo no ha sabido darse razon todavía de aquellos rumores desdeñosos, que exaltaron su bílis y le inspiraron sus *Voix interieures*.

Esta razon es la fuerza latente que lleva la poesía á su destino por distinta vereda. Víctor Hugo no la conocia; es más; seguia apasionado la direccion opuesta.

Cuando vemos á Homero, que en su Iliada y Odisea, ademas de la poesía, nos muestra la historia y las costumbres de su tiempo, y con la ayuda de su númen conoce-

mos la geografía; cuando Hesiodo en Grecia, y Lucrecio
en Roma, si bien entre vagas digresiones, como Lucano
y Horacio, nos dan preceptos ó reglas de vida, y algunas
veces asuntos de derecho, todo en medio de las formas
peculiares de la poesía, estos poetas, — exclamamos, —
pueden con gran razon decir lo que el vate frances:

Ma pensé au grand jour partout s'offre et s'expose.
El mon vers bien ou mal dit toujours quelque chose.

Para llegar al camino de una poesía que eduque al pue-
blo, que le haga ver el mundo de la realidad por medio de
la ficcion, es preciso que el poeta apele al sentimiento;
gran palanca que mueve irresistiblemente el corazon y la
inteligencia.

Schiller se educa en Kant; Goethe es un filósofo pro-
fundo; Lessing piensa tanto como siente; Chenier con-
mueve; el Jocelyn de Lamartine es un Evangelio; Leo-
pardi y Byron concentran nuestro espíritu, y en su con-
centracion nos trasladamos al mundo de lo sublime, sen-
timos arrebatadoras impresiones.

Poesía como ésta es eterna. ¡Benditos dolores, benditas
lágrimas, benditas querellas!

Mas para que la poesía muestre el sentimiento en su
forma real, vayamos separando de ella inverosímiles fic-
ciones, no aprovechemos sus recursos en la vaguedad ó la
mentira.

Hé aquí la razon de los libros del Sr. Aguilera: hé aquí
su importante destino.

II.

Leidas con igual contentamiento por los más entendi-
dos como por los más indoctos, las obras de Ruiz Aguilera,
le han dado una reputacion envidiable, y es su nombre
elogiado y querido por el humilde vate novel que cosecha
las primicias de su musa, y por el anciano académico á
quien espanta la importunidad de un equívoco, la impu-

reza de una palabra, ó la mala construccion de una frase.

El Sr. Aguilera es político ; la desgracia del contagio no le ha perdonado ; pero aunque político ferviente , y , por tanto , objeto más de una vez de persecuciones y destierros ,.ningun político le mira con aversion. Es prosista y poeta ; los poetas lo leen y estudian, los prosistas lo consideran , y suelen muchós imitar su hermoso y popular estilo.

Jamas se ha propuesto hacer ostentoso alarde de la erudicion que posee ; pero nunca fué importuna referencia que él hiciera, ni le faltó apoyo para sus juicios en la crítica histórica.

Suya es la gloria de agradar á todos con sus escritos, la gloria de conmoverlos con sus penas, y la de interesar al más frio y egoista en las desgracias que con pluma de oro ha trazado en sus sentidos versos.

Las lágrimas de dolor con que ha cubierto la blanca superficie de una página han humedecido los ojos del lector, y aquellos caractéres se han trasformado en dulces dardos que han transido el corazon de pena.

Sus libros son cortos, pero acabados ; no es fecunda—en la acepcion vulgar de esta palabra—su musa ; pero da frutos regalados y flores como las magnolias, hermosas á la vista , gratas al sentimiento, raras en los jardines.

No es viejo, y á su barba de fondo oscuro multitud de canas le dan el aspecto de una corriente nevada que desciende de una roca. La majestad de una vejez prematura comunica á su semblante un aire de tristeza sublime, que revela los frecuentes sufrimientos y las tenaces dolencias de que nunca se ha visto libre.

Siempre modesta su posicion, ha vivido con la estrechez patrimonial del hombre de letras ; toda su fortuna consiste en sus libros, y toda su renta en el sueldo de director del *Museo Universal*, acreditadísima publicacion ilustrada de la casa editorial de Gaspar y Roig.

Casi todos los hombres de mérito tienen enemigos, envidiosos ó émulos ; Aguilera no tiene quien le envidie. Lo

elogian, lo respetan y lo consideran siempre, porque
aparte de sus prendas personales, su ingenuidad y senci-
llez, su modestia, su espíritu benévolo y dócil y su pala-
bra franca, aparte, repito, de estas prendas personales, su
reputacion se ha hecho lenta y calladamente, su nombre,
mil veces repetido, no lo fué por la pasion laudatoria, si-
no por la estimacion secreta.

Sin embargo, Aguilera ha cultivado la sátira y el epi-
grama; Aguilera ha escrito, ha hecho composiciones mor-
daces, y nadie se da por aludido, á nadie ofende, á todos
agrada. No es difícil la explicacion de este fenómeno:
Aguilera ha sido inexorable con el vicio, pero jamas ha
manchado su pluma con la sátira personal.

Sirva de ejemplo el libro recientemente publicado, sobre
el cual vamos á permitirnos algunas observaciones.

III.

Cuando aparecieron las *Elegías* de Aguilera, y ántes en
sus *Veladas poéticas*, pudimos ver una poesía que, siendo
delicada, sublime, tocando las más sensibles fibras del
corazon, no contenia rasgo alguno de aquella otra poesía
que para expresar dolores buscaba frases, imágenes y fi-
guras fuera de las que comunmente usa el labio dolorido.

—Aquí hay—dijimos—un poeta realista, aquí se expre-
sa el sentimiento de un modo tan natural y sencillo, que
nadie lee, nadie escucha, nadie siente, que no quisiera
sentir lo mismo que el poeta; aquí hay realismo, no ro-
manticismo; aquí hay verdad, no ficcion; aquí hay since-
ridad, no artificio.

¿Teniamos en cuenta que el autor de aquellas hermo-
sas *Elegías* habia cultivado en difíciles, dificilísimos pun-
tos la poesía real? ¿Recordábamos algunas de sus com-
posiciones, de esas composiciones en que se emprende au-
dazmente una senda nueva en la literatura? Por si no lo
recordábamos, la reproduccion de ellas en la *Arcadia*
viene en nuestro auxilio.

¿ Qué es, pues, *La Arcadia moderna?* Á primera vista, el calificativo es una negacion del sustantivo; la Arcadia trasciende á la antigüedad y parece mezclarse en nuestras costumbres, en nuestros hábitos, en lo que de nosotros puede ser objeto de poesía.

La Arcadia moderna quiere decir los pastores, los valles, las costumbres sencillas de los moradores de nuestros campos; y como todavía en este siglo haya habido poetas, y más aún en el pasado, que los han cantado como se cantaron en Grecia y Roma, Aguilera quiere cantarlos tales como son, y dedica su musa á esta utilísima tarea, de la cual pende en gran parte la depuracion del gusto literario y de las costumbres, puesto que en todos los poemas que componen el libro hay aplicaciones á las diferentes esferas de la vida contemporánea. El idilio social, titulado *Otra edad de oro*, es el primero de la serie.

Describe el poeta con ática ironía lo que, segun cuentan, era la Edad de oro, la paz, la abundancia, la riqueza y el bienestar que en ella existian, y se traslada al momento presente en estos preciosos versos:

> ¡Pero envidiable edad, edad dichosa
> La edad en que vivimos,
> Los que con gran placer de ella escribimos!
> ¡Feliz, oh tú mil veces, sobre todo,
> Descendiente del árabe y del godo,
> Español envidiado,
> Á vivir sin gobierno acostumbrado,
> Sin que por esto pierdas el consuelo
> De engordar y engordar como tu abuelo!

¿ Es picante, es mordaz lo que se dice del pueblo y del gobierno?

¿Á quién acusa más de los dos? ¿Quién puede rechazar la acusacion, si á entrambos es igualmente dirigida?

La égloga amatoria campesina, que lleva el nombre de *Pastores al natural*, es de lo más intencionado y mejor escrito que corre en nuestros dias.

El pastor Mamerto,

> Largo, flacucho, de color de muerto,
> Chupado de mofletes y anguloso,
> Muy pródigo de hocico, á lo goloso,
> Nariz de apaga-luz y pati-tuerto,

no será un pastor natural? ¿Quién que haya visto los pastores en nuestros campos, su ignorancia refinada, su descuido, aquella figura semi-sálvaje, los músculos contraidos por gestos y gritos con que para dirigir los animales procuran imitar su voz; quien que los haya visto, sucios, bebedores de vino, maliciosos, inclinados al daño en las propiedades siempre que pueden, extrañará la pintura que Aguilera va á hacer de ellos? ¿Ni quién extrañará que, en vez del dulce canto de los ruiseñores y de una mañana de primavera, sea la escena en Agosto, para que resalte la verdad del cuadro,

> A la hora en que tumbadas panza arriba
> Sobre espinosos cardos y pizarras
> Sueltan su voz festiva
> Con entusiasmo doble las chicharras?

¿Por ventura, la chicharra no es como el ruiseñor, ni Agosto como Abril, en el órden de la naturaleza?

Pues todavía falta decir lo que es el rebaño, el poético rebaño, donde están

> El cordero lleno de morriña;
> La oveja allí cuyo vellon se pela,
> Y que, sin alas, al sepulcro vuela;
> El cabritillo tísico; la floja
> Madre enfermiza, derrengada y coja, etc.

La pastora Nicolasa con su

> Cara de carantoña,
> Cútis lleno de roña
> Y de color incierto,
> Ojos en blanco, de besugo muerto,
> Cuya pupila su recato injuria
> Lanzando algun destello de lujuria, etc.,

es, áun en nuestros días, y sin que haya exageracion en

los colores, una verdadera pastora, una pastora al na-
tural.

Su lenguaje, como el de su hermano Canuto y el de Ma-
merto, es un lenguaje disparatado ; los asuntos de su con-
versacion livianos, inmorales las costumbres, y todo, en
fin, como debe ser, como es propio que sea en gentes más
rústicas que civilizadas, más parecidas á las bestias que
cuidan y entre las que viven, que al hombre que cultiva
su espíritu y su cuerpo.

Grande es el mérito del poeta que así pinta el natural,
grande el del artista que con tanta verdad presenta los
cuadros de estas costumbres.

¿ Cuánto más natural no es esta poesía que la bucólica
neo-clásica? ¿ Quién, despues de Aguilera, puede leer se-
riamente la pintura de aquellos pastores sin semejanza al-
guna con los pastores de la tierra?

¡ Semejanza digo! Los pastores, la vida campestre, la
sencillez de las aldeas, y la virtud rústica, son puras fic-
ciones. En parte alguna hay tanta malicia, inclinaciones
tan aviesas, y hábitos tan groseros como en las aldeas ; y
quiénes se muestran quejosos de la vida cortesana y de los
grandes centros, donde si hay grandes vicios, hay tam-
bien grandes virtudes, los que tienen la vida de un pue-
blo, la vida retirada y tranquila como más perfecta, pade-
cen un error que la experiencia desvanecería pronto.

Cierto es que una buena índole, un buen natural, se con-
serva siempre ; que hay campesinos de vida ejemplar,
pero son muy contados. Tambien hay pastores sencillos,
es indudable, pero áun éstos no podrian servir de modelo
á un poeta para describir la sencillez.

Así, pues, de *Los pastores al natural* se obtiene la de-
mostracion de que la hermosura de los campos y los va-
lles, el murmullo de los arroyos, la esplendidez de la na-
turaleza, en fin, no forman por sí solos un alma bella, un
carácter apacible, un trato afable y dulce; que el hom-
bre, como criatura inteligente y moral, ha de ser educa-
do para ser bueno, é instruido para apreciar las bellezas

24

que con pródiga mano ha sembrado Dios en el mundo.

Compadézcase, en buena hora, la suerte del pastor y campesino ; á esto no me opongo ; pero no se ensalce, no se envidie, no se diga más que la zampoña y el cayado, el apacentar ovejas y ver cómo sestean y cómo hacen sus funciones los rumiantes, tiene nada que ver con la beatitud que es dable obtener al hombre en la tierra.

Bajo este supuesto, tiene un noble fin social la égloga de los pastores.

Igualmente lo tiene el idilio que lleva por título *Los Mayorazgos*.

Sabido es cómo se formó esta institucion, y cómo ha desaparecido en el derecho moderno de nuestro país.

Jurisconsultos eminentes apoyaron las leyes desvinculadoras ; consideróse el mayorazgo como institucion de odioso privilegio ; intentóse igualar la condicion de los hijos y librar la propiedad vinculada de la cadena con que la tenía sujeta esta institucion.

¡Cuántas teorías especiosas, cuántas declamaciones precedieron y sucedieron á la desvinculacion, acaso sin reflexionar que, desde los tiempos á que se refiere la historia bíblica, se habia considerado la primogenitura de modo que parecia aceptable á los ojos de Dios! Y entre nosotros ¡cuánto no enseñaron, y cuán poco se cuidaron de impugnarlos Molina, Mieres, Rojas y otros jurisconsultos!

No le pidais al poeta, sin embargo, ni doctrina de derecho, ni crítica del derecho. El poeta no sabe, y si lo sabe no necesita decirlo, si la vinculacion es buena ó no, si es útil ó perjudicial ; pero sabe que si el nacer primero da un determinado derecho, este derecho puede ser equívoco, puede ser producido por la fuerza y lleva la fuerza al orígen mismo del acto á que el derecho se refiere.

Este importantísimo tema está desarrollado del modo siguiente : Cástor y Pólux, dos nonnatos á quienes llega la hora de salir del seno materno, en que ambos se encuentran, discuten sobre cuál ha de ser el primero que nazca, se hacen recíprocas promesas de no salir ó de beneficiarse si sale el uno ántes que el otro, se engañan mútuamente; y aprovechando Cástor una distraccion de su hermano, se adelanta y hace un esfuerzo para salir; pero Pólux, á quien la naturaleza dió un par de dientes prematuros, muerde y obliga á Cástor dolorido á dejarle el paso franco. Cástor, para quien es una desgracia el triunfo de su hermano, acogido gratamente por los padres, dice:

—Como llegue á salir de esta clausura,
Diré que tu ventura,
No al derecho, á la fuerza la debiste;
Ó á la casualidad, que es lo más triste.

Y Pólux responde:

.....hecho un bravo:
—*Al amo muerto, la cebada al rabo.*

¿ Puede hacerse una crítica más dura, más comprensible, más popular de la institucion de los mayorazgos, que la que se hace en esta singular epopeya, en que se canta una guerra fratricida que comienza en el seno materno ántes de nacer los caudillos, y que despues de nacidos, tal vez sean causa de sangrientas discordias en el mundo?

Que la institucion de que se trata renazca como se pretende; que se considere el mayorazgo y otras especies de vinculacion necesarias á la conservacion de la nobleza y ésta á la de la monarquía; que vuelvan á agitarse las cuestiones tanto tiempo debatidas y adquieran oportunidad las observaciones de aquellos reputados jurisconsultos; que se repita, en fin, lo que decia el Rey Sabio, que el *nascer primero es grand señal de amor que muestra Dios;* lo positivo es lo que Aguilera afirma en su composicion; á la fuerza ó á la casualidad se debe la primogenitura muchas veces, y el derecho que nazca de esa fuerza ó esa casualidad, se prestará á la ironía y burla de una musa realista.

Dicho sea todo esto, sin traer á cuento, como podria abonarlo la ocasion, las muestras de desaprobacion de los mayorazgos desde 1789, en que se dió la ley de Cárlos III, prohibiendo fundarlos sobre bienes raíces.

Los *Percances de la vida*, son otra composicion esmerada; lleva el título de égloga piscatoria urbana, porque los personajes habian sido antiguos pescadores de destino y fortuna; y los desengaños que este afan y su mala estrella les proporcionan, permiten al autor lucir su peregrino ingenio.

Pinini, Juan Lanas, y Caniyitas,

> Hombre de edad, maduro en el consejo,
> Archivo de sentencias infinitas,

son los tres interlocutores de esta égloga. Los tres forman en conjunto la triple manifestacion de la vida social; desgraciado el uno, á pesar de sus méritos y buenas cualidades; desgraciado el otro, no obstante haber gozado de favor, y razonador escéptico el otro, que tampoco es feliz.

¡ Lástima que esta égloga no tenga mayores proporciones! Caniyitas sería un Sancho sabio, con esa sabiduría del buen sentido que raya alguna vez en la malicia. Tiene, sin embargo, la sobriedad de proporciones que convenia al pensamiento y al plan que su autor se propuso desarrollar en ella.

Cuadro perfecto, personajes delineados con gran maestría, colorido, todo se halla en los *Percances de la vida*, no obstante su poca extension. Como el arte pictórico tiene sus cuadros de género, los tiene la novela, los tiene la poesía. Las novelitas ejemplares de Cervántes son una prueba de ello: el *Lutrin* de Boileau, la *Gatomaquia* de Lope, la *Mosquea* de Villaviciosa, son tambien poemas de género, aunque á decir verdad, en estos dos últimos no se encuentra intencion ni objeto social, y no es ciertamente profundo el que se descubre en el del autor frances, si bien tiene rasgos satíricos aislados.

Detras de la cruz el diablo, idilio campesino conyugal,

pone de relieve á cierto infame que, fingiendo todas las virtudes y hábitos piadosos, maltrataba cruelmente á su mujer y tenía todos los vicios y algunos crímenes.

Amena lectura ofrece este cuadro; fuego de expresion el principal, hipócrita y solapado personaje; y con razon llama el autor *Detras de la cruz el diablo* al poema, porque ningun diablo en humana figura pareceria más repugnante que *Inocente*.

Las gangas de la época, son una égloga venatoria, destinada á representar las consecuencias funestas de la educacion á la moda.

En efecto, Rosa, que en cierta mañana pareció á Mariano una doncella adornada de todos los encantos, de todas la virtudes, pura como el rocío cuando recibe los rayos del sol, noble como la condicion de su sexo, encantadora como la ilusion del jóven que la adoraba, era una Rosa sin fragancia y rodeada de punzantes espinas. Rosa es fria como el bronce, al que su corazon se asemeja; Rosa cuenta lo que vale ó debe valer el galanteo del hombre enamorado; su mirada no va tras un jóven de gallarda presencia, su oido no es dócil á las insinuaciones de la dignidad y del decoro, no escucha las palabras de labio conmovido. Rosa, amante del lujo y de los devaneos, disipada, abre su corazon al fausto que la solicita, al lujo y á la vanidad que cautivan su mente inquieta. ¿ Qué importa la felicidad de un compañero agradable, virtuoso, esforzado, para procurarla el bien á costa de cualquier sacrificio? ¿ Qué importa á la coqueta, de alma metalizada, la vida apacible y dulce del hogar doméstico? ¿ Qué significan el reposo de una conciencia pura, la modestia, el recato y la consagracion del tiempo á los deberes conyugales? Nada. Lo que importa, lo que interesa, lo que Rosa desea (¡y hay tantas como ella, por desgracia!) es acumular oro, es deslumbrar con el lujo adquirido, aunque sea renunciando á la vida tierna, apasionada y tranquila que se puede hallar en el seno de una familia creada por el amor desinteresado, por la estimacion de mutuas virtudes.

En las *Gangas de la época*, Rosa, la frívola, la insustancial, la disipada, no puéde amar al jóven que humilde solicita su cariño; pero hay una víctima, el anciano y valetudinario Marqués del Jilguero, que por sus riquezas y lustre nobiliario se acomoda á las aspiraciones de la venal doncella.

Casada Rosa, y en su disipacion constante, se colma el deseo de su madre, la *vieja* de la égloga; poco despues viene la ruina completa de la familia; y el Marqués, enfermo y desesperado por la esquivez y desprecios de su consorte, que lo trata indignamente, resuelve suicidarse; pero un amigo le salva. Al entrar en su casa, recibe la noticia de una herencia á su favor, así por la carta que le entrega su mujer, como por los extremos de cariño de que se ve colmado por ella, que habia sabido ántes que el Marqués tan inesperado cambio de fortuna.

El Marqués, empero, se aparta de aquellos monstruos y da justo castigo á sus maldades. Las desampara y se retira á cuidar de su salud y bienestar, allí donde no sufra la presencia de su mujer y de su suegra.

Tal es el contenido de esta interesantísima y oportuna égloga, que con diestra mano y gran conocimiento de la materia ha trazado el autor del libro.

Siguen á estos idilios y églogas unos delicados epigramas, sobre los cuales considero suficiente decir que todos ellos son dignos de alabanza.

Por lo expuesto habrá de deducirse que la *Arcadia moderna* es un libro de poesía de lo más estimable que ha aparecido en nuestra época; que la novedad del género, la originalidad de los asuntos, lo castizo y puro de la forma, lo hacen recomendable al público en general, y especialmente á quienes cultivan las letras y ponen el nombre de su autor á la altura de la justa reputacion que tiene conquistada.

Reciba el autor de los *Ecos nacionales*, las *Elegías* y las *Inspiraciones*, nuestra cordial felicitacion.

Su nombre es glorioso para la póesía: díganlo las *Ele-*

gías y las *Inspiraciones;* lo es para la patria : diganlo los *Ecos nacionales;* lo es para el arte : dígalo la *Arcadia moderna.*

Su mejor recompensa es la de ser un modelo digno de imitarse. Y al mostrar nosotros su nombre y elogiarlo, es porque en su frente brilla la triple corona de poeta inspirado, ciudadano ilustre é inteligente reformador.

MANUEL RIVERA DELGADO.

Madrid, Febrero de 1868.

FIN DE LOS JUICIOS CRÍTICOS.

NOTAS.

Pág. 11.—PLAGA INDÍGENA Y PLAGA EXÓTICA.—Ignoro si un sentimien
to de desconfianza en sus propias fuerzas, sentimiento naturalísimo en toda
persona de verdadero mérito, el amor al pueblo natal, su aversion á la vida
de la córte ú otros motivos particulares, alejaron de este centro de activi-
dad literaria, desde los primeros años de su juventud, á mi paisano y que-
rido amigo de infancia D. Domingo Doncel y Ordaz, cuyo nombre va al
frente de la sátira que le he dedicado. Cualquiera que fuese la causa de su
resolucion, es lo cierto que las letras, y sobre todo la poesia, deben lamen-
tarla. Hubiera tenido que luchar, que sufrir, sin duda alguna; pero á estas
horas ocuparia en la república de las letras el puesto merecido á su ingenio,
que, no por ser modesto y casi desconocido, deja de ser grande. Pocas son
las composiciones poéticas suyas que han llegado á mis manos; recuerdo,
sin embargo, la bellísima sátira que me remitió para *Los Hijos de Eva*, en
cuyas columnas vió la luz pública, y en la cual combatia con singular do-
naire y energia la educacion á la moda en hombres y mujeres; y una oda,
en verso libre, á *Fortunato*, describiendo la vida del campo, que bastaria
por sí sola para dar eterna fama á un poeta. No conozco en el Parnaso mo-
derno poesia al mismo asunto, que pueda competir con esta notable produc-
cion del vate salmantino. ¡Cuántas de uno y otro género no le hubieran ins-
pirado esta misma agitacion febril, estas mismas inquietudes, combates y
amarguras de la capital de España! La índole de estas NOTAS y el espacio de
que me es dado disponer no consienten mencion más ámplia ni detenido
exámen de las obras de mi amigo; pero no debo pasar en silencio, que redu-
cido, años hace, al cumplimiento de su obligacion como empleado en el
Cuerpo de Archiveros, Bibliotecarios y Anticuarios con destino á la Biblio-
teca de la Universidad de Salamanca, ha dado brillantes muestras, así de
su laboriosidad como de su inteligencia, entre otras, en las obras siguien-
tes:—*El Tórmes, glorias y recuerdos de Salamanca. — Memoria comprensiva
del plan géneral para el arreglo y clasificacion de los libros de los colegios y
conventos suprimidos*, acompañando un cuadro sinóptico con un sistema
completo de clasificacion bibliográfica y los modelos de índices.—*La Univer-
sidad de Salamanca en el tribunal de la historia.—Colon en Salamanca.* — La
prensa nacional y extranjera elogiaron mucho este trabajo, y sabios de
Francia, Alemania, Inglaterra y Estados-Unidos se dirigieron al autor en
demanda de ejemplares. Sus *Estudios sociales sobre la educacion de las muje-
res* fueron reproducidos en varios periódicos y revistas de Madrid y provin-

cias, y le abrieron las puertas de tres corporaciones literarias, donde tambien ha pronunciado elocuentes discursos.

Pág. 66. — ARTE DE ESCRIBIR PARA EL TEATRO. — Compuse estos versos cuando el público aplaudia furiosamente lo que entónces se llamaba comedias y dramas patrióticos y políticos, cuyo buen éxito consistia muchas veces, más que en el valor intrínseco de las producciones, en el uso y áun en el abuso de palabras y frases análogas á várias de las marcadas con letra bastardilla.

Pág. 70.—PROFANA-TUMBAS. — He inclui lo aquí esta poesía con objeto de presentarla corregida, ya que anda impresa desde 1849, más que con el de zaherir á personas que, tal vez sin pretensiones, y animadas sólo de un sentimiento siempre respetable, por desaliñada y pobre que sea la forma en que se exprese, suelen, con motivo del aniversario del *Dos de Mayo*, aunque no sean poetas, echar tambien su *cuarto á espadas*, como vulgarmente se dice.

Pág. 247.—LLEGAN DE EXTRANGIS.—Esta letrilla, segun lo indica tal cual verso de ella, igualmente que la composicion titulada *Mis amores* y alguna que otra, fué leida en una de las sociedades que, con los nombres de *La Union*, *Instituto español* y *Museo de Mádrid*, respectivamente instaladas en el local del antiguo Conservatorio de María Cristina, calle de las Urosas, y calle de Alcalá, frente al Café Suizo, existian por los años de 1843 á 1848, siendo otros tantos centros de una concurrencia escogida y numerosa. En el Liceo de Villahermosa y en algunas de aquellas se dieron á conocer ó aumentaron su fama mis amigos los Sres. Hartzenbusch, Madrazo (D. Pedro), Breton, Zea, Rubí, Campoamor, Zorrilla, Larrañaga, Villergas, Romea, los hermanos Asquerino, Sanz, Serra, Galvez Amandi, Principe, Santana, Retes, Santistéban, Villoslada, etc.

————

Consecuente con mi propósito de ir dando á conocer en nuestra patria los nombres que más ilustran hoy la literatura portuguesa, y muy particularmente aquellos que en el vecino reino se han consagrado con verdadero cariño al estudio y exámen de la nuestra, en ningun libro como en el presente — por la relacion que existe entre la sátira y la crítica — debia yo expresar la gratitud que merece Luciano Cordeiro, jóven escritor de la provincia de Tras-os-Montes, que dedicado con especialidad al ramo últimamente citado, alcanza justa y distinguida consideracion, así en su patria como fuera de ella. Dotado de erudicion vastísima, profundo conocedor del movimiento científico, artístico y literario contemporáneo en todas sus direcciones; polemista habilísimo y maestro en el manejo de su idioma, Luciano Cordeiro ha hecho con sus escritos una verdadera revolucion en la crítica portuguesa. Principalmente en sus dos *Libros de Crítica* (2 volúmenes de unas 300 páginas cada uno) ha condensado sus doctrinas acerca de la filosofía del arte y sus trabajos de regeneracion literaria por la ciencia, con un encanto y originalidad de estilo y una rectitud de principios, que descubren en él un escritor eminente en su género predilecto. Hombre del siglo, paga su tributo al ideal moderno, combatiendo, sin embargo, con las armas de la más fina dialéctica todo aquello que considera erróneo ó nocivo : así, por ejemplo, en su admirable estudio *O casamento dos padres*, con motivo del matrimonio contraido por el célebre P. Jacinto, examina esta cuestion bajo sus diferentes aspectos, y en particular bajo el canónico y religioso, para demostrar con razones irrefutables, contra lo asentado por aquél, la incompatibilidad del estado conyugal en el sacerdote católico con la ortodoxia y la disciplina de la Iglesia romana, y afirmar que desde el instante en que el P. Jacinto contrajo matrimonio, perdió su calidad de sacerdote católico. Iguales dotes revela Cordeiro en cuantos escritos salen de su pluma, por diversos que sean, los asuntos, lo cual prueba una erudicion que ciertamente sorprende. *A ordem do dia*, libro sobre hacienda y administracion; *Da litteratura como relaçao social*, tésis presentada por él en el concurso para una cátedra de la enseñanza superior de letras; *Dos bancos portugueses*, obra referente á la historia y al movimiento bancario del vecino reino, primera de este género en Portugal; *A hora da feria*, *Da revoluçao*, *Sciencia e Consciencia*, todos sus libros, en fin, llevan el sello de una inteligencia vigorosa y de un espíritu original, activo, elevado, reformador, nutrido en los principios de la ciencia revolucionaria de nuestros días.

Actualmente dirige la acreditada *Revista de Portugal e Brazil*, colabora en el *Correio médico de Lisboa* (Gaceta de Medicina), en la revista *Artes e Letras*, en los semanarios de Oporto *A Harpa* y *O Club*, y prepara trabajos para la *Revista do Occidente*, cuya próxima publicacion se anuncia.

Al pasar en 1870 por Madrid, uno de los puntos que tocó de su trayecto para la India portuguesa, de cuyo gobierno general acababa de ser nombrado secretario, Thomaz Ribeiro, que ocupa en la literatura de su país uno de los puestos más distinguidos, visitó el Museo Arqueológico Nacional, cuya direccion estaba entónces á mi cargo. Con este motivo tuve el gusto de conocer al ilustre viajero, de quien, como de la mayor parte de sus compatriotas y hermanos en letras —doloroso es decirlo— apénas se tienen aquí noticias, cosa que tambien les sucede á ellos respecto de nosotros, al paso que en una y otra nacion, no solamente lo bueno —que esto ya se concibe que se aprecie— sino hasta lo más despreciable de la literatura francesa, tiene copistas serviles y fanáticos admiradores. Habiendo regresado de su viaje, el Sr. Ribeiro dió á la estampa, con el título modesto de *Jornadas*, la primera parte de su expedicion, ó sea *Do Tejo* (del Tajo) *ao Mandovy*, pasando por España, Francia, Egipto, Aden y Bombai hasta Goa, siendo ésta la primera produccion que conozco de su ingenio. La índole del trabajo que se propuso hacer el escritor portugués no le permitia emprender un estudio detenido de pueblos que apénas tenía tiempo de saludar; y sin embargo, á través de la ligereza con que describe y del tono humorístico de toda la obra, una frase, un toque de su diestro pincel, revelan frecuentemente al observador profundo, á cuya mirada, en apariencia indiferente, nada se escapa. La gracia, la viveza, la causticidad del estilo, alternando con delicados rasgos de ternura en más de un episodio de los que embellecen la narracion, hacen interesante la lectura de este libro, cuya segunda y tercera parte, respectivamente denominadas *Entre palmeiras* y *Entre primores*, corresponderán sin duda, si es que no exceden, al mérito de la primera.

FIN DE LAS NOTAS.

ERRATAS.

Pág. xiv, línea 2 : donde dice 1843, léase 1844
Pág. 13, línea 19 : donde dice *gabeta,* léase *chabeta*
Pág. 54, línea 33 : donde dice *un huracan,* léase *huracan*
Pág. 129, línea 24 : donde dice *eampantes,* léase *campantes.*
Pág. 157, línea 16 : donde dice *descubra,* léase *descubran*

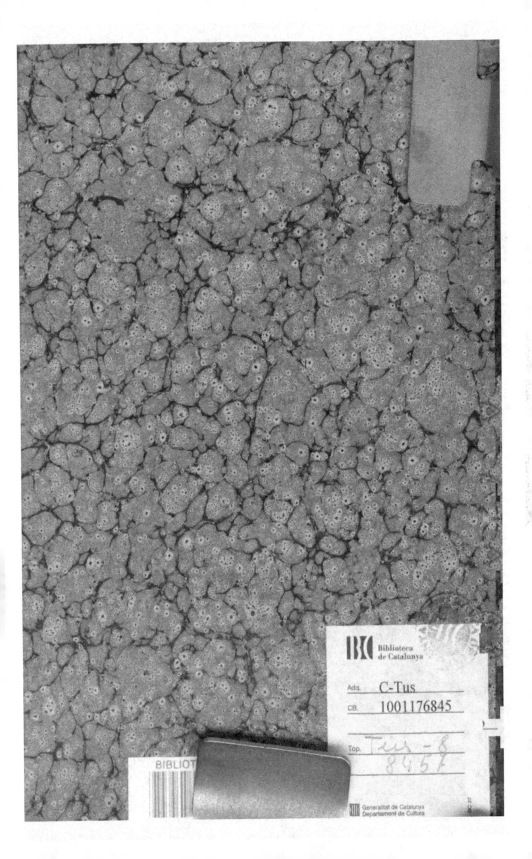